全面依法治国：
顶层设计与浙江实践

褚国建 著

浙江工商大学出版社
ZHEJIANG GONGSHANG UNIVERSITY PRESS
· 杭州 ·

图书在版编目(CIP)数据

全面依法治国：顶层设计与浙江实践 / 褚国建著.
— 杭州：浙江工商大学出版社，2020.8

ISBN 978-7-5178-3643-8

Ⅰ．①全… Ⅱ．①褚… Ⅲ．①社会主义法治－建设－
浙江－文集 Ⅳ．①D927.550.4－53

中国版本图书馆 CIP 数据核字(2019)第 289213 号

全面依法治国：顶层设计与浙江实践

QUANMIAN YIFA ZHIGUO：DINGCENG SHEJI YU ZHEJIANG SHIJIAN

褚国建 著

责任编辑	吴岳婷
封面设计	林朦朦
责任印制	包建辉
出版发行	浙江工商大学出版社
	（杭州市教工路 198 号　邮政编码 310012）
	（E-mail：zjgsupress@163.com）
	（网址：http://www.zjgsupress.com）
	电话：0571 - 88904980,88831806（传真）
排　版	杭州朝曦图文设计有限公司
印　刷	杭州高腾印务有限公司
开　本	710mm×1000mm　1/16
印　张	16.25
字　数	283 千
版印次	2020 年 8 月第 1 版　2020 年 8 月第 1 次印刷
书　号	ISBN 978-7-5178-3643-8
定　价	49.00 元

目 录

浙江实践篇

顶层设计篇

第一章　习近平全面依法治国重要论述

党的十八大以来,以习近平同志为核心的党中央站在执政兴国的高度上,围绕全面深化依法治国、推进社会主义法治国家建设提出了一系列重要论述,这些重要论述构成了习近平新时代中国特色社会主义思想的组成部分,是对中国共产党党的建设理论和社会主义法治理论的丰富和发展。新时代以来,国内学界有关习近平全面依法治国重要论述已有大量的研究,然而总体上以理论重述为主,体系性的研究相对较少。① 笔者认为,把握习近平全面依法治国重要论述的精髓要义,关键是把握其理论体系,就是要依据特定的理论立场去把握观点与观点之间的联系、把握观点背后的新意与深意,进而在此基础上去分析理论之于实践和推动理论自身发展创新的重要贡献。

一、习近平全面依法治国重要论述的形成过程和理论内涵

党的十八大以来,习近平同志在多个场合、以多种形式系统论述社会主义法治建设问题,逐步形成了关于全面依法治国的系列重要论述。

(一)形成过程

习近平全面依法治国重要论述是新时代以来中国共产党在不断推进社会主义法治建设决策部署的过程中逐步形成发展起来的最新理论。其中,党的十八

---

① 代表性的论文包括:李林:《习近平法治观八大要义》,《人民论坛》2014 年第 33 期,第 49—52 页;张恒山:《十八大以来习近平法治思想梳理与阐释》,《人民论坛》2014 年第 29 期,第 11—15 页;胡锦光:《习近平法治思想内涵解读》,《人民论坛》2014 年第 28 期,第 29—31 页;杨小军:《习近平法治思想研究》,《行政管理改革》2015 年第 1 期,第 20—24 页。

大提出要"全面推进依法治国"，强调"法治是治国理政的基本方式"；党的十八届三中全会提出了建设法治中国的重要目标，强调建设法治中国，必须坚持依法治国、依法执政、依法行政共同推进，坚持法治国家、法治政府、法治社会一体建设；党的十八届四中全会提出了全面依法治国的总目标、总抓手，并将之纳入"四个全面"战略布局的重要一环；党的十九大进一步明确全面推进依法治国总目标是建设中国特色社会主义法治体系、建设社会主义法治国家，强调坚持全面依法治国是新时代坚持和发展中国特色社会主义的基本方略，是构成新时代中国社会主义思想的重要组成部分；2018 年，中央全面依法治国委员会第一次会议提出"全面依法治国新理念新思想新战略"，并以"十个坚持"明确基本内容①；党的十九届四中全会强调"坚持全面依法治国，建设社会主义法治国家，切实保障社会公平正义和人民权利"是我国国家制度和国家治理体系的十三个显著优势之一，要"坚持和完善中国特色社会主义法治体系，提高党依法治国、依法执政能力"。

习近平全面依法治国的重要论述主要体现于习近平同志的系列重要讲话、文章、批示之中。就理论渊源的地位而言，讲话无疑是最为重要的形式，其中又以习近平在党中央召开的重要会议和中央政治局举办的集体学习两个场合发表的内容最具权威性和系统性②。择要而言，习近平在党中央召开的重要会议上发表的讲话，主要包括：(1)2012 年 12 月 4 日在首都各界纪念现行宪法公布施行 30 周年大会上的讲话，集中阐述了牢固树立宪法权威、全面贯彻实施宪法的思想；(2)2013 年 11 月 15 日在党的十八届三中全会上作的关于《中共中央关于全面深化改革若干重大问题的决定》的说明，主要阐述了法治中国建设的目标任务和关键举措；(3)2014 年 1 月 7 日在中央政法工作会议上的讲话，集中阐述了深化司法体制改革的思路和要求；(4)2014 年 2 月 17 日在省部级主要领导干部学习贯彻十八届三中全会精神全面深化改革专题研讨班开班式上的讲话，重点阐述了法治与改革的理论关系问题；(5)2014 年 9 月 5 日在庆祝全国人大成立 60 周年大会上的讲话，系统阐述了自觉坚持制度自信、坚持和发展中国特色社

---

① 即坚持加强党对依法治国的领导；坚持人民主体地位；坚持中国特色社会主义法治道路；坚持建设中国特色社会主义法治体系；坚持依法治国、依法执政、依法行政共同推进，法治国家、法治政府、法治社会一体建设；坚持依宪治国、依宪执政；坚持全面推进科学立法、严格执法、公正司法、全民守法；坚持处理好全面依法治国的辩证关系；坚持建设德才兼备的高素质法治工作队伍；坚持抓住领导干部这个全面依法治国的"关键少数"。

② 重要讲话之所以是最为重要的理论素材，不仅是因为它的主题鲜明性和对象明确性，更在于它是中国共产党内部学习传达会议精神的权威依据，而重要文章就其内容而言，一般均是由重要讲话中摘取部分内容公开发表，批示则一般是针对具体问题的重要指示。

会主义制度的问题;(6)2014年10月23日在党的十八届四中全会上作的《中共中央关于全面推进依法治国若干重点问题的决定》说明,集中阐述的全面依法治国的重大意义和战略举措问题;(7)2015年2月2日在省部级主要领导干部学习贯彻十八届四中全会精神全面推进依法治国专题研讨班的讲话,主要阐述了党的领导和依法治国的理论关系问题、提高领导干部法治思维和依法办事能力的问题;(8)2017年10月18日党的十九大报告,集中阐述了习近平新时代中国特色社会主义思想的理论内涵和基本方略问题,明确全面依法治国是"八个明确""十四个坚持"的重要组成部分;(9)2019年1月15—16日在中央政法工作会议上的讲话,重点阐述了加快推进政法领域全面深化改革的问题;(10)2019年10月28—31日,在党的十九届四中全会作的《关于〈中共中央关于坚持和完善中国特色社会主义　制度推进国家治理体系和治理能力现代化若干重大问题的决定〉的说明》。习近平在中央政治局集体学习上发表的重要讲话①,与法治直接相关的主要包括:(1)2013年2月24日在十八届中央政治局就全面推进依法治国进行第四次集体学习时,主要阐述了全面依法治国的战略布局、实现路径问题;(2)2015年3月24日在十八届中央政治局就深化司法体制改革、保证司法公正进行第二十一次集体学习时,主要阐述了坚持社会主义司法制度、深化我国司法体制改革的问题;(3)2015年6月26日在十八届中央政治局就加强反腐倡廉法规制度建设进行第二十四次集体学习时,主要阐述了反腐倡廉法规制度建设的重大意义和基本要求;(4)2016年12月9日在十八届中央政治局就我国历史上的法治和德治进行第三十七次集体学习时,主要阐述了法治与德治的关系问题;(5)2018年2月24日在十九届中央政治局就我国宪法和推进全面依法治国举行第四次集体学习时,主要阐述了如何加强我国宪法实施和监督的问题;(6)2018年12月13日在十九届中央政治局就深化国家监察体制改革举行第十一次集体学习时,主要阐述了持续深化党的纪律检查体制和国家监察体制改革的问题;(7)2019年9月24日在十九届中央政治局就新中国国家制度和法律制度的形成和发展进行第十七次集体学习时,主要阐述了坚持和完善中国特色社会主义制度、推进国家治理体系和治理能力现代化的问题。除此以外,习近平同志在历次中纪委全会和中央深化改革领导小组(委员会)、中央全面依法治国委员会上的重要讲话也是研究习近平全面依法治国重要论述的重要素材。需要特

---

① 中国共产党作出重大决策部署之前,必然会进行深入地调研研究、系统地理论论证,中央政治局集体学习就是理论论证定调的重要场合。参见胡鞍钢:《中国集体领导体制》,中国人民大学出版社2013年版,第五章。

别指出的是，习近平在 2016 年的全国党内法规工作会议上的批示是非常重要的一个理论素材，明确了加快党内法规制度建设的重大意义和目标任务。①

(二)理论内涵

习近平关于全面依法治国的重要论述已经具备丰富的理论内涵、严谨的理论体系和重大的实践影响，目前仍处在不断发展完善之中。其中，关于全面依法治国理论内涵的核心表述就是："……在中国共产党领导下，坚持中国特色社会主义制度，贯彻中国特色社会主义法治理论，形成完备的法律规范体系、高效的法治实施体系、严密的法治监督体系、有力的法治保障体系，形成完善的党内法规体系，坚持依法治国、依法执政、依法行政共同推进，坚持法治国家、法治政府、法治社会一体建设，实现科学立法、严格执法、公正司法、全民守法，促进国家治理体系和治理能力现代化"②。这一论述与党的十五大以来中国共产党主要将依法治国界定为"就是广大人民群众在党的领导下，依照宪法和法律规定，通过各种途径和形式管理国家事务，管理经济文化事业，管理社会事务，保证国家各项工作都依法进行，逐步实现社会主义民主的制度化、法律化，使这种制度和法律不因领导人的改变而改变，不因领导人看法和注意力的改变而改变"形成了鲜明的对照。

习近平是我们党历史上第一位主要由治理的视角和理念阐发法治建设重大理论和实践问题的政治领袖。他认为："国家治理体系和治理能力是一个国家制度和制度执行能力的集中体现。国家治理体系是在党领导下管理国家的制度体系，包括经济、政治、文化、社会、生态文明和党的建设等各领域体制机制、法律法规安排，也就是一整套紧密相连、相互协调的国家制度；国家治理能力则是运用国家制度管理社会各方面事务的能力，包括改革发展稳定、内政外交国防、治党治国治军等各个方面。"社会主义法治的基本价值立场与理论传统就是坚持"人

---

① 加快党内法规制度体系建设是习近平新时代中国特色社会主义思想的重要组成部分，既是推进制度治党、依规治党、从严治党的长远之策、根本之策，又是全面推进依法治国、建设中国特色社会主义法治体系的重要内容，2016 年的全国党内法规工作会议批示是集中体现这方面思想的关键素材，其全文如下："我们党要履行好执政兴国的重大历史使命、赢得具有许多新的历史特点的伟大斗争新胜利、实现党和国家的长治久安，必须坚持依法治国与制度治党、依规治党统筹推进、一体建设。要按照十八大和十八届三中、四中、五中、六中全会部署，认真贯彻落实《中共中央关于加强党内法规制度建设的意见》，以改革创新精神加快补齐党建方面的法规制度短板，力争到建党 100 周年时形成比较完善的党内法规制度体系，为提高党的执政能力和领导水平、推进国家治理体系和治理能力现代化、实现中华民族伟大复兴的中国梦提供有力的制度保障。"

② 习近平：《关于〈中共中央关于全面推进依法治国若干重大问题的决定〉的说明》，《十八大以来重要文献选编》(中册)，中央文献研究出版社 2016 年版。

民民主"、社会公平,这与强调个体自由、竞争效率的资本主义法治构成了实质区别。新时期以来,我们党之所以突出强调依法治国就是"逐步实现社会主义民主的制度化、法律化",一方面体现了对社会主义法治基本立场的坚持和继承,对民主与法治的辩证统一关系的深刻理论认识,同时也反映了对改革开放之前中华人民共和国法治建设曲折历史的深刻反思,我们必须走出以往的"大民主"、运动式民主,走向制度化、法律化的民主。党的十八大以来,习近平由治理的概念切入,秉持党的领导、人民中心和国家治理现代化的基本理念,紧紧围绕新时代我们党如何更好地依法执政,国家政权机关如何更好地依法施政(履职),人民群众如何更好地依法管理国家、社会和自身事务三个基本问题,系统阐述了我们党依据党章党规从严治党、依据宪法法律治国理政的基本思路,明确了全面依法治国的总目标、总抓手,实现了中国共产党党建理论和社会主义法治理论的一次认识和实践的新飞跃。

二、习近平全面依法治国重要论述的理论体系

学习习近平全面依法治国重要论述的关键是把握其理论体系,把握其观点与观点之间的紧密联系,把握其核心观点背后的新意和深意,这应当成为深化相关问题研究的一个新方向。一个成熟的理论体系可以由理论层次的严谨性和理论观点的创新性加以把握。

(一)理论层次

就习近平全面依法治国重要论述理论层次的划分而言,目前各界并未形成统一认识。官方比较有代表性的观点是有以下几种。(1)六分法。中宣部编辑出版的《习近平总书记系列重要讲话读本》即采用这种划分并将其提炼为:党领导人民治理国家的基本方略;坚定不移走中国特色社会主义法治道路;建设中国特色社会主义法治体系;维护社会公平正义、司法公正;在党的领导下依法治国、厉行法治;领导干部要做尊法学法守法用法的模范六个方面。① (2)八分法。中央文献研究室编辑出版的《习近平关于全面依法治国论述摘编》采用这种划分并将其提炼为:依法治国是坚持和发展中国特色社会主义的本质要求和重要保障;

---

① 参见中共中央宣传部:《习近平总书记系列重要讲话读本》,学习出版社、人民出版社 2016 年版,第六部分。

坚持中国特色社会主义法治道路,根本的是坚持中国共产党的领导;建设中国特色社会主义法治体系、建设社会主义法治国家;坚持依法治国、依法执政、依法行政共同推进,坚持法治国家、法治政府、法治社会一体建设;要推进科学立法,完善以宪法为主的中国特色社会主义法律体系;要严格依法行政,加快建设法治政府;要坚持公正司法,努力让人民群众在每一个司法案件中都能感受到公平正义;要增强全民法治观念,使尊法守法成为全体人民共同追求和自觉行动;要建设一支德才兼备的高素质法治队伍;全面依法治国,必须抓住领导干部这个"关键少数"八个方面。① (3)五分法。中宣部在十九大以后编辑出版的《习近平新时代中国特色社会主义思想学习纲要三十讲》②和《习近平新时代中国特色社会主义思想学习纲要》均采用这种划分,但是具体标题上略有区别。③ 上述提炼实际上主要是沿着全面依法治国的重大意义、战略方向、战略目标、实现路径、工作格局、队伍建设、干部要求、党的领导的实践逻辑展开的,从便于党员干部学习掌握其论述要点的角度而言是十分有意义的,然而对进一步把握新意、深意,则略有不够。就学术界而言,主要的研究集中于其思想内涵、理论特色和重大意义等方面,仅有张文显教授的论文提出了理论体系问题,然而其最终的提炼依然采用一种观点重述的形式。④

(二)核心观点

本书认为,习近平全面依法治国重要论述的理论体系可以由坚持党的领导这一根本立场出发,由党对法治的基本理论认知和领导法治的基本方式展开,具体可分为四个理论层次,同时在每个理论层次上考察若干核心观点,以更有利于把握其理论体系的严谨性和理论观点的创新性。

1.关于社会主义法治一般问题的理论创新

这是一个表明中国共产党对于法治基本理论认知的前提问题。就社会主义法治理论的发展史而言,马克思清晰而严谨地阐明了阶级对立的前社会主义阶

① 中共中央文献研究室:《习近平关于全面依法治国论述摘编》,中央文献出版社2015年版。
② 中共中央宣传部:《习近平新时代中国特色社会主义思想三十讲》,学习出版社2018年版。其五个具体标题为:明确全面依法治国总目标;坚定不移走中国特色社会主义法治道路;加快建设中国特色社会主义法治体系;深化依法治国实践;加强党对全面依法治国的领导。
③ 中共中央宣传部:《习近平新时代中国特色社会主义思想学习纲要》,学习出版社、人民出版社2019年版。其五个具体标题为:全面依法治国是国家治理领域一场深刻革命;坚定不移走中国特色社会主义法治道路;加快建设中国特色社会主义法治体系;维护社会公平、司法正义;在党的领导下依法治国、厉行法治。
④ 张文显:《习近平法治思想研究(中)——习近平法治思想的一般理论》,《法制与社会发展》2016年第3期,第5—37页。

段和阶级差异消失之后的共产主义社会法律发展的一般规律,然而对于社会主义社会法治建设的一般问题则缺乏一个系统而完整的理论说明①。同时,社会主义国家,无论是苏联还是中华人民共和国,在前三十年均在不同程度上经历了法治建设的重大实践挫折,这与法律工具主义、法律虚无主义的思想认识偏差有极大关系。党的十一届三中全会以来,中国共产党深刻总结历史经验教训,不断深化了关于社会主义法治建设一般问题的理论认识,确立了依法治国的基本方略和依法执政的基本方式,逐步形成了中国特色社会主义法治一般理论体系。

党的十八大以来,习近平坚持马克思主义的基本立场、观点和方法,聚焦于法律(治)的概念、地位和作用三个核心问题展开系统论述,进一步深化了关于法治建设一般问题的理论认知。(1)关于法律(治)的概念,习近平提出"法律是什么? 最形象的说法就是准绳。用法律的准绳去衡量、规范、引导社会生活,这就是法治",同时强调"良法是善治之前提""公正是法治的生命线""法是党的主张和人民意愿的统一体现"。这一概念认知兼具了法的形式特征与实质价值的双重意蕴。(2)关于法律(治)的地位,习近平提出"法律是治国理政最大最重要的规矩""法律是治国之重器,法治是国家治理体系和治理能力的重要依托""依法治国是党领导人民治理国家的基本方略""法治是治国理政的基本方式",同时强调法治是社会主义核心价值,与自由、平等、公正一起构成了社会层面的价值要求;(3)关于法律(治)的作用,提出要"更加注重发挥法治在国家治理和社会管理中的重要作用",强调要发挥"立法的引领、推动和保障作用","更好发挥法治固根本、稳预期、利长远的保障作用"。习近平上述关于社会主义法治建设一般问题的核心观点与我们改革开放前主要将法律作为统治阶级意志(工人阶级意志)的体现、阶级专政的工具和保障中心工作作用形成了鲜明的对照②,为全面深化依法治国,推进社会主义国家法治建设奠定了深刻的思想认识前提。

2. 关于新时代全面推进依法治国的战略谋划

党对法治的领导首先是政治领导,主要体现在我们党谋划和推进法治战略的政治能力水平上。党的十一届三中全会以来,我们党深刻总结中华人民共和

---

① 柯林斯认为法律不是马克思主义者关注的中心,马克思主义的奠基者从来没有形成系统的研究法律的进路。但是笔者认为,马克思对前社会主义阶级对立社会的法律分析和关于共产主义社会阶级差异消失之后,国家和法律走向消亡的发展预测是清晰的,但是对于社会主义阶段法律究竟是否必要以及发挥何种作用则没有提供系统的回答。参见[英]休·柯林斯:《马克思主义与法律》,邱昭继译,法律出版社 2012 年版,第 11—12 页。

② 张友渔、王叔文:《法学基本知识讲话》,中国青年出版社 1980 年版,第二章。

国成立以来法治建设的经验教训，作出了"扩大民主、健全法制，加强社会主义法制建设"的重大战略决策，党的十二大明确"党必须在宪法和法律范围内活动"，党的十三大提出"我们必须一手抓建设和改革，一手抓法制。法制建设必须贯穿于改革的全过程"，党的十四届三中全会提出"到本世纪末初步建立适应社会主义市场经济的法律体系"，党的十五大确立了依法治国的基本方略，进一步提出到 2010 年建成社会主义法律体系的奋斗目标，党的十六届四中全会确立了依法执政的基本方式，这充分表明了我们党法治政治领导能力的不断加强。

党的十八大以来，习近平紧紧围绕新时代法治中国建设的战略地位、战略方向、战略目标三大核心问题展开系统论述，形成了新时代全面依法治国的新战略。(1)关于全面依法治国的战略地位，习近平通过将全面依法治国纳入"四个全面"的战略，将法治作为新时代我们党执政兴国、治国理政的核心战略的相关论述，进一步拉高了法治工作的战略地位。习近平指出，"每一个'全面'都具有重大战略意义。发展是时代的主题和世界各国的共同追求，改革是社会进步的动力和时代潮流，法治是国家治理体系和治理能力现代化的重要保障，从严治党是执政党加强自身建设的必然要求。四者不是简单并列关系，而是有机联系、相互贯通的顶层设计"①。习近平强调："没有全面依法治国，我们就治不好国、理不好政，我们的战略布局就会落空。要把全面依法治国放在'四个全面'的战略布局中来把握，深刻认识全面依法治国同其他三个"全面"的关系，努力做到'四个全面'相辅相成、相互促进、相得益彰"②。(2)关于全面依法治国的战略方向，习近平认为，"全面推进依法治国这件大事能不能办好，最关键的是方向是不是正确、政治保证是不是坚强有力"，"中国特色社会主义法治道路，是社会主义法治建设成就和经验的集中体现，是建设社会主义法治国家的唯一正确道路。在走什么样的法治道路问题上，必须向全社会释放正确而明确的信号，指明全面推进依法治国的正确方向，统一全党全国各族人民认识和行动"③。我们认为，理解习近平关于法治道路的论述可以由三个维度把握：坚持中国特色社会主义法治道路，就是要深刻反思新中国法治建设过去"走过来"的历史经验，其中一条基本的经验就是必须把党的领导、人民当家作主和依法治国有机统一起来。坚持

---

① 习近平：《在十八届中央政治局第二十次集体学习上的讲话》(2015 年 1 月 23 日)。

② 习近平：《协调推进"四个全面"战略布局》，《十八大以来重要文献选编》(中册)，中央文献出版社 2016 年版。

③ 习近平：《加快建设社会主义法治国家》，《十八大以来重要文献选编》(中册)，中央文献出版社 2016 年版。

中国特色社会主义法治道路,就是要时刻牢记我们今天"正在做"的建设中国特色社会主义法治体系必须坚持的基本原则,那就是"坚持中国共产党的领导,坚持人民主体地位,坚持法律面前人人平等,坚持依法治国和以德治国相结合,坚持从中国实际出发"。坚持中国特色社会主义法治道路,就是要坚定我们未来"要实现"的法治既定目标和宏伟蓝图的政治自信。关于这个目标,党的十九大提出:到2035年社会主义法治国家、法治政府、法治社会基本建成。党的十九届四中全会进一步提出:到我们党成立100年时,在各方面制度更加成熟更加定型上取得明显成效;到2035年,各方面制度更加完善,基本实现国家治理体系和治理能力现代化;到中华人民共和国成立100年时,全面实现国家治理体系和治理能力现代化,使中国特色社会主义制度更加巩固、优越性充分展现。(3)关于全面依法治国的战略目标,党的十八届四中全会明确了全面依法治国的总目标就是建设中国特色社会主义法治体系、建设社会主义法治国家。就是在中国共产党领导下,坚持中国特色社会主义制度,贯彻中国特色社会主义法治理论,形成完备的法律规范体系、高效的法治实施体系、严密的法治监督体系、有力的法治保障体系,形成完善的党内法规体系,坚持依法治国、依法执政、依法行政共同推进,坚持法治国家、法治政府、法治社会一体建设,实现科学立法、严格执法、公正司法、全民守法,促进国家治理体系和治理能力现代化。习近平强调,"全面推进依法治国涉及很多方面,在实际工作中必须有一个总揽全局、牵引各方的总抓手,这个总抓手就是建设中国特色社会主义法治体系。依法治国各项工作都要围绕这个总抓手来谋划"①。本书认为,理解习近平关于法治道路的论述可以由三个层面把握:新时代全面依法治国新目标的提出,表明了我国法治工作重点由静态的法律体系建设转向动态的法治体系建设,深化了法治建设的工作内涵;表明了我国法治建设由实践外延,由重点推进法治政府建设、深化依法行政转向三个"共同推进"、三个"一体建设"拓展(尤其是制度治党和法治社会建设领域);表明了我国法治建设与西方法治的本质区别:我们坚持人民中心的基本立场、坚持党对法治工作的全面领导、坚持制度制定实施监督保障的全过程推进,这与西方法治强调个体自由的基本立场、国家社会二元分立的结构支撑和立法行政司法的三环节过程形成了鲜明对照。总之,习近平关于法治新战略的系统论述拉高了法治工作的战略地位,揭示了法治发展的战略方向,明确了法治建设的目标任

---

① 习近平:《关于〈中共中央关于全面推进依法治国若干重大问题的决定〉的说明》,《十八大以来重要文献选编》(中册),中央文献出版社2016年版。

务，立意高远、观点鲜明。

3.关于全面依法治国重大实践关系的命题提炼

坚持党对法治工作的思想领导，就是要在理论上回应与回答如何将贯彻落实全面依法治国战略和推进社会主义法治国家建设的重大实践关系把握和处理好。改革开放以来，中国共产党总是能够顺应法治实践发展的形势，提炼法治理论命题，表明自己的立场和观点，从而回应社会各界期待、统一党员干部思想认识，为法治建设营造良好的思想舆论氛围。以邓小平同志为核心的党中央第二代领导集体从民主与法制的关系出发，提出要"扩大民主，健全法制，推进社会主义民主制度化、法律化"的政治主张，开启了社会主义法制建设的新时期[①]；以江泽民同志为核心的第三代领导集体从建设社会主义市场经济体制的战略目标出发，提出"市场经济必然是法治经济"的重大论断，为党的十五大正式确立依法治国的基本方略奠定了思想理论基础[②]；以胡锦涛同志为总书记的第四代领导集体从建设社会主义和谐社会的高度，提出了"和谐社会本质上是法治社会"的重要论断[③]，为党的十六大以来确立依法执政的基本方式提供了理论指引，推动社会主义法治建设跨入新世纪。

党的十八大以来，习近平在继承前几代领导集体理论命题基础上[④]提炼的最重要的实践关系就是改革与法治的关系、党的领导与社会主义法治的关系以及依法治国和以德治国的关系三大核心命题。[⑤]（1）关于改革与法治的关系命

---

① 习近平：《关于〈中共中央关于全面推进依法治国若重大问题的决定〉的说明》，《十八大以来重要文献选编》（中册），中央文献出版社 2016 年版。

② 党的十四大提出建立社会主义市场体制的目标以后，江泽民同志曾多次论及市场经济与法制的关系问题，尤其是 1996 年 2 月 8 日在中央领导同志法制讲座结束时的讲话中，强调"世界经济的实践证明，一个比较成熟的市场经济，必然要求并具有比较完备的法制"。参见中共中央文献研究室编：《江泽民论有中国特色社会主义（专题摘编）》，中央文献出版社 2002 年版，第 331 页。国内学者围绕此命题的讨论，参见孙国华主编：《市场经济是法治经济》，天津人民出版社 1995 年版；王平等：《市场经济：法治经济》，江西人民出版社 1994 年版。

③ 孙国华：《和谐社会的法治基础》，知识产权出版社 2012 年版。

④ 习近平同志在浙江工作期间，就曾提出"市场经济必然是法治经济""和谐社会本质上是法治社会""法治精神是法治的灵魂""坚持法治与德治并举""党的领导是法治的根本保证"等重要论断，参见习近平：《之江新语》，浙江人民出版社 2007 年版。

⑤ 核心命题不同于一般命题的提炼，它是我们党论证重大决策部署、表明重大政治立场之时提出的理论命题，主要在党的全国代表大会、党的中央全会等重要场合提出，而一般命题通常是我们党为更好地贯彻落实相关决策部署举措而提炼出来的，习近平提炼的一般法治理论命题包括：民主与专政、人治与法治、维稳与维权的关系、政策与法律的关系、活力与秩序的关系等，参见张文显：《习近平法治思想研究（上）——习近平法治思想的鲜明特征》，《法制与社会发展》2016 年第 2 期，第 5—21 页。

题,习近平提出"凡属重大改革都要于法有据","必须在法治的轨道上推进改革",强调两者是辩证统一的关系,"改革为法治明方向拓空间增动力,法治对改革固根本利长远稳预期,要坚持两轮驱动、两翼齐飞,推动改革与法治协调发展"。(2)关于党的领导与法治的关系命题。习近平指出"党和法的关系是一个根本问题",强调党的领导是社会主义法治的本质特征和根本保证,必须把党的领导贯彻依法治国各方面全过程,要求各级党政组织、各级党员干部要旗帜鲜明地反对"党大还是法大"的伪命题,解决好"权大还是法大"的真命题。(3)关于依法治国和以德治国的关系命题。习近平指出"法律是成文的道德,道德是内心的法律。法律和道德都具有规范社会行为、调节社会关系、维护社会秩序的作用,在国家治理中都有其地位和功能",强调坚持依法治国和以德治国相结合,强调法治和德治两手抓、两手都要硬是社会主义法治道路的一个鲜明特点,在新的历史条件下,要强化道德对法治的支撑作用,要把道德要求贯彻到法治建设中,使法治和德治在国家治理中相互补充、相互促进、相得益彰,推进国家治理体系和治理能力现代化。习近平关于全面依法治国三大核心命题的提炼,其区别以往的创新之处和普遍意义在于,他是由法治建设的内在逻辑(而不是从法治建设与中心工作的外部关系)出发建构起一个完整的法治理论体系,其中,改革与法治的关系命题回答了中国法治建设的动力机制问题,党法关系命题回答了中国法治建设的政治领导问题,法治与德治的关系命题回答了中国法治建设的价值认同问题。把握习近平全面依法治国重要论述的三大核心命题有助于我们更好地理解中西方法治的本质区别,尤其是法治建设的领导权问题,西方大陆法系和英美法系的内在分野本质上就是政府领导推动法治和社会(资本)领导推动法治的区别,中华人民共和国法治建设的历史经验表明,坚持党对法治的全面领导就是一条正确的道路、一个根本的遵循。

4. 关于新时代各方厉行法治的政治要求

法治的战略谋划和实践关系明确之后,习近平进一步对各级党委、政权机关和党员干部提出了具体的政治要求。(1)对于各级党委而言,习近平强调要"领导立法、保证执法、支持司法、带头守法"。特别值得注意的是,党委厉行法治的新十六字方针当中,由习近平最新提出来的要求就是"支持司法",这与新时代以来我们从制度实施环节切入法治改革,将司法体制改革作为全面依法治国的重头戏是高度统一的。(2)对于各级政权机关而言,关键是要实现科学立法、严格执法、公正司法、全民守法,这是党的十八大以来的全新要求,被称为社会主义法治的新十六字方针,这与新时期以来邓小平同志所提出的"有法可依、有法必依、执法必严、违法必究"要求形成了一脉相承、持续深化的逻辑关联。（3）对于各级党员干部而言，习近平指出，要提高党员干部法治思维和依法办事能力，就要抓住领导干部这一关键少数，努力提高领导干部运用法治思维和法治方式深化改革、推动发展、化解矛盾、维护稳定能力，努力推动形成办事依法、遇事找法、解决问题用法、化解矛盾靠法的良好法治环境，在法制轨道上推动各项工作要求。同时，就提高法治思维和依法能力，习近平又提出"四要"和"四个模范"的具体要求。对于党员干部的法治要求，新时期以来邓小平同志强调"增强社会主义法制观念"，江泽民同志突出的是"学习社会主义法制理论"，胡锦涛同志突出的是"贯彻社会主义法治理念"，增强观念、学习理论、贯彻理念重在解决法治建设过程中的思想认识问题，解决法治要不要、该不该的问题，而习近平的全新政治要求则表明新时代更注重提高党员干部的法治综合素养和运用法治解决实际问题的能力，就是要不断提高运用中国特色社会主义制度和法律有效治理国家的能力。

三、习近平全面依法治国重要论述的重大贡献

习近平全面依法治国重要论述是社会主义法治理论发展是一座里程碑，是马克思主义法学中国化的最新理论成果，不仅已经产生重大的实践影响，更具有十分重大的理论贡献。

（一）指引全面依法治国实践的贡献

"理论来源于实践，又必须指导实践"。习近平全面依法治国重要论述不仅具备深厚的理论底蕴，同时亦蕴含着鲜明的实践导向，其中贯穿始终的逻辑主线就是要实现"把权力关进制度的笼子"（管好权力）和"推进国家治理体系和治理能力现代化"（提升能力）的辩证统一。全面依法治国是国家治理领域的一场广泛而深刻的革命，是我国社会主义法治建设和政治体制改革的持续和深化，充分体现了以习近平同志为核心的党中央超凡的政治勇气和政治魄力。党的十一届三中全会以来，我国的社会主义法治建设和政治体制改革，在总体定位上要求不断扩大社会主义民主、健全社会主义法制，从而促进社会主义制度的发展和完善，在实践重心上经历了初期的党和国家领导制度改革、党的十三大的党政职能分开改革和新世纪以来以能力提升为主线的政治体制改革几个发展阶段。新时代以来全面推进依法治国的体制改革部署，鲜明地体现了管好权力和提升能力

的实践"辩证法",一"破"一"立"、革故鼎新。

把握好习近平全面依法治国重要论述这一逻辑主线有利于我们更为深刻地理解新时代以来我国法治建设和政治改革相关重大举措的实践展开过程。本书认为,党的十九大之前的五年,全面依法治国的实践重点就是紧紧围绕"把权力关进制度的笼子"这一理论命题,坚持用制度管事管权管人,强调制度面前人人平等,制度执行没有例外,着力推进四大体制改革。习近平强调,"天下之事,不难于立法,而难于法之必行","法规制度的生命力在于执行",由制度实施和执行的环节切入深化我国社会主义法治建设,抓住了问题的要害,体现了精准的战略谋划和高超的政治谋略的统一性。党的十八大以来,我们相继启动实施行政"放管服"改革、深化司法体制改革、纪律检查体制改革和国家监察体制改革,一方面大力实施简政放权,深化行政审批制度改革,主动推动政府"瘦身",从源头上降低政府权力过大带来的"任性"和腐败风险;另一方面则"三管齐下",着力破解制约国法党规实施的体制沉疴,首次将所有行使公权力的公职人员纳入国家监察的范围,以此"一放一收"的政治改革艺术,推动形成了"不敢腐、不能腐、不想腐"的制度体系和思想防线。

党的十九大以来,我们强调"坚持党对一切工作的领导",以党和国家机构改革为抓手,深化依法治国实践,加快推进国家治理现代化。党的十九届三中全会通过了《深化党和国家机构改革方案》,强调以推进党和国家机构职能优化协同高效为着力点,改革机构设置,优化职能配置,深化转职能、转方式、转作风,提高效率效能,积极构建系统完备、科学规范、运行高效的党和国家机构职能体系。其中,在深化党中央机构改革上,要着眼于健全加强党的全面领导的制度,优化党的组织机构,建立健全党对重大工作领导的体制机制,确保党的领导全覆盖,确保党的领导更加坚强有力。在深化国务院机构改革上,要着眼于转变政府职能,坚决破除制约使市场在资源配置中起决定性作用、更好发挥政府作用的体制机制弊端,加强和完善政府经济调节、市场监管、社会管理、公共服务、生态环境保护职能,结合新的时代条件和实践要求,着力推进重点领域、关键环节的机构职能优化和调整,构建起职责明确、依法行政的政府治理体系,增强政府公信力和执行力,加快建设人民满意的服务型政府。在深化地方机构改革上,要着力完善维护党中央权威和集中统一领导的体制机制,赋予省级及以下机构更多自主权,突出不同层级职责特点,允许地方根据本地区经济社会发展实际,在规定限度内因地制宜设置机构和配置职能。借鉴经济发达镇行政管理体制改革试点经验,适应街道、乡镇工作特点和便民服务需要,构建简约高效的基层管理体制。

在大力推进党和国家机构改革的同时，党的十九大强调，必须把党的领导贯彻落实到依法治国全过程和各方面，深化依法治国实践。党的十九大关于法治的重大举措，包括成立中央全面依法治国领导小组，加强对法治中国建设的统一领导；加强宪法实施和监督，推进合宪性审查工作，维护宪法权威；推进科学立法、民主立法、依法立法，以良法促进发展、保障善治；建设法治政府，推进依法行政，严格规范公正文明执法；深化司法体制综合配套改革，全面落实司法责任制，努力让人民群众在每一个司法案件中感受到公平正义；加大全民普法力度，建设社会主义法治文化，树立宪法法律至上、法律面前人人平等的法治理念等。

（二）推动整个事业发展和法治理论创新的贡献

首先，习近平全面依法治国重要论述为我们提供了认识和解决新时代矛盾风险挑战的新思维。科学思想最主要的实践价值在于推动思维方式的更新，学思践悟习近平新时代中国特色主义思想的关键在于把握新一代领导集体的新思维。习近平强调，在新时代的征程上，全党同志一定要适应新时代中国特色社会主义的发展要求，提高战略思维、创新思维、辩证思维、法治思维、底线思维能力，增强工作的原则性、系统性、预见性、创造性。[①] 习近平全面依法治国重要论述的重大意义之一就是为我们解决发展、改革、稳定等"老问题"提供了新思路[②]、为新时代以来开拓治理现代化的新议题拓宽了视野，为我们自觉践行"四个伟大"的使命担当、实现新时代的新作为提供了能力支撑。

其次，习近平全面依法治国重要论述为我们揭示了坚持和发展中国特色社会主义的新方位。改革开放以来，我们党全部理论和实践的鲜明主题就是坚持和发展中国特色社会主义，就是要我们在保持政治定力的同时不断开拓社会主义事业发展的新方位。新时期以来，邓小平同志围绕社会主义初级阶段的根本

---

① 习近平：《在党的十九届一中全会上讲话》，《求是》2018 年第 1 期。
② 在推动发展问题上，习近平提出要从要素驱动转向创新驱动，而创新驱动的关键在技术和制度创新；在深化改革上，习近平提出改革必须要从摸着石头过河转向更加注重顶层设计和整体谋划，而体系化思维正是法治思维的核心优势；在维护稳定上，习近平提出"维权是维稳的基础，维稳的实质是维权"等重要观点，为解决发展、改革、稳定"老问题"提供了系统的新思路。

任务,逐步提出并确立了判断社会主义事业发展的"三个是否有利于"标准①。党的十八大以来,以习近平同志为核心的党中央在统揽"四个伟大"实践的过程中提出坚持"四个自信",其中与法治密切相关的就是要求"坚持制度自信",强调"推动中国特色社会主义制度更加成熟更加定型","不断提高运用中国特色社会主义制度治国理政能力",并且提出了认识和评价制度的"八个能否"新标准②,为坚持和发展中国特色社会主义提供了新方位。

最后,习近平全面依法治国重要论述为我们开辟了社会主义和当今世界法治理论的新境界。习近平全面依法治国重要论述是马克思主义法学中国化的最新理论成果,极大地丰富和发展了社会主义法治话语和理论体系,同时也为我们打破当今世界西方自由主义法治的话语霸权提供了有力的理论武器。改革开放以来,尤其是新时代以来,我们始终坚持要把党的领导、人民当家作主和依法治国有机结合起来,坚持从中国实际出发,不断完善以宪法为统领的社会主义法律体系,推动中国特色社会主义法治体系建设,建设中国特色社会主义法治国家,强调要坚持理论自信,贯彻社会主义法治理论,旗帜鲜明地反对西方"宪政民主""三权分立""司法独立"等错误观点,积极构建具有中国特色的社会主义法治话语和理论体系。

① 1992 年年初,邓小平在视察南方时,针对一段时期以来,中国共产党内和国内不少人在改革开放问题上迈不开步子、不敢闯,以及理论界对改革开放性质的争论,指出:"要看是姓'资'还是姓'社'的问题,判断的标准,应该主要看是否有利于发展社会主义社会的生产力,是否有利于增强社会主义国家的综合国力,是否有利于提高人民的生活水平。"从此,三个"是否有利于"成为人们评判一切工作是非得失的根本标准。

② 即国家领导层能否依法有序更替;全体人民能否依法管理国家事务和社会事务、管理经济和文化事业;人民群众能否畅通表达利益要求;社会各方面能否有效参与国家政治生活;国家决策能否实现科学化、民主化;各方面人才能否通过公平竞争进入国家领导和管理体系;执政党能否依照宪法法律规定实现对国家事务的领导;权力运用能否得到有效制约和监督,参见习近平:《在庆祝全国人大成立 60 周年大会上的讲话》。

第二章　建设中国特色社会主义法治体系①

　　党的十八大以来，以习近平同志为核心的党中央，一手抓全面深化改革，一手抓法治中国建设，团结和领导中国人民开拓创新，奋勇前进，开创了建设中国特色社会主义法治国家的新思路、新举措、新局面，为全面建成小康社会、实现"两个一百年"目标、实现中华民族伟大复兴的中国梦奠定了扎实的思想政治基础和法治保障。2014 年 10 月 20—23 日在北京召开的党的十八届四中全会，审议通过了《中共中央关于全面推进依法治国若干重大问题的决定》（下称《决定》），明确了全面推进依法治国指导思想、总目标、重大任务和关键举措，提出了"建设有中国特色社会主义法治体系，建设社会主义法治国家"的伟大奋斗目标，科学回答了"坚持党的领导与社会主义法治"这一重大理论问题，同时提出了许多新观点、新思路、新论断，是新时期全面推进依法治国的纲领性文件。

一、全面推进依法治国的指导思想

　　党的十八届四中全会指出，全面推进依法治国，必须贯彻落实党的十八大和十八届三中全会精神，高举中国特色社会主义伟大旗帜，以马克思列宁主义、毛泽东思想、邓小平理论、"三个代表"重要思想、科学发展观为指导，深入贯彻习近平总书记系列重要讲话精神，坚持党的领导、人民当家作主、依法治国有机统一，坚定不移走中国特色社会主义法治道路，坚决维护宪法法律权威，依法维护人民权益、维护社会公平正义、维护国家安全稳定，为实现"两个一百年"奋斗目标、实现中华民族伟大复兴的中国梦提供有力法治保障。

---

①　本文原为《全面依法治国干部读本》（中共浙江省委党校法学教研部编著，浙江人民出版社 2014 年版）导论，本书收录时作了扩展和修订。

全面推进依法治国，必须高举中国特色社会主义伟大旗帜，以马克思列宁主义、毛泽东思想、邓小平理论、"三个代表"重要思想、科学发展观为指导，深入贯彻习近平总书记系列重要讲话精神，用科学的理论武装全党，用鲜活的思想指引实践，以崇法向善、求真务实的实际行动回应党和人民的期待。全面推进依法治国，当前及今后极端重要的一点，就是要深入贯彻习近平总书记系列重要讲话精神，尤其是要学习总书记关于依法治国的有关论述，深刻把握《决定》背后的现实背景、指导思想与理论基础，深刻把握全面推进依法治国的目标任务、实现路径和基本要求，用习近平总书记系列重要讲话精神统一全党思想认识，团结一心、众志成城，全面推进依法治国走向胜利，完成《决定》确定的各项目标任务。

全面推进依法治国必须坚持党的领导、人民当家作主、依法治国有机统一，坚定不移走中国特色社会主义法治道路。党的十八届四中全会科学地回答了"坚持党的领导与社会主义法治的关系"这一重大理论问题，强调：党的领导是中国特色社会主义的本质特征，党的领导是社会主义法治的根本保障。在我国，坚持党的领导，是党和国家的根本所在、命脉所在，是全国各族人民的利益所系、幸福所系，是社会主义法治的根本要求和全面推进依法治国的题中应有之义。党的领导和社会主义法治是一致的，社会主义法治必须坚持党的领导，党的领导必须依靠社会主义法治，党要领导立法、保证执法、支持司法、带头守法。把坚持党的领导、人民当家作主、依法治国有机统一起来，是我国社会主义法治建设的一条基本经验，也是我国法治与西方所谓"宪政"的根本区别。

全面推进依法治国必须坚决维护宪法法律权威，依法维护人民权益、维护社会公平正义、维护国家安全稳定，为实现"两个一百年"奋斗目标、实现中华民族伟大复兴的中国梦提供有力法治保障。宪法和法律是党和人民共同意志的体现，宪法是根本法，是治国理政的总章程，是社会主义核心价值观的总体规范呈现，是社会主义根本政治制度、基本政治制度、经济制度和其他具体制度的效力总来源与规范总基础，社会主义法律是社会主义宪法的具体化，是围绕宪法确立的基本原则和基础规范形成的具有内在严密逻辑结构和分明效力层级的实证法律体系，维护宪法和法律的权威就是维护党和人民的共同意志。全面推进依法治国，根本的目的是依法维护人民权益、维护社会公平正义、维护国家安全稳定，从而形成政治安定团结、社会安全和谐、人民安居乐业的社会主义社会秩序和政治秩序，是坚持人民主体地位，激发社会活力，调动一切积极因素支持、参与和推动中国特色社会主义伟大实践的基本要求，是实现"两个一百年"奋斗目标、实现中华民族伟大复兴的中国梦的有力法治保障。

二、全面推进依法治国的总目标

党的十八届四中全会强调，全面推进依法治国，总目标是建设中国特色社会主义法治体系、建设社会主义法治国家。这就是，在中国共产党领导下，坚持中国特色社会主义制度，贯彻中国特色社会主义法治理论，形成完备的法律规范体系、高效的法治实施体系、严密的法治监督体系、有力的法治保障体系，形成完善的党内法规体系，坚持依法治国、依法执政、依法行政共同推进，坚持法治国家、法治政府、法治社会一体建设，实现科学立法、严格执法、公正司法、全民守法，促进国家治理体系和治理能力现代化。

"谋定而后动"。从党的十八大提出"全面建成小康社会"目标到 2012 年 11 月 15 日习近平总书记在十八届中央政治局常委与中外记者见面时自信宣示，"我们的责任，就是要团结带领全党全国各族人民，接过历史的接力棒，继续为实现中华民族伟大复兴而努力奋斗，使中华民族更加坚强有力地自立于世界民族之林，为人类作出新的更大的贡献"；从 2012 年 12 月 4 日习近平总书记在首都各界纪念现行宪法公布施行 30 周年大会上郑重强调要"坚持依法治国、依法执政、依法行政共同推进，坚持法治国家、法治政府、法治社会一体建设"到党的十八届三中全会明确提出要全面深化改革，推进法治中国建设，完善和发展中国特色社会主义制度，推进国家治理体系和治理能力现代化……最后到党的十八届四中全会建设有中国特色社会主义法治体系总目标的提出，完整绘就了一幅我们党领导人民建设中国特色社会主义的宏伟蓝图，表明了以习近平同志为总书记的党中央在面对当前国内外严峻复杂局势时的政治定力，在肩负改革发展稳定繁重任务时的政治从容，在把握全面建成小康社会、全面深化改革开放、全面从严治党、全面推进依法治国"四个全面"逻辑联系上的政治谋略，在实现"两个一百年"奋斗目标、实现中华民族伟大复兴历史使命面前的政治担当。

全面推进依法治国必须紧紧围绕建设中国特色社会主义法治体系的总目标。建设中国特色社会主义法治体系是我们党在胜利完成党的十六大提出的到 2010 年建成中国特色社会主义法律体系目标基础上提出的深入推进社会主义法治国家建设的新目标，是回应人民法治期待、树立国家法律权威、加强法律实施保障的现实要求和战略选择。由法制到法治的转变，是我们党领导和加强社会主义法制建设中的第一次思想认识飞跃，由法律体系到法治体系的转变，是以习近平同志为总书记的党中央党团结和带领中国人民全面推进依法治国的总目标，是中国特色社会主义法治理论与法治实践的又一次思想认识飞跃。

全面推进依法治国必须坚持党的领导，坚持中国特色社会主义制度，贯彻中国特色社会主义法治理论。坚持中国共产党的领导是建设中国特色社会主义法治体系的根本保证和政治前提，坚持中国特色社会主义制度，贯彻中国特色社会主义法治理论是建设中国特色社会主义法治体系的根本依循和基本原则。只有在中国共产党的领导下，坚持中国特色社会主义制度，贯彻中国特色社会主义法治理论，才能保证全面推进依法治国的正确政治方向和根本政治动力，才能保证社会主义法治不"变色"、不动摇。

全面推进依法治国必须形成完备的法律规范体系、高效的法治实施体系、严密的法治监督体系、有力的法治保障体系，形成完善的党内法规体系，必须坚持依法治国、依法执政、依法行政共同推进，坚持法治国家、法治政府、法治社会一体建设，实现科学立法、严格执法、公正司法、全民守法，促进国家治理体系和治理能力现代化。完备的法律规范体系、高效的法治实施体系、严密的法治监督体系、有力的法治保障体系、完善的党内法规体系既是社会主义法治体系的构成要素和实践环节，又是建设中国特色社会主义法治体系的目标规定，是中国特色社会主义区别与资本主义"三权分立"法治体系的根本标志。

全面推进依法治国必须坚持依法治国、依法执政、依法行政共同推进，坚持法治国家、法治政府、法治社会一体建设既是建设中国特色社会主义法治体系的实现路径，又是建设中国特色社会主义法治体系的结构总成。实现科学立法、严格执法、公正司法、全民守法是建设中国特色社会主义法治体系的基本方针，法治体系是国家治理体系的核心要素，法治能力是国家治理能力的核心能力，建设中国特色法治体系是促进国家治理体系和治理能力现代化的基本途径。

三、全面推进依法治国的重大任务和关键举措

党的十八届四中全会明确了全面推进依法治国的重大任务，即：完善以宪法为核心的中国特色社会主义法律体系，加强宪法实施；深入推进依法行政，加快建设法治政府；保证公正司法，提高司法公信力；增强全民法治观念，推进法治社会建设；加强法治工作队伍建设；加强和改进党对全面推进依法治国的领导。

理解全面推进依法治国的重大任务，与总目标之间是"统筹兼顾"与"重点突破"关系。坚持"统筹兼顾"与"重点突破"相结合是马克思主义辩证法的一个鲜明主张，是我们党推进各项工作的优良传统，是以习近平同志为总书记的党中央谋划和部署全面推进依法治国总目标和重大任务的思想精髓。党的十八届四中全会强调要围绕建设中国特色社会主义法治体系总目标，一方面"坚持依法治国、依法执政、依法行政共同推进，坚持法治国家、法治政府、法治社会一体建设"，体现出全面推进依法治国的"统筹兼顾"要求，另一方面又明确了全面推进依法治国的六个重大任务和相关改革关键举措，体现出全面推进依法治国的"重大突破"要求。

党的十八届四中全会确定的全面推进依法治国重大任务，表明了以习近平同志为总书记的党中央在"直面法治领域突出问题，回应人民群众迫切期待"，全面推进依法治国的坚强决心。正如习近平总书记指出的，当前中国法治存在的突出矛盾是："保证宪法实施的监督机制和具体制度还不健全，有法不依、执法不严、违法不究现象在一些地方和部门依然存在；关系人民群众切身利益的执法司法问题还比较突出；一些公职人员滥用职权、失职渎职、执法犯法甚至徇私枉法严重损害国家法制权威；公民包括一些领导干部的宪法意识还有待进一步提高"[①]。党的十八届四中全会提出的重大任务和具体举措正是高度重视和切实解决当前中国法治突出问题的体现。

（一）加强宪法实施，完善中国特色社会主义法律体系

宪法乃治国之重器，"良法是善治的前提"。全面推进依法治国首先必须树立法律权威、完善法律体系，根本的就是树立宪法权威，坚持依宪治国、依宪执政。宪法是中国特色社会主义法律体系的根本统领和效力来源，完善中国特色社会主义法律体系必须坚持以宪法为核心，必须加强宪法实施。党的十八届四中全会提出，"坚持依法治国首先要坚持依宪治国，坚持依法执政首先要坚持依宪执政"，并把健全宪法实施和监督制度、完善全国人大及其常委会宪法监督制度、健全宪法解释程序机制作为促进宪法实施的关键举措来加以推进。

良法是善治的前提，必须坚持立法先行，发挥立法的引领和推动作用，抓住提高立法质量这个关键。关于立法工作，十八届三中全会提出了民本立法理念，即"要恪守以民为本、立法为民理念，贯彻社会主义核心价值观，使每一项立法都

---

① 习近平：《在首都各界纪念现行宪法公布施行 30 周年大会上的讲话》（2012 年 12 月 4 日），人民出版社 2012 年版。

符合宪法精神、反映人民意志、得到人民拥护"。同时,把"完善立法体制,加强党对立法工作的领导,完善党对立法工作中重大问题决策的程序,健全有立法权的人大主导立法工作的体制机制,依法赋予设区的市地方立法权"作为一项关键举措。同时强调,要把公正、公平、公开原则贯穿立法全过程,完善立法体制机制,坚持立改废释并举,增强法律法规的及时性、系统性、针对性、有效性。

(二)深入推进依法行政,加快建设法治政府

全面推进依法治国必须深入推进依法行政,加快建设法治政府。依法行政是依法治国的关键环节,法治政府是法治国家的主体构造,深入推进依法行政必须坚持在法律轨道上开展工作、推进改革,必须依法全面履行政府职能,推进机构、职能、权限、程序、责任法定化,在决策、执行、监督各个环节强化法治保障。党的十八届四中全会明确了建设法治政府的目标是加快建设职能科学、权责法定、执法严明、公开公正、廉洁高效、守法诚信的法治政府,必须要在积极转变政府职能的前提下,加快推进机构改革、简政放权,强化政务公开和责任严明。党的十八届四中全会在推进法治政府建设上的关键举措就是:健全依法决策机制,把公众参与、专家论证、风险评估、合法性审查、集体讨论决定确定为重大行政决策法定程序,建立行政机关内部重大决策合法性审查机制,建立重大决策终身责任追究制度及责任倒查机制。

(三)保证公正司法,提高司法公信力

全面推进依法治国必须保证公正司法,提高司法公信力。"公正是法治的生命线",公正是司法运行的核心价值,是司法公信的根本保证。司法公正对社会公正具有重要引领作用,司法不公对社会公正具有致命破坏作用,全面推进依法治国必须抓住司法体制改革的"牛鼻子",必须完善司法管理体制和司法权力运行机制,规范司法行为,加强对司法活动的监督,努力让人民群众在每一个司法案件中感受到公平正义。党的十八届四中全会提出,必须完善司法管理体制和司法权力运行机制,规范司法行为,加强对司法活动的监督,努力让人民群众在每一个司法案件中感受到公平正义。在推进司法体制改革上,十八届四中全会的关键举措包括:建立领导干部干预司法活动及插手具体案件处理的记录、通报和责任追究制度,建立健全司法人员履行法定职责时的保护机制;推动实行审判权和执行权相分离的体制改革试点,最高人民法院设立巡回法庭,探索设立跨行政区划的人民法院和人民检察院,探索建立检察机关提起公益诉讼制度;实行办案质量终身负责制和错案责任倒查问责制等。

（四）增强全民法治观念，推进法治社会建设

全面推进依法治国必须增强全民法治观念，推进法治社会建设。"法律的权威源自人民的内心拥护和真诚信仰"，没有法律信仰，法律就将形同虚设。法治社会是法治国家的基础，"基础不牢，地动山摇"，建设社会主义法治国家，必须夯实其社会基础。建设法治社会，党的十八届四中全会主要提出提升全民法律信仰、加强法治教育、推进依法治理和公共法律服务体系四个内容，尤其是强调"必须弘扬社会主义法治精神，建设社会主义法治文化，增强全社会厉行法治的积极性和主动性，形成守法光荣、违法可耻的社会氛围，使全体人民都成为社会主义法治的忠实崇尚者、自觉遵守者、坚定捍卫者"。

（五）加强法治工作队伍建设

全面推进依法治国，必须加强法治队伍建设。"政治路线确定以后，干部就是决定性因素"。"又红又专"是我们党推进干部队伍建设的优良传统，"德才兼备"是新时期我们培养选拔干部的基本导向。党的十八届四中全会提出：全面推进依法治国，必须大力提高法治工作队伍思想政治素质、业务工作能力、职业道德水准，着力建设一支忠于党、忠于国家、忠于人民、忠于法律的社会主义法治工作队伍。与此同时，法治队伍又有不同于一般干部队伍的专业特征和特殊要求，建设高素质法治专门队伍，要把思想政治建设摆在首位，加强立法队伍、行政执法队伍、司法队伍建设，畅通立法、执法、司法部门干部和人才相互之间以及与其他部门具备条件的干部和人才交流渠道，推进法治专门队伍正规化、专业化、职业化。关于法治队伍建设，党的十八届四中全会的关键举措主要是：完善法律职业准入制度，建立从符合条件的律师、法学专家中招录立法工作者、法官、检察官制度，健全从政法专业毕业生中招录人才的规范便捷机制，完善职业保障体系；加强法律服务队伍建设，构建社会律师、公职律师、公司律师等优势互补、结构合理的律师队伍；创新法治人才培养机制，培养造就熟悉和坚持中国特色社会主义法治体系的法治人才及后备力量。

（六）加强和改进党对全面推进依法治国的领导

全面推进依法治国，加强和改进党对法治工作的领导。党的领导是社会主义法治的根本保证，必须加强和改进党对法治工作的领导，把党的领导贯彻进全面推进依法治国全过程。党的领导通过党的思想、政治、组织领导来加以保障，通过党员干部的坚持党的路线、方针和政策以及率先垂范和严格要求来加以实现。加强的领导必须加强党内法规制度建设，完善党内法规制定体制机制，形成

配套完备的党内法规制度体系,运用党内法规把党要管党、从严治党落到实处,促进党员、干部带头遵守国家法律法规。加强党的领导要求健全党领导依法治国的制度和工作机制,完善保证党确定依法治国方针政策和决策部署的工作机制和程序,加强对全面推进依法治国的统一领导、统一部署、统筹协调,完善党委依法决策机制。加强党的领导必须坚持依法执政,提高党员干部的法治思维和依法办事能力,各级领导干部要带头遵守法律、带头依法办事,不得违法行使权力,更不能以言代法、以权压法、徇私枉法。

四、深入贯彻学习十八届四中全会精神

当前,深入学习贯彻四中全会精神已成为全党上下的一项重要政治任务。时任中共中央政治局常委、中央书记处书记的刘云山在学习宣传贯彻党的十八届四中全会精神工作会议上指出,"学习宣传贯彻四中全会精神,要紧紧围绕全会《决定》,围绕习近平总书记重要讲话,深刻领会、深入宣传全面推进依法治国的重大意义,更好发挥法治的引领和规范作用;深刻领会、深入宣传中国特色社会主义法治道路的根本要求,牢牢把握全面推进依法治国的正确方向;深刻领会、深入宣传全面推进依法治国总目标,更好建设中国特色社会主义法治体系、建设社会主义法治国家;深刻领会、深入宣传全面推进依法治国的重大任务,坚持依法治国首先要坚持依宪治国,坚持依法执政首先要坚持依宪执政,推动法治中国建设不断取得新进展",为我们学习贯彻四中全会精神提供了一个有益的指导。

深入学习贯彻四中全会精神,应当把握以下几个要点。(1)四中全会回答了党的领导与社会主义法治之间的关系这一重大理论问题,强调全面推进依法治国必须坚持党的领导、党的领导与社会主义法治的统一。这是把握四中全会精神的总灵魂。(2)四中全会明确了全面推进依法治国的指导思想、总目标、重大任务、关键举措,其中,建设中国特色社会主义法治体系总目标是四中全会精神的总纲领。只有把握这个总目标,才能"纲举目张"。(3)四中全会提出的许多全面推进依法治国的新观点、新论断是把握四中全会六大重大任务和相关关键举措部署的总基点。四中全会提出的主要新观点、新论断包括:"坚持党的领导,是社会主义法治的根本要求,是党和国家的根本所在、命脉所在,是全国各族人民的利益所系、幸福所系,是全面推进依法治国的题中应有之义""坚持依法治国首先要坚持依宪治国，坚持依法执政首先要坚持依宪执政""法律是治国之重器，良法是善治之前提""法律的生命力在于实施，法律的权威也在于实施""公正是法治的生命线""法律的权威源自人民的内心拥护和真诚信仰"，抓住这些关键词，有利于我们更好地理解四中全会的精神，更好地理解全面推进依法治国的重大意义。

第三章　坚持中国特色社会主义法治道路论①

法治是人类社会的共同追求，是现代政治文明的重要体现，是治国理政的基本方式，是维护公民个体权利、促进社会公平正义的重要保障。党的十八大以来，以习近平同志为总书记的党中央坚持依法治国、依法执政、依法行政共同推进，坚持法治国家、法治政府、法治社会一体建设，开拓了社会主义法治国家建设的新思路、新气象、新局面。党的十八届四中全会提出：高举中国特色社会主义伟大旗帜，以马克思列宁主义、毛泽东思想、邓小平理论、"三个代表"重要思想、科学发展观为指导，深入贯彻习近平总书记系列重要讲话精神，坚持党的领导、人民当家作主、依法治国有机统一，坚定不移走中国特色社会主义法治道路，坚决维护宪法法律权威，依法维护人民权益、维护社会公平正义、维护国家安全稳定，为实现"两个一百年"奋斗目标、实现中华民族伟大复兴的中国梦提供有力法治保障。

中国特色社会主义法治道路、中国特色社会主义法治理论和中国特色社会主义制度三者共同构成了全面推进依法治国的基本依循，其中，中国特色社会主义法治道路是建设社会主义法治国家的实现途径，贯彻中国特色社会主义法治理论是建设社会主义法治国家的思想指南，坚持和发展中国特色社会主义制度是建设社会主义法治国家的行动保障，三者统一于全面推进依法治国的伟大实践。法治道路问题是决定一个国家法治发展命运的根本问题，它不仅体现了一个国家对于自身法治建设历史发展进程的经验总结，体现了一个国家根据其自身的发展阶段、基本国情、根本任务要求选择的法治发展战略的现实关怀，更体现了一个国家坚守法治理想、保持战略定力、矢志不渝地追求自身法治发展远景的政治自信和自觉，是"过去走过的路""现在正在走的路"和"未来坚持走的路"

---

① 本文原为《全面依法治国干部读本》(中共浙江省委党校法学教研部编著，浙江人民出版社 2014 年版)第一章，本书收录时作了扩展和修订。

的高度理论概括。古往今来，世界各国法治发展的经验表明：一个国家只有从本国的基本国情出发，选择走一条适合自己的法治发展道路，"咬定青山不放松"，才能实现法治建设的既定目标。中华人民共和国成立以来，特别是改革开放40多年的实践和探索证明，我们坚持从社会主义初级阶段的基本国情出发，坚持党的领导、人民当家作主和依法治国的有机统一，坚持与社会主义现代化总进程相协调，有序地推进法制建设与法治改革，走出了一条具有中国特色的社会主义法治道路。

一、全面推进依法治国的重大意义和基本依循

全面推进依法治国是以习近平同志为核心的党中央在新的时代背景和现实条件下就如何推进社会主义法治建设做出的一个重大战略决策，是我们党运用中国特色社会主义理论认识和解决法治问题和国家治理问题的具体体现，它明确了当前及今后一个时期我们党推进社会主义法治国家建设的指导思想、基本依循、发展目标、发展任务、实现路径和基本要求，具有十分重大的现实意义和极为深远的历史意义。

(一)全面推进依法治国的重大意义

1. 全面推进依法治国是全面建成小康社会，实现"两个一百年"目标、中华民族伟大复兴的"中国梦"的必然要求

党的十八大明确指出，实现社会主义现代化和中华民族伟大复兴是建设中国特色社会主义的总任务。要实现到2020年全面建成小康社会，进而在此基础上实现两个"一百年"目标、圆满完成中国特色社会主义的总任务，需要通过各种方式，调动各种积极因素应对治党治国治军过程中出现的复杂情况和现实问题，协调发展、改革和稳定之间的矛盾关系。法治既是解决问题、协调关系的基本手段，又为其他的解决方式提供制度保障和规范指引。与此同时，法治又是社会主义政治文明的重要体现，社会主义法治国家建设目标的实现也将为社会主义现代化总目标的实现奠定扎实的制度基础。

2. 全面推进依法治国是全面推进"五位一体"改革总布局的必然要求

党的十八大统一描绘了全面深化改革开放，到2020年全面建成小康社会的宏伟蓝图，党的十八届三中全会进一步确定了到2020年实现各项改革目标任务

的时间表和路线图。全面深化改革,关键是转变发展方式,由过去的"摸着石头过河"转向先试先行和顶层设计相结合,注重改革方案的整体设计和制度保障。这就不仅要求发挥法治的保障作用,更要发挥法治的引领、规范和推动作用,确保每项改革于法有据,在法治的轨道上推进改革。与此同时,党的十八大强调必须坚决破除一切妨碍科学发展的思想观念和体制机制弊端,构建系统完备、科学规范、运行有效的制度体系,使各方面制度更加成熟更加定型,法治既是制度体系的核心内容,又是推进制度建设的基本方式,必然要求我们全面推进依法治国。

3. 全面推进依法治国是推进国家治理体系和治理能力现代化,促进社会主义制度成熟和定型的必然要求

习近平总书记指出:完善和发展中国特色社会主义制度、推进国家治理体系和治理能力现代化,这两句话组成一个整体,构成了全面深化改革的总目标。国家治理体系和治理能力是一个国家的制度和制度执行能力的集中体现①。制度既包括国家制定的法律、政策等正式制度,又包括道德、习俗、伦理等非正式制度,无论是通过立法确立和发展新的规则和制度,还是通过法律的实施运用国家正式制度治理国家和社会,法治都是国家治理体系和治理能力的基本方式和重要体现,推进国家治理体系和治理能力现代化必然要求实现法治体系和法治能力的现代化,只有全面推进依法治国才能实现制度和治理的体系化。

4. 全面推进依法治国是改革和完善党的领导方式和执政方式的必然要求

1949 年中华人民共和国的成立和 1953 年"三大改造"的完成标志着我们党领导人民完成了新民主主义革命和社会主义革命的历史使命,正式进入社会主义建设的历史新时期。1954 年《宪法》不仅确认了我们党领导人民取得革命胜利的历史成果,同时规定了我们党的领导地位和社会主义制度,这就要求我们党由一个革命党变成执政党,通过执掌政权体现党的领导,通过加强和改进党的方式坚持党的领导,其根本的途径就是领导人民制定法律,把党的路线、方针、政策变成国家和法律意志。同时,通过支持和监督国家政权机关依法履行职能,向国家政权机关推荐党的干部担任领导干部来确保我们的路线、方针、政策得以落实,这就必然要求尊重宪法和法律权威,坚持依宪执政、依法执政。中华人民共和国 70 年的历史表明,凡是我们党坚持了依法执政、注重法制建设的时期,都是

---

① 习近平:《在省部级主要领导干部学习贯彻十八届三中全会精神全面深化改革专题研讨班开班式上的讲话》(2014 年 2 月 17 日),资料来源:新华网(http://www.qhnews.com/2014zt/system/2014/07/24/011462831.shtml),访问日期:2014 年 8 月 30 日。

我们党和国家政治局面较为安定团结、社会主义建设较为顺利的时期。在新的历史时期，我们要顺应发展和改革的新形势，必须继续加强和改进党的执政方式，坚持依法执政、依宪执政，全面推进依法治国。

（二）全面推进依法治国的基本依循

全面推进依法治国是新形势下社会主义法治国家建设的最新要求，是推进依法执政，改革和完善党的领导方式、执政方式的重要体现，是深化政治体制改革、发展社会主义民主政治的重要内容，必须坚持建设中国特色社会主义的道路自信、理论自信和制度自信。中国特色社会主义法治道路、中国特色社会主义法治理论和中国特色社会主义制度三者共同构成了全面推进依法治国的基本依循，其中中国特色社会主义法治道路是实现途径，中国特色社会主义法治理论是思想指南，中国特色社会主义制度是行动保障，三者既有区别，又有联系，最终统一于全面推进依法治国的伟大实践当中。

1. 中国特色社会主义法治道路是全面推进依法治国的实现途径

中国特色社会主义法治道路是中国特色社会主义道路的重要组成部分，是运用中国特色社会主义法治理论认识和解决中国法治问题的基本结论，是发展和完善社会主义制度的基本途径，它回答了推进社会主义法治国家建设必须遵循的根本原则问题。党的十一届三中全会将党和国家工作重心转向社会主义现代化建设，作出了发展社会主义民主、健全社会主义法制的重大决策，党的十五大确立了实施依法治国战略，建设社会主义法治国家是基本方针，党的十六大进一步从改进党的领导方式和执政方式的角度确立了依法执政理念，提出了加强和创新社会管理的基本思路，全面推进依法治国是以习近平同志为总书记的党中央在新的历史时期加强社会主义法治国家建设的重大决策部署，只有高举中国特色社会主义的伟大旗帜，坚定不移走中国特色社会主义法治道路才能实现避免走否定法治的老路和"全盘西化"的邪路，开创社会主义法治建设的新局面。

2. 中国特色社会主义法治理论是全面推进依法治国的思想指南

理论来源于实践又指引实践。中国特色社会主义法治理论是中国共产党运用马克思主义的基本原理结合中国国情和现实发展任务形成的一套关于社会主义法治建设的科学理论，是马克思主义法律和国家理论中国化的理论成果，中国特色社会主义法治理论表明了中国共产党关于社会主义法治地位和作用的理性认知，表明了在推进社会主义法治建设的指导思想、目标任务、实现路径、基本要求、发展保障等问题上的理论主张，是指引我们更好地坚持中国特色社会主义法治道路、推进社会主义法治国家建设的行动指南,是尊重社会主义制度权威、发展和完善社会主义制度的必然要求。党的十一届三中全会以来,我们党的历代领导集体不断推进社会主义法治建设的实践创新、制度创新和理论创新,不断吸收和借鉴中西方关于法治建设的理论成果,深化了关于社会主义执政规律和法治发展规律的理论认识,邓小平关于社会主义民主法制建设的思想,江泽民关于实施依法治国战略的思想,胡锦涛关于坚持依法执政、社会主义法治理念的思想是社会主义法治理论不断丰富发展的重要思想来源和成果集中体现。党的十八大以来,习近平总书记在多个场合、多次讲话中论述法治,提出了全面依法治国的新思想新理念新战略,是社会主义法治理论的最新成果。贯彻中国特色社会主义法治理论有利于我们更好的理解全面推进依法治国的理论基础和重大意义,要坚决抵制西方敌对势力对于社会主义法治实践的精神污蔑和思想干扰,破除历史上曾经出现的法律虚无主义、法律工具主义和法律万能主义等认识误区,不断开创社会主义法治理论的新境界。

3. 中国特色社会主义制度是全面推进依法治国的行动保障

制度往往带有根本性、全局性和长期性的意义。中国特色社会主义制度的确立是我们党领导人民经过九十余年奋斗、创造、积累获得的最重要成就,它包括了社会主义的根本制度、基本制度以及建立在它们基础上的各项具体制度。倍加珍惜、长期坚持、不断发展中国特色的社会主义制度是建设中国特色社会主义,实现社会主义现代化、中华民族伟大复兴的根本制度保障。社会主义法律体系是中国特色社会主义制度的集中体现,坚持好、发展好、实施好社会主义法律制度是我们不断坚定制度自信、尊重制度权威、促进制度发展和完善的基本途径,我们要实现党的十八届三中全会提出的全面深化改革、推进国家治理体系和治理能力现代化、促进社会主义走向成熟和定型的目标任务,必须坚持中国特色社会主义制度,在《中华人民共和国宪法》这一国家根本大法确立的基本制度框架内,在全国人民代表大会这一根本政治制度下深化改革,发挥法治的引领、保障和推动作用,不断开创中国特色社会主义制度的新风尚。

二、中国特色社会主义法治道路的形成过程

建设社会主义法治国家,是建设富强民主文明和谐美丽的社会主义现代化

国家的重要目标之一。中华人民共和国成立特别是改革开放以来，在探索中国特色社会主义道路的历史进程中，我们党不断深化对共产党执政规律、社会主义建设规律、人类社会发展规律的认识，团结带领全国各族人民，成功开辟了一条中国特色社会主义法治道路，有力促进了改革开放和社会主义现代化建设。

(一)中华人民共和国成立到十一届三中全会

以毛泽东同志为核心的党的第一代中央领导集体领导我们党经过 28 年浴血奋战，建立了中华人民共和国。中华人民共和国的成立，为社会主义法制建设奠定了根本的政治前提和政权基础。毛泽东对于法治的论述、对于法制建设的探索和实践为改革开放以来中国特色社会主义法治道路的形成提供了正反两方面的经验和教训。

1. 领导中国人民彻底摒弃剥削阶级的法律思想，提出一系列重要的社会主义法律思想和原则

主要包括：第一，明确了我国社会主义法律的本质和价值。毛泽东同志强调指出："我们的法律，是劳动人民自己制定的。它是维护革命秩序，保护劳动人民利益，保护社会主义经济基础，保护生产力的。"第二，创立了比较系统的人民民主专政理论。毛泽东同志深刻揭示了国体和政体的科学内涵与阶级本质，创造性地提出了人民民主专政的重要思想。他明确指出，中华人民共和国的国体就是工人阶级（中国共产党）领导的以工农联盟为基础的人民民主专政，政体就是以民主集中制为基础的人民代表大会制度。第三，提出了法律面前人人平等、运用法律手段正确处理敌我矛盾和人民内部矛盾等思想。第四，确立了实事求是、走群众路线、原则性与灵活性相结合等重要的立法原则。这些重要的法律思想和原则，为中华人民共和国的社会主义法制建设指明了方向。①

2. 领导中国人民坚决废除国民党旧"法统"，构建以"五四宪法"为统帅的社会主义法律体系框架，确立了以人民代表大会制度为基础的国家政权制度

中华人民共和国成立前夕，中共中央于 1949 年 2 月发出了《关于废除国民党的"六法全书"与确定解放区的司法原则的指示》，确立了废除"六法全书"之后新的人民民主政权司法活动的原则。1949 年 9 月 29 日中国人民政治协商会议第一届全体会议通过了起临时宪法作用的《中国人民政治协商会议共同纲领》，彻底摧毁了国民党政府的旧法统，为中华人民共和国的法制建设清除了障碍也奠定了基础。1952 年实行的司法改革运动，进一步肃清了司法系统中"六法全

---

① 曹康泰：《新中国 60 年法治建设的探索与发展》，《求是》2009 年第 14 期，第 32—35 页。

书"遗留旧法观点的影响。1954年,我国第一部社会主义宪法正式颁布,确立了中华人民共和国的根本政治制度、经济制度和立法、行政、司法体制。毛泽东同志曾说,这部宪法,"使人民有一条清楚的轨道,使全国人民感到有一条清楚的明确的正确的道路可走"。正是沿着这条道路,中华人民共和国在短短两三年时间里迅速制定颁布了近1000件法律、法令和法规,同时抓紧起草刑法、民法、民事诉讼法、刑事诉讼法等基本法律,努力构建中华人民共和国社会主义法律体系的基本框架。与此同时,随着"五四宪法"的颁布和全国人民代表大会组织法、国务院组织法、地方各级人民代表大会和地方各级人民政府组织法、人民法院组织法、人民检察院组织法的施行,中华人民共和国在社会主义法制框架内实现了由多党合作组成的民主联合政府到人民民主专政政权体系的平稳过渡,中华民族历史上第一个真正人民当家作主的权力机关、行政机关和司法机关相继得以建立。

3. 民主法制的实践和认识偏差给社会主义建设和法制发展造成了巨大的损失

20世纪50年代中后期以后,由于中国政治受到"左"倾错误思想的干扰,中国法制建设进入低谷时期,"文化大革命"期间,"以阶级斗争为纲"成为指导思想,国民经济运行陷入混乱,社会主义法治遭受严重破坏。1957年7月,毛泽东在《一九五七年夏季的形势》一文中指出:"在不违背中央政策法令的条件下,地方政法文教部门受命于省市委、自治区党委和省、市、自治区人民委员会,不得违反"。同年11月,最高人民法院、司法部党组在向中共中央的报告中,提出各级人民法院必须绝对置于党委的领导之下。1958年1月,《工作方法六十条》发布,提出大权独揽和第一书记挂帅的领导原则和工作方法。1958年6月,中共中央决定成立财经、政法、外事、科学、文教五个小组,直隶中央政治局和书记处,负责直接领导国家五个大口的工作并规定"大政方针在政治局,具体部署在书记处。对大政方针和具体部署,政府机构及其党组有建议之权,但决定权在党中央"。1959年4月,二届人大一次会议决定撤销司法部和监察部。1960年11月,中共中央发布《关于中央政法机关精简机构和改变管理体制的批复》,决定公检法合署办公,由公安部牵头。1967年,时任公安部长的谢富治提出"砸烂公检法"口号。在政权组织方面,1970年开始农村人民公社和城市革命委员会的建立。

正如邓小平在总结"文革"经验教训时指出的,"我们过去发生的各种错误,固然与某些领导人的思想、作风有关,但是组织制度、工作制度方面的问题更为重要。这方面的制度好可以使坏人无法任意横行,制度不好可以使好人无法充分做好事，甚至会走向反面。……不是说个人没有责任，而是说领导制度、组织制度更带有根本性、全局性、长期性"[①]，这是毛泽东时代留给新时期社会主义法治建设的最大经验和教训。

(二)十一届三中全会以来

党的十一届三中全会后，以邓小平同志为核心的党的第二代中央领导集体在深刻总结历史经验教训特别是"文革"沉痛教训的基础上，作出了将党和国家的工作重心从"以阶级斗争为纲"转移到以经济建设为中心、实行改革开放的战略决策，并围绕这一重大转变致力于法治的恢复、重建和发展，开创了中国法治建设的新时期。

1. 十一届三中全会到十三届四中全会

十一届三中全会到 1989 年 11 月十三届四中全会期间是邓小平全面领导中国法治建设的时期。这一时期，邓小平在确立社会主义建设的思想路线、政治路线、组织路线的基础上确立了法制建设的战略地位和发展要求，在改革开放的实践进程过程中不断推动和深化法制建设，强调"为了保障人民民主，必须加强法制。必须使民主制度化、法律化，使这种制度和法律不因领导人的改变而改变，不因领导人的看法和注意力的改变而改变"[②]，强调"应该集中力量制定刑法、民法、诉讼法和其他各种必要的法律，经过一定的民主程序讨论通过，并且加强检察机关和司法机关，做到有法可依，有法必依，执法必严，违法必究"[③]。党的十二大以来，我们党明确提出了建设中国特色社会主义，实现社会主义现代化的根本发展任务，从而为十一届三中全会以后的社会主义民主法制建设提供了目标指引和发展保障。

从十一届三中全会到十三届四中全会，我国社会主义法制建设步入了快速发展的轨道，主要成就包括：

(1)全面修订形成 1982 年的宪法，重新确立了宪法权威并高度重视发展和保障公民权利。1980 年 8 月 18 日，邓小平在中共中央政治局扩大会议上讲话，系统地阐述了党和国家领导制度改革的问题，提出全面修改宪法的问题。1980

---

① 邓小平：《党和国家领导制度的改革》，《邓小平文选》(第三卷)，人民出版社 1993 年版，第 333 页。
② 邓小平：《解放思想，实事求是，团结一致向前看》，《邓小平文选》(第二卷)，人民出版社 1994 年版，第 141 页。
③ 中央文献研究室编：《邓小平年谱：1975—1997(上)》，中央文献出版社 2004 年版，第 527—528 页。

年9月10日,五届全国人大三次会议通过了关于修改宪法和成立宪法修改委员会的决议,起草过程中,中央政治局和书记处专门召开八次会议讨论,宪法修改委员会在彭真同志的领导下开了五次会议并向邓小平同志多次请示意见,邓小平提出了要以1954年宪法为基础进行全面修改,要把四项基本原则写入宪法,把公民权利和义务置于国家机构之前,设立中央军事委员会、行政监察机关,保留国家主席、最高人民检察院,废除领导干部终身制等指导意见①。宪法修改还在全民范围进行了四个月的讨论,最后由五届人大五次会议审议通过。

(2)重点抓经济立法,社会主义法律体系初具规模。党的十一届三中全会确立了社会主义法制建设必须实行"有法可依,有法必依,执法必严,违法必究"的十六字方针。在这一方针的指导下,我国现行《宪法》《刑法》《刑事诉讼法》《民法通则》《民事诉讼法(试行)》《行政诉讼法》等基本法律相继出台。同时,为适应改革开放的需要,制定颁布了《三资企业法》等涉外经济法律法规。这一时期,我国共制定、修改法律94件、行政法规598件,从根本上改变了许多重要领域无法可依的局面,为经济建设和社会发展提供了强有力的保障。

(3)建立健全政权机构,重新确立以人民代表大会为中心的国家政权体系。主要包括扩大人大常委会职权,加强人大常委会自身建设,恢复和加强司法机关建设,设立县级以上人大常委会,取消人民公社(1983),设立乡人民代表大会和乡政府等。1979年2月23日,五届全国人大常委会六次会议决定成立全国人大常委会法制委员会(后改为法制工作委员会),由彭真同志担任首任主任,短短三个月时间即制定出《刑法》《刑事诉讼法》《选举法》《地方组织法》《法院组织法》《检察院组织法》《中外合资经营企业法》七部法律②。"文革"期间,我国司法机构基本瘫痪。1978年2月,五届全国人大一次会议决定重建检察机关,党的十一届三中全会后各级人民法院进行了恢复整顿,1979年9月重建司法部。随着行政管理领域单行法律、行政法规相继出台,工商、税务、土地、卫生等行政执法机构恢复运转。同时,律师所、公证处等法律服务机构也得以重建。20世纪80年代后期,以审判方式改革为主导的司法改革正式启动,逐步改变职权主义的庭审模式,推动了人民法院审判模式的转变和司法效率的提升。

2. 十三届四中全会到十六大

党的十三届四中全会后,以江泽民同志为核心的党的第三代中央领导集体,

---

① 王汉斌:《邓小平同志亲自指导起草一九八二年宪法》,转引自《社会主义民主法制文集》,中国民主法制出版社2012年版,第16—34页。

② 顾昂然:《三个月制定七部法》,《中国人大》2008年第8期,第28—31页。

在继续推进和深化改革开放伟大事业的基础上，明确提出了建立社会主义市场经济体制的改革目标，并围绕这一目标提出实行依法治国的基本方略，开始了中国法治建设的新阶段。这一时期，邓小平、陈云等老一辈革命家依然关心和支持社会主义现代化事业和法治建设，尤其是邓小平的南方谈话为中国改革再次指明了方向。这一时期关于社会主义法治建设的主要成就包括以下几点。

(1)确立依法治国基本战略，推进社会主义法治国家建设。随着社会主义市场经济的深入发展，依法治国、实行法治越来越重要而紧迫。1994年党的十四大报告指出"适应建立社会主义市场经济体制和经济发展的要求，积极推进政治体制改革，加强社会主义民主政治和法制建设"。1996年，江泽民同志指出，"依法治国是党领导人民治理国家的基本方略，是发展社会主义市场经济的客观需要，是社会文明进步的重要标志，是国家长治久安的重要保障。"1997年党的十五大报告和1999年宪法修正案正式将"依法治国，建设社会主义法治国家"确认下来，这标志着我国成功实现治国理政模式的根本转变，意义重大而影响深远。

(2)加强立法工作，社会主义法律体系初步形成。党的十四大报告明确提出要加强立法工作，特别是要抓紧制定和完善保障改革开放、加强宏观经济管理、规范微观经济行为的法律法规。按照这一要求，我国围绕社会主义市场经济的主要环节，开始构建社会主义市场经济法律体系框架，《公司法》《合同法》《中国人民银行法》《劳动法》《对外贸易法》等各类涉及规范市场主体、维护市场秩序、完善宏观调控、建立社会保障制度、促进对外贸易等方面的重要立法陆续颁布，一批涉及民商、经济、行政、社会领域的法律法规相继制定。与此同时，《宪法》修正案出台，《刑法》《刑事诉讼法》《民事诉讼法》重新修订，《国家赔偿法》《行政处罚法》《行政复议法》《立法法》等综合性行政法律颁布实施。这一时期，我国共制定、修改法律190件，行政法规353件，构成中国特色社会主义法律体系的各个法律部门已经齐全，以宪法为统帅，由法律、行政法规、地方性法规和规章组成的中国特色社会主义法律体系初步形成。

(3)全面推进依法行政，依法行政成为依法治国的主要环节。1993年3月，国务院明确提出"各级政府都要依法行政，严格依法办事"。这是我国政府第一次正式提出依法行政。此后，我国规范行政行为的立法步伐明显加快，规范行政执法和制约行政权力的力度明显加大，推进依法行政工作取得重要进展。1999年11月，为适应依法治国、建设社会主义法治国家的需要，国务院颁布了《关于全面推进依法行政的决定》，要求各级政府"依法行政，从严治政，建设廉洁、勤政、务实、高效政府"，对全面推进依法行政作出了重要部署，标志着我国依法行政开始向重在"治官"和全方位推进转变。

（4）实施全方位司法改革，司法职业化进程加快。1995年2月28日，八届全国人大常委会第十二次会议通过了《中华人民共和国法官法》，标志着法院人事制度改革取得重大进展。依法治国方略的确立推动司法改革由审判方式改革转向全方位改革，1999年《人民法院第一个五年改革纲要（1999—2003）》颁布，以"公正和效率"为主题，第一次系统地阐述了人民法院司法改革的目标和提出了39项具体的改革任务，推进了社会主义司法制度的发展和完善。

3. 十六大到十八大

党的十六大以来，以胡锦涛同志为总书记的党中央立足新世纪新阶段，确立了全面建设小康社会的奋斗目标，并围绕深入贯彻落实科学发展观和构建社会主义和谐社会，把坚持党的领导、人民当家作主和依法治国有机统一起来，提出依法执政理念，大力推进依法行政和创新社会管理，揭开了中国法治建设的新篇章。

（1）确立依法执政理念，实现了党执政方式的历史性跨越。自中华人民共和国成立以来，党与法治的关系既是整个法治建设的核心问题，也是党的建设及改革并完善党的执政方式的关键问题。2004年9月，党的十六届四中全会明确指出："依法执政是新的历史条件下党执政的一个基本方式。"这是我们党在深刻总结半个多世纪以来的执政经验和法治建设经验上，积极适应建立社会主义市场经济体制和依法治国、建设社会主义法治国家需要作出的一个战略性论断。胡锦涛同志强调："依法执政，就是坚持依法治国、建设社会主义法治国家，领导立法，带头守法，保证执法，不断推进国家经济、政治、文化、社会生活的法制化、规范化，以法治的理念、法治的体制、法治的程序保证党领导人民有效治理国家。"依法执政基本方式的提出，是在中国共产党执政史上，第一次科学地解决了共产党执政的基本方式问题。

（2）加强和改进立法工作，推进人大监督工作，建成社会主义法律体系。党的十六大以来，我国的立法工作取得了新的重大进展：2004年对宪法进行了重大修改，颁布宪法修正案14条，修正条文数是现行宪法4次修改之最，并将公民合法的私有财产不受侵犯、国家尊重和保障人权写入宪法；制定出台了《监督法》《反分裂国家法》《行政许可法》《物权法》等重要法律。2011年3月，时任全国人大常委会委员长的吴邦国向十一届全国人大四次会议作全国人大常委会工作报告。他宣布，一个立足中国国情和实际、适应改革开放和社会主义现代化建设需要、集中体现党和人民意志的，以宪法为统帅，以宪法相关法、民法、商法等多个法律部门的法律为主干，由法律、行政法规、地方性法规等多个层次的法律规范构成的中国特色社会主义法律体系已经形成。截至 2012 年 12 月底，中国除现行宪法外，现行有效的法律共 243 件，行政法规共 721 件，地方性法规共 8600 多件。①

（3）全面推进依法行政，加快建设法治政府。为适应推进依法治国和依法行政的要求，2004 年 3 月，国务院颁布了《全面推进依法行政实施纲要》，首次明确提出经过 10 年左右坚持不懈的努力，基本实现建设法治政府的目标，标志着我国法治政府建设开始步入全面规划和整体实施的新阶段，在推进依法治国和依法行政的历史进程中具有里程碑式的意义。为了贯彻落实该文件，国务院又先后重点抓了行政审批制度改革、行政执法责任制、行政复议、市县基层政府依法行政等工作，在 2008 年 5 月颁布了《国务院关于加强市县政府依法行政的决定》，在全面推进依法行政、加快建设法治政府方面取得了显著成就。

（4）围绕公正高效权威司法，加快推进司法体制改革。党的十六大首次提出"推进司法体制改革"，党的十七大进一步提出要"深化司法体制改革，优化司法职权配置，规范司法行为，建设公正高效权威的社会主义司法制度"。2003 年党中央专门成立了司法体制改革领导小组，具体负责领导和部署司法体制改革工作。这在党的历史上是第一次。2004 年底，党中央转发《关于司法体制和工作机制改革的初步意见》，确立了司法体制改革的基本原则，确定了 35 项改革措施，明确了司法体制改革的指导思想、工作原则和目标任务。这一时期，最高人民法院分别于 2005 年、2009 年颁布了《人民法院第二个五年改革纲要（2004—2008）》和《人民法院第三个五年改革纲要（2009—2013）》，最高人民检察院于 2005 年颁行了《关于进一步深化检察改革的三年实施意见》，系统推进了司法领域的各项改革，有效提升了司法机关的工作能力。2002 年统一司法考试开始实施，被视为是司法职业化的重大突破。

正如习近平总书记指出的，"我们党领导人民进行社会主义建设，有改革开放前和改革开放后两个历史时期，这是两个相互联系又有重大区别的时期，但本质上都是我们党领导人民进行社会主义建设的实践探索。中国特色社会主义是在改革开放历史新时期开创的，但也是在新中国已经建立起社会主义基本制度、并进行了 20 多年建设的基础上开创的。虽然这两个历史时期在进行社会主义建设的思想指导、方针政策、实际工作上有很大差别，但两者决不是彼此割裂的，

---

① 中国法学会：《中国法治建设年度报告（2011）》，《法制日报》2013 年 6 月 26 日。

更不是根本对立的。不能用改革开放后的历史时期否定改革开放前的历史时期,也不能用改革开放前的历史时期否定改革开放后的历史时期"①。总体而言,改革开放前三十年,尤其是中华人民共和国成立初期的法治建设确立了社会主义法治的基本法律基础和根本体制框架,积累了一些在中国这样一个人口多、底子薄,经济社会发展相对较不均衡的国家进行法治建设的经验和教训;改革开放以来,中国法治建设在邓小平建设有中国特色社会主义理论的指引下确立了中国特色社会主义法治道路,不断推进社会主义法治理论的丰富和发展,推动社会主义法律制度的完善,不断增强推进社会主义法治实践的自觉性和主动性。

三、中国特色社会主义法治道路的科学内涵与本质要求

党的十八届四中全会强调:全面推进依法治国,必须贯彻落实党的十八大和十八届三中全会精神,高举中国特色社会主义伟大旗帜,以马克思列宁主义、毛泽东思想、邓小平理论、"三个代表"重要思想、科学发展观为指导,深入贯彻习近平总书记系列重要讲话精神,坚持党的领导、人民当家作主、依法治国有机统一,坚定不移走中国特色社会主义法治道路,坚决维护宪法法律权威,依法维护人民权益、维护社会公平正义、维护国家安全稳定,为实现"两个一百年"奋斗目标、实现中华民族伟大复兴的中国梦提供有力法治保障。

(一)中国特色社会主义法治道路的科学内涵

中国特色社会主义法治道路是中国共产党团结和带领中国人民从社会主义初级阶段的基本国情出发,在不断加强社会主义法治建设和实践的过程中形成的一种法治发展模式。它是中华人民共和国数十年社会主义法制建设、实践的经验总结和理论升华,是改革开放以来发展社会主义民主、健全社会主义法制、实施依法治国战略、建设社会主义法治国家、全面推进依法执政和依法行政的正确道路,也是我们继续全面推进法治中国建设必须坚持的实践依循。

准确理解中国特色社会主义法治道路的科学内涵必须把握以下内容:(1)坚持社会主义初级阶段的基本国情是走中国特色社会主义法治道路、建设社会主义法治国家的现实依据;(2)坚持一切权力属于人民,加强保障和发展公民的权

---

① 习近平:《在新进中央委员会的委员、候补委员学习贯彻党的十八大精神研讨班开班式上的讲话》(2013年1月5日),《人民日报》2013年1月6日。

利是走中国特色社会主义法治道路、建设社会主义法治国家的根本出发点和落脚点；（3）坚持宪法和法律的权威，坚持法律面前人人平等，反对任何个人和组织有超越法律的特权是走中国特色社会主义法治道路、建设社会主义法治国家的根本原则；（4）坚持中国共产党的领导，不断加强和改进党的领导方式和执政方式是走中国特色社会主义法治道路、建设社会主义法治国家的根本保证；（5）坚持法律制度建设，不断促进社会主义制度的发展和完善是中国特色社会主义法治道路的基本任务；（6）不断深化政治体制改革是走中国特色社会主义法治道路、建设社会主义法治国家的基本途径。

（二）坚持中国特色社会主义法治道路的本质要求

坚持中国特色社会主义法治道路必须高举中国特色社会主义伟大旗帜，以马克思列宁主义、毛泽东思想、邓小平理论、"三个代表"重要思想、科学发展观为指导，深入贯彻习近平总书记系列重要讲话精神，坚持党的领导、人民当家作主、依法治国有机统一。中华人民共和国数十年法制建设的历史经验表明，加强社会主义法治建设必须坚持道路自信，中国特色社会主义法治道路的本质特征和根本保障就是党的领导、人民当家作主和依法治国的有机统一。党的十八届四中全会强调，党的领导是全面推进依法治国、加快建设社会主义法治国家最根本的保证。必须加强和改进党对法治工作的领导，把党的领导贯彻到全面推进依法治国全过程中。

1. 坚持党的领导是社会主义法治建设的根本保障

中国共产党是社会主义的本质特征。中华人民共和国成立以来的实践表明，党的领导是坚持中国特色社会主义；推进社会主义现代化建设；发展社会主义民主的根本保障。坚持党的领导，必须加强和改善党的领导，使得我们党能够更加自觉地按照最广大人民群众根本利益的要求办事，把全国各民族、各阶层人民的力量和意志凝聚起来变成党和国家的意志，领导、组织、支持人民掌握好国家权力，管理好国家事务、社会事务和各项事业。坚持党的领导是社会主义法治与资本主义法治的根本区别。我们党始终代表最广大人民群众的根本利益，只有中国共产党才能真正代表人民、带领人民、组织人民，把人民的意志和要求变成党的政策并通过立法程序上升为国家意志。党领导人民制定宪法和法律，党自身必须在宪法和法律的范围内活动，只有在坚持党的领导下支持国家政权机关依法履行职权，支持广大人民群众依法行使各项民主权利，才能更好地改进党的领导方式和执政方式。同时，我们党又通过各级党组织和广大党员的先锋模范作用,积极保障和推动社会主义法律的实施。

2. 人民当家作主是社会主义国家建设的本质要求

坚持人民的主体地位、尊重人民的首创精神是马克思主义的基本立场,人民当家作主是社会主义民主的本质特征,维护公民权利是社会主义法治建设的出发点和落脚点。推进社会主义法治建设,归根到底是为了实现好、维护好、发展好人民群众当家作主的民主权利和根本利益。我们党领导人民推翻剥削阶级统治、建立人民政权,就是要组织和支持人民当家作主、依法管理国家和社会事务、管理各项事业、实现最广大人民的利益和意志。这是我们党执政的根本目的和牢固基础。离开了人民群众的根本利益和当家作主的权利,党的领导就会成为无源之水、无本之木。坚持依法治国,建设社会主义法治国家,归根到底也是为了实现社会主义民主的制度化、规范化、程序化,为人民当家作主提供政治和法律制度保障。离开了人民当家作主,社会主义政治法律制度就失去了前提和基础。

3. 依法治国是党领导人民治国理政的基本方式

党的十一届三中全会以来,我们党总结社会主义建设的经验教训,确立建设中国特色社会主义、实现社会主义现代化的根本任务,作出了发展社会主义民主、健全社会主义法制的重大决策,在此基础上不断深化关于社会主义执政规律和法治建设规律的认识。党的十五大确立了依法治国的战略;党的十六大确立了依法执政的理念,总结提出了社会主义法治理念,在根本上明确了法治在中国共产党领导中国人民治国理政当中的战略性地位和基础性作用;党的十八大进一步提出"法治是治国理政的基本方式"。习近平总书记指出,"新形势下,我们党要履行好执政兴国的重大职责,必须依据党章从严治党、依据宪法治国理政。党领导人民制定宪法和法律,党领导人民执行宪法和法律,党自身必须在宪法和法律范围内活动,真正做到党领导立法、保证执法、带头守法"①。坚持把依法治国作为党领导人民治国理政的基本方式已成为我们党全党上下的基本共识。

---

① 习近平:《在首都各界纪念现行宪法公布施行 30 周年大会上的讲话》(2012 年 12 月 4 日),《十八大以来重要文献选编》(上册),中央文献出版社 2014 年版。

四、坚定不移走中国特色社会主义法治道路

党的十八大以来，以习近平同志为总书记的党中央站在党和国家前途命运的战略高度，就法治问题高密度地发表重要讲话、出台举措，以新的法治思维、理念和方略，提出了坚持中国特色社会主义法治道路的新要求，不断推进社会主义法治国家建设迈向前进。

（一）党的十八大以来坚持中国特色社会主义法治道路的新要求

习近平总书记高度重视坚持中国特色社会主义道路问题，强调"道路决定命运"，"道路问题是关系党的事业兴衰成败第一位的问题，道路就是党的生命"，强调坚持中国特色社会主义法治道路必须坚持党的领导、人民当家作主和依法治国的有机统一。同时，他也高度重视发展和创新问题，提出要"坚持马克思主义的发展观点，坚持实践是检验真理的唯一标准，发挥历史的主动性和创造性，清醒认识世情、国情、党情的变和不变，永远要有逢山开路、遇河架桥的精神，锐意进取，大胆探索，敢于和善于分析回答现实生活中和群众思想上迫切需要解决的问题，不断深化改革开放，不断有所发现、有所创造、有所前进，不断推进理论创新、实践创新、制度创新"①。党的十八大以来，以习近平同志为总书记的党中央加快推进社会主义法治国家建设，在坚持走中国特色社会主义道路的基础上，提出了坚持社会主义法治道路新的要求。

1. 坚持中国特色社会主义法治道路必须服务于实现社会主义现代化、中华民族伟大复兴这一根本历史使命

邓小平同志开创了中国特色社会主义，第一次比较系统地初步回答了在中国这样经济文化比较落后的国家如何建设社会主义、如何巩固和发展社会主义的一系列基本问题，中国特色社会主义确立的最根本的历史任务就是实现社会主义现代化和中华民族的伟大复兴。党的十八大提出到中国共产党成立 100 年时全面建成小康社会，到中华人民共和国成立 100 年时建成富强民主文明和谐的社会主义现代化国家的"两个一百年"目标，习近平总书记进一步提出了实现中华民族伟大复兴的中国梦。在当下中国，全面建成小康社会，实现两个"一百

---

① 习近平：《在新进中央委员会的委员、候补委员学习贯彻党的十八大精神研讨班上的讲话》（2013年1月5日），《人民日报》2013年1月6日。

年"目标、中华民族伟大复兴的中国梦就是中国共产党和中国人民最根本的历史任务,我们一切工作和努力的目标就是为了实现这一根本历史使命,坚持中国特色社会主义法治道路、全面推进依法治国必须服务和服从于这一根本历史任务和历史使命的实现。

2.坚持中国特色社会主义法治道路必须实施好中华人民共和国宪法这一根本国家大法

宪法是国家的根本法,是治国安邦的总章程,具有最高的法律地位、法律权威、法律效力,具有根本性、全局性、稳定性、长期性。宪法确立了社会主义法制的基本原则,明确规定中华人民共和国实行依法治国、建设社会主义法治国家、国家维护社会主义法制的统一和尊严。公民的基本权利和义务是宪法的核心内容,宪法是每个公民享有权利、履行义务的根本保证。习近平同志指出,"新形势下,我们党要履行好执政兴国的重大职责,必须依据党章从严治党、依据宪法治国理政。党领导人民制定宪法和法律,党领导人民执行宪法和法律,党自身必须在宪法和法律范围内活动,真正做到党领导立法、保证执法、带头守法"。习近平同志强调,"宪法的生命在于实施,宪法的权威也在于实施。我们要坚持不懈抓好宪法实施工作,把全面贯彻实施宪法提高到一个新水平"①。实施宪法就是要坚持正确政治方向,坚定不移走中国特色社会主义政治发展道路,就是要落实依法治国基本方略、加快建设社会主义法治国家,就是要坚持人民民主,切实保障公民享有权利和履行义务,就是要坚持党的领导,更加注重改进党的领导方式和执政方式。可见,坚持中国特色社会主义法治道路必须遵守和实施好中华人民共和国宪法这一根本国家大法,在宪法的框架内推进社会主义法治国家建设。

3.坚持中国特色社会主义法治道路必须充分发挥人民代表大会制度这一根本制度安排

习近平同志指出,"人民代表大会制度是中国特色社会主义制度的重要组成部分,也是支撑中国国家治理体系和治理能力的根本政治制度"。"在中国,发展社会主义民主政治,保证人民当家作主,保证国家政治生活既充满活力又安定有序,关键是要坚持党的领导、人民当家作主、依法治国有机统一。人民代表大会

---

① 习近平:《在首都各界纪念现行宪法公布施行30周年大会上的讲话》(2012年12月4日),《十八大以来重要文献选编》(上册),中央文献出版社2014年版。

制度是坚持党的领导、人民当家作主、依法治国有机统一的根本制度安排"①。中国近代以来的历史表明，没有共产党，就没有新中国，就没有新中国的繁荣富强。中国共产党的领导，就是人民实现当家作主的支持和保证。坚持中国特色社会主义法治道路必须充分发挥人民代表大会制度这一根本制度安排，通过人民代表大会制度，弘扬社会主义法治精神，依照人民代表大会及其常委会制定的法律法规来展开和推进国家各项事业和各项工作，保证人民平等参与、平等发展权利，维护社会公平正义，尊重和保障人权，实现国家各项工作法治化。

(二)坚持中国特色社会主义法治道路，开创依法治国新局面

党的十八大以来，以习近平同志为总书记的党中央坚持中国特色社会主义法治道路，高度重视法治工作，不断推进社会主义法治实践，开创了依法治国的新局面。

1. 明确了全面推进依法治国的发展思路

习近平总书记在多个场合、多次讲话中论述法治问题，阐明了新时期法治建设的重要意义、推进思路和发展要求，党的十八届三中全会和四中全会的决定进一步明确规定了全面推进依法治国的发展要求，就是要在中国共产党领导下，坚持中国特色社会主义制度，贯彻中国特色社会主义法治理论，形成完备的法律规范体系、高效的法治实施体系、严密的法治监督体系、有力的法治保障体系，形成完善的党内法规体系；坚持依法治国、依法执政、依法行政共同推进，坚持法治国家、法治政府、法治社会一体建设，实现科学立法、严格执法、公正司法、全民守法，促进国家治理体系和治理能力现代化。党的十八届四中全会在此基础上进一步明确了全面推进依法治国的发展总目标和重大任务。

2. 领导和部署了依法治国的重大工作

习近平同志担任党的总书记以来，以改革家的智慧和勇气一手抓全面深化改革，一手抓法治中国建设，推动和部署了依法治国若干重大工作。十八届三中全会决定提出，废止劳动教养制度、完善对违法犯罪行为的惩治和矫正法律、健全社区矫正制度。2013 年 12 月 28 日，全国人大常委会通过决定，废除在中华人民共和国实施了 50 余年的劳教制度并从即日起实施，得到了社会各界的广泛赞誉。2014 年 2 月 28 日，中央全面深化改革领导小组举行第二次会议审议通

---

① 习近平：《在庆祝全国人民代表大会成立 60 周年大会上的讲话》(2014 年 9 月 5 日)，人民出版社 2014 年版。

过了《关于深化司法体制和社会体制改革的意见及贯彻实施分工方案》，6月6日第三次会议审议通过了《关于司法体制改革试点若干问题的框架意见》《上海市司法改革试点工作方案》和《关于设立知识产权法院的方案》，部署了推进司法体制改革的重要工作，这些重大决策和工作推进正在把党的十八大绘就的宏伟蓝图一步一步地变成现实。

3.推进了社会主义法治的具体实践

2012年12月以来，社会主义法治建设各项工作都取得了新的发展。在推进依法执政方面，党的十八大后，党中央集中清理党内法规，1978年以来制定的党内法规和规范性文件，近四成被废止或宣布失效。2012年5月，两部党内的"立法法"《中国共产党党内法规制定条例》及《中国共产党党内法规和规范性文件备案规定》公布，进一步完善了党内法规的制定程序，为确保党内法规的内在协调和体系化发展奠定了制度基础。在推进科学立法方面，全国人大更加强调了立法的操作性和公开性，探索开展法律案通过前评估工作，加强了备案法规和司法解释的主动审查，完成了对现行司法解释和具有司法解释性质的其他规范性文件进行集中清理的工作。仅2013年，全国人大及其常委会共审议15件法律和有关法律问题的决定草案，通过了其中的11件；国务院制定了47件行政法规；有立法权的地方人大及其常委会制定并向全国人大常委会备案的地方性法规、自治条例、单行条例584件。截至2013年12月底，除现行宪法外，现行有效的法律共241件。在坚持依法行政方面，大力推进简政放权和深化严格执法。截至2014年9月，本届中央政府以推进权力清单建设为抓手，一年多来已经先后取消和下放7批共632项行政审批等事项，约占改革前行政审批项目总数的1/3，一系列简政放权的举措持续发力，大大激发了市场活力。同时，严格控制新设行政许可，国务院于2013年9月发布《关于严格控制新设行政许可的通知》，要求今后起草法律草案、行政法规草案一般不新设行政许可。改革注册资本登记制度，2013年10月，国务院常务会议审议通过注册资本登记制度改革方案，决定放宽注册资本登记条件，将公司注册资本实缴登记制改为认缴登记制，取消公司注册资本最低限额。同时行政执法体制改革在全国范围内得到广泛推进。在坚持公正司法方面，大力推进司法体制改革。为落实三中全会有关司法体制改革的决定要求，最高人民法院和最高人民检察院积极开展了包括健全司法权力运行机制、深化司法公开改革、人民陪审员、人民监督员制度改革等各项试点工作；围绕防止冤假错案，中央政法委、最高人民法院、最高人民法院、司法部分别出台了有关规定或意见①；为推进涉法涉诉法治解决制度改革工作，2013年1月，全国政法工作会议把涉法涉诉信访改革确定为政法系统的重点改革之一，明确了试点先行的工作思路，分四批部署全国政法机关逐步开展试点工作，并已于2013年10月在全国推开。2014年4月，国家信访局发布《关于进一步规范信访事项受理办理程序引导来访人依法逐级走访的办法》，自5月1日起，对跨越本级和上一级机关提出的信访事项，上级机关不予受理。2014年9月，中央政法委印发《关于建立涉法涉诉信访事项导入法律程序工作机制的意见》《关于建立涉法涉诉信访执法错误纠正和瑕疵补正机制的指导意见》《关于健全涉法涉诉信访依法终结制度的实施意见》三个意见，进一步从事前、事中和事后加强了涉法涉诉信访改革工作。这些社会主义法治建设的具体实践，为今后我们坚定不移走中国特色社会主义法治道路、开创全面推进依法治国新局面创造了新的条件和基础。

---

① 中央政法委下发《关于切实防止冤假错案的规定》，最高人民法院颁布了《关于建立健全防范刑事冤假错案工作机制的意见》，最高人民检察院制定了《关于切实履行检察职能、防止和纠正冤假错案的若干意见》，司法部印发了《关于认真履行司法行政机关职能、切实防止冤假错案的通知》。

第四章　贯彻中国特色社会主义法治理论①

中国特色社会主义法治理论是中国特色社会主义理论的重要组成部分,是马克思主义法和国家理论中国化的理论成果,它主要在理论上阐明"为什么要建设法治国家,建设一个什么样的法治国家,怎样建设法治国家"等问题。党的十八大以来,习近平总书记在多个场合、多次讲话中论述法治,提出了建设法治中国的重要思想,深化了关于法治的重要性的认识,部署了推进依法治国的目标任务、实现路径和基本要求,是社会主义法治理论的最新成果。

一、中国特色社会主义法治理论的科学内涵与重要意义

党的十八届四中全会强调:全面推进依法治国,就是要在中国共产党领导下,坚持中国特色社会主义制度,贯彻中国特色社会主义法治理论,形成完备的法律规范体系、高效的法治实施体系、严密的法治监督体系、有力的法治保障体系,形成完善的党内法规体系,坚持依法治国、依法执政、依法行政共同推进,坚持法治国家、法治政府、法治社会一体建设,实现科学立法、严格执法、公正司法、全民守法,促进国家治理体系和治理能力现代化。要实现这个总目标,必须坚持中国共产党的领导、坚持人民主体地位、坚持法律面前人人平等、坚持依法治国和以德治国相结合、坚持从中国实际出发。

(一)中国特色社会主义法治理论的科学内涵

中国特色社会主义法治理论是中国共产党运用马克思主义的基本原理,结合中国国情和历史发展任务形成的一套关于社会主义法治建设的科学理论,它

---

① 本文原为《全面依法治国干部读本》(中共浙江省委党校法学教研部编著,浙江人民出版社 2014年版)第二章,本书收录时作了扩展和修订。

系统回答了社会主义中国"为什么要建设法治国家，建设一个什么样的法治国家，怎样建设法治国家"的基本问题，是马克思主义法律和国家理论中国化的理论成果①。中国特色社会主义法治理论表明了中国共产党关于社会主义法治地位和作用的理性认知，表明了在推进社会主义法治建设的目标任务、实现路径、发展要求和发展保障上的理论主张，是指引我们更好地坚持中国特色社会主义法治道路、推进社会主义法治国家建设的行动指南。

1. 中国特色社会主义法治理论是一个科学的理论体系

它蕴含了丰富的思想要素和理论层次，主要包括六个方面：(1)关于法治的地位与作用的一般理论与推进社会主义法治国家建设的重要性和必要性的认识；(2)关于法治价值的一般理论与社会主义法治建设指导思想、核心价值的认识；(3)关于法治发展的一般历史规律和中国特色社会主义法治发展战略的认识；(4)关于法律制度的一般理论和构建中国特色社会主义法律体系的认识；(5)关于法治运行的一般理论和构建中国特色社会主义法治体系的认识；(6)关于法治体制的一般理论和坚持党对社会主义法治的领导的认识。社会主义法治理论是在尊重法治发展的一般规律、兼顾中国法治发展实际情况的基础上产生的理论，集中反映和体现了中国共产党关于社会主义法治建设问题的理性认识和理论主张，体现了中国特色社会主义法治理论追求法治的现代性与中国性有机统一的特色，是一个内涵丰富、结构严谨、层次分明的理论体系。

2. 中国特色社会主义法治理论是一个实践的理论体系

社会主义法治理论是面向中国法治实践、围绕中国法治问题而产生的科学理论，具有鲜明的实践导向和问题导向。社会主义法治理论既来源于我们党运用马克思主义基本原理探索中国特色社会主义法治发展道路的具体实践，是社会主义法治建设改革实践的经验总结和理论升华，同时又坚持运用中国特色社会主义法治理论指导实践，坚持社会主义法治的核心价值，坚持社会主义法治的基本发展战略，不断推动社会主义法治实践走向深入，体现了中国特色社会主义法治理论追求法治的实践理性和理论理性有机统一的特色。中国特色社会主义法治理论的实践性集中地体现在我们党在领导社会主义法治建设过程中，不断根据社会现实的形势和人民群众的需求，提炼出在实践中必须把握的重大矛盾关系和理论命题，主要包括：(1)正确处理人民民主和社会主义法治的关系问题，

---

① 李龙：《中国特色社会主义法治理论体系纲要》，《法学杂志》2010年第1期，第42—47页。

提出了"为了保障人民民主,必须加强法制建设,必须使民主制度化、法律化,使这种制度和法律不因领导人的改变而改变,不因领导人的看法和注意力的改变而改变"的著名论断,既深刻总结了中华人民共和国政治发展的历史经验教训,又揭示了社会主义法治区别于资本主义法治的根本价值立场;(2)正确处理市场经济与社会主义法治的关系问题,强调"市场经济必然是法治经济""一个比较成熟的市场经济,必然要求并具有完备的反映市场经济规律的法制",为我们确立依法治国的基本方略、加快建立具有中国特色的社会主义市场经济法律体系提供了理论基础;(3)正确处理社会建设与社会主义法治的关系问题,提出"和谐社会本质上是民主法治社会","只有切实维护和实现社会公平和正义,人们的心情才能舒畅,各方面的社会关系才能协调,人们的积极性、主动性、创造性才能充分发挥出来",为我们坚持依法执政的基本方式、建设中国特色社会主义法律体系提供了理论支撑;(4)正确处理改革与社会主义法治的关系问题,要求"坚持所有重大改革于法有据""在法治的轨道上推进改革",坚持改革决策与立法决策相统一、相衔接,实现改革和法治同步推进、相得益彰;(5)关于党的领导和社会主义法治的关系问题,强调"党的领导是社会主义法治的本质特征""党的领导是社会主义法治的根本保障",必须把党的领导贯穿依法治国的各方面全过程;(6)关于依法治国和以德治国的关系问题,强调坚持依法治国和以德治国相结合,将社会主义核心价值融入法治,用法律的手段维护社会主义先进道德和中华民族的优秀美德等。

3. 中国特色社会主义法治理论是一个发展的理论体系

这一方面体现为中国特色社会主义法治理论始终坚持了把马克思主义的基本原理和中国具体实际相结合,始终坚持马克思主义法和国家理论的基本立场、方法和原则,同时又不断用中国特色社会主义法治的实践发展和创新社会主义法治理论。另一方面,中国特色社会主义法治理论自身经历了一个不断发展的过程,体现了中国共产党人对于党的执政规律和法治国家发展规律的认识的逐步深化过程,它在每一个历史阶段确立的基本发展思路既体现了社会主义现代化建设的总体发展任务要求,又为解决中国法治发展需要解决的重点问题和突出矛盾提供了扎实的理论支撑,体现了中国特色社会主义法治理论追求法治的原则性与法治发展性有机统一的特色。

4. 中国特色社会主义法治理论是一个开放的理论体系

它既坚持了马克思主义基本原理和中国的具体实际,具有鲜明的历史唯物主义、辩证唯物主义品格，又保持着理论自身的开放性，坚持"古为今用、洋为中用"的方针，十分注重继承和发扬中国悠久历史传统中积淀下来的合理的治国理政思想，不断吸收和借鉴西方近代以来法治文明发展的先进经验，以人类创造的一切优秀文化成果不断充实和丰富中国特色社会主义法治理论的文化底蕴，体现了追求法治的历史性和世界性有机统一的特色。

(二)贯彻中国特色社会主义法治理论的重要意义

贯彻中国特色社会主义法治理论对于深化我们关于法治的认识、推进法治的实践均具有十分重要的意义。

1.有利于更好地认识中国特色社会主义法治的科学内涵

自党的十五大首次提出了实施依法治国战略以来，中国特色社会主义法治概念经历了一个不断发展和深化的过程。党的十八大强调，依法治国是党领导人民治理国家的基本方略，法治是治国理政的基本方式。理解中国特色社会主义法治概念，必须把握几个关键的要素：第一，从社会主义初级阶段的基本国情出发，保持与社会主义现代化根本历史任务的协调性是其现实基础；第二，坚持加强和改善党的领导，扩大社会主义人民民主是其发展方向；第三，实现党、国家、社会各项事务的制度化、规范化、程序化是其核心内容；第四，推进国家治理体系和治理能力现代化，促进社会主义制度的发展和完善是其最新要求。

2.有利于更好地理解中国特色社会主义法治的发展战略

党的十一届三中全会以来，我们党坚持从建设中国特色社会主义、发展社会主义民主的高度认识法治，在社会主义现代化发展的总体战略框架内谋划法治，通过不断深化经济、政治、社会、文化、生态各领域的改革推动法治建设，形成了一套具有中国特色的社会主义法治发展思路。党的十八大以来，习近平总书记坚持从全面深化改革、推进国家治理体系和治理能力现代化的高度谋划法治发展，强调"全面推进依法治国，就要在中国共产党领导下，坚持中国特色社会主义制度，贯彻中国特色社会主义法治理论，形成完备的法律规范体系、高效的法治实施体系、严密的法治监督体系、有力的法治保障体系，形成完善的党内法规体系，坚持依法治国、依法执政、依法行政共同推进，坚持法治国家、法治政府、法治社会一体建设，实现科学立法、严格执法、公正司法、全民守法，促进国家治理体系和治理能力现代化"，将法治工作重心由法律制度建设转向法律制度实施，明确了当前及今后一个时期全面推进依法治国的目标任务、实现路径和基本要求。

3.有利于更好地推进中国特色社会主义法治的深入实践

理论来源于实践,又指导实践。学习和贯彻中国特色社会主义法治理论,有利于更好地理解推进社会主义法治实践的基本要求,有助于提升广大党员、干部和群众的法治理论水平和法治实践能力,更好地投身全面推进依法治国这一伟大实践。党的十八大指出,要更加注重发挥法治在国家治理和社会管理中的重要作用,提高领导干部运用法治思维和法治方式深化改革、推动发展、化解矛盾、维护稳定能力。习近平总书记进一步指出,必须适应国家现代化总进程,提高党科学执政、民主执政、依法执政水平,提高国家机构履职能力,提高人民群众依法管理国家事务、经济社会文化事务、自身事务的能力,实现党、国家、社会各项事务治理制度化、规范化、程序化,不断提高运用中国特色社会主义制度有效治理国家的能力①,为我们进一步自觉加强中国特色社会主义法治理论学习明确了方向。

二、中国特色社会主义法治理论的形成和发展

中国特色社会主义法治理论是在中国共产党领导中国人民建设中国特色社会主义、追求社会主义现代化和中华民族的伟大复兴过程中确立和发展起来的。历史上,党的历代最高领导人毛泽东、邓小平、江泽民、胡锦涛及领导集体中的其他成员如刘少奇、董必武、彭真等,为中国特色社会主义法治理论作出了重要贡献,理解社会主义法治理论必须客观、准确、全面地把握他们的法治思想。总体而言,改革开放前30年,尤其是20世纪50年代中期以后,我国在社会主义法治建设方面受"左"的思想影响和干扰较大,在实践上产生了很大的波折,尤其是遭受了民主法制严重破坏的"十年文革"惨痛教训。同时,我们应当看到,以毛泽东为代表的党的第一代领导集体的民主法制思想为中华人民共和国成立初期我国制定《宪法》和推进人民民主政权建设、确立人民民主专政的国体和人民代表大会制度、开展社会主义法制建设做了思想上和理论上的准备。改革开放以来,我们党总结中华人民共和国成立以来民主法治建设经验教训,尤其是在"文革"十

---

① 习近平:《在省部级主要领导干部学习贯彻十八届三中全会精神全面深化改革专题研讨班开班式上的讲话》(2014年2月17日),资料来源:新华网(http://www.qhnews.com/2014zt/system/2014/07/24/011462831.shtml),访问日期:2014年8月30日。

年惨痛教训的基础上，实施拨乱反正，把党和国家的工作重心转到经济建设上来，作出了扩大社会主义民主、健全社会主义法制的重大决策。在此基础上，我们提出并确立了依法治国的基本战略和依法执政的基本方式，积极发展社会主义民主事业，推进社会主义法治国家建设，推动社会主义法治理论走向科学化、系统化发展。

（一）中华人民共和国成立到十一届三中全会

中华人民共和国成立后，以毛泽东同志为核心的党的第一代中央领导集体带领人民，在迅速医治战争创伤、恢复国民经济的基础上，不失时机地提出了过渡时期总路线，创造性地完成了由新民主主义革命向社会主义革命的转变，使中国这个占世界四分之一人口的东方大国进入了社会主义社会，成功实现了中国历史上最深刻最伟大的社会变革，取得了新民主主义革命的胜利，确立了社会主义基本制度，为当代中国一切发展进步奠定了根本政治前提和制度基础①。中华人民共和国成立初期，毛泽东提出了许多好的民主法制构想并在实践上和理论上为社会主义基本制度在法律上的确立作出了重要贡献。其中，最为重要的贡献有以下几点。

第一，创立了人民民主专政理论，并将人民民主专政确立为中华人民共和国的国体。1949 年 6 月 30 日，为纪念中国共产党成立二十八周年，毛泽东发表了《论人民民主专政》一文，从理论和实践的结合上深刻地总结了中国革命的历史经验，系统地回答了中华人民共和国所要建立的是什么样的国家，以及它所执行的基本任务和对内对外的基本政策。毛泽东特别强调："总结我们的经验，集中到一点，就是工人阶级（经过共产党）领导的以工农联盟为基础的人民民主专政。这个专政必须和国际革命力量团结一致。这就是我们的公式，这就是我们的主要经验，这就是我们的主要纲领。"1949 年 9 月 29 日，中国人民政治协商会议第一届全体会议通过了《中国人民政治协商会议共同纲领》。作为一部具有根本法性质的临时宪法，其第一次从法律的层面明确中华人民共和国的政治制度是人民代表大会制度。它的颁布施行为国家政权建设提供了法制依据，也为人民代表大会制度的最终确立奠定了理论基础。

第二，提出了社会主义法制建设的基本原则。中华人民共和国成立初，毛泽东明确提出了"必须要有新型的社会主义宪法和法律"的法制建设任务，亲自参

---

① 习近平：《在纪念毛泽东同志诞辰 120 周年座谈会上的讲话》（2013 年 12 月 23 日），人民出版社 2013 年版。

与起草了新中国第一部社会主义类型宪法即一九五四年宪法①,领导并推动社会主义法制建设掀起了第一个高潮。在 1954 年 9 月全国人民代表大会会议召开以前,经政协会议和中央人民政府委员会制定或者批准的法律、法令共有 50 件。全国人民代表大会会议召开后到 1957 年上半年,全国人大及其常委会制定和批准的法律、法令约 40 多件,并且刑法、民法的起草工作也开始进行,刑法草案已起草了 22 稿,民法草案的大部分初稿也已拟出。

在领导社会主义法制建设的基础上,他提出了社会主义法制建设的一些基本原则。在社会主义宪法问题上,他提出了"宪法就是总章程,是根本大法"的著名论断,提出了制定社会主义宪法必须遵循社会主义原则和民主原则的要求。在领导中华人民共和国建国初期的立法时,他提出了立法工作必须遵循的四个基本原则。一是必须坚持从实际需要与现实可能出发的原则。"搞宪法是搞科学","现在能实行的我们就写,不能实行的就不写"。二是必须坚持原则性与灵活性相统一的原则。立法必须首先要有原则性,但原则性必须同灵活性相结合,"缺乏灵活性,就行不通,就会遭到反对,就会失败"。三是必须坚持本国经验与国际经验相结合的原则。"我们是以自己的经验为主,也参考了苏联和各人民民主国家宪法中好的东西……我们对资产阶级民主不能一笔抹杀,说他们的宪法在历史上没有地位。"四是要坚持群众路线的民主立法原则。制定法律"要由全国人民讨论,使中央的意见和全国人民的意见相结合。这就是领导和群众相结合,领导和广大积极分子相结合的方法"。并强调,"过去我们采用了这个方法,今后也要如此。一切重要的立法都要采用这个方法"②。在法律实施问题上,提出了人人都要遵守社会主义法制、法律面前人人平等的思想。毛泽东多次强调:宪法和法律通过以后,"全国人民每一个人都要实行,特别是国家机关工作人员要带头实行"③。这些法制思想对当时的法制实践产生了重要的影响。

第三,提出了关于正确处理人民内部矛盾的思想,对政法和司法工作产生了极为深远的影响。1957 年 2 月 27 日,毛泽东在第十一次最高国务(扩大)会议上作了《关于正确处理人民内部矛盾问题》的讲话,后经多次修改,定稿全文发表

---

① 关于 1954 年宪法制定的详细经过,参见霞飞:《毛泽东与新中国第一部宪法》,《党史博采(纪实)》2009 年第 2 期,第 4—8 页;许虔东:《新中国第一部宪法的总设计师——毛泽东刘庄草宪轶闻》,《党史纵横》1994 年第 5 期,第 25—26 页;等等。

② 李仲达:《历史地全面地评价毛泽东的法律思想及其法制实践》,《理论导刊》2004 年第 2 期,第 31—33 页。

③ 赵迅:《毛泽东与新中国民主法制建设》,《社会主义研究》2001 年第 1 期,第 77—79 页。

于1957年6月19日的《人民日报》上，引起国内外的强烈反响①。毛泽东认为社会主义社会存在着两类性质完全不同的矛盾，即敌我矛盾和人民内部矛盾，提出"两类矛盾的性质不同，解决的方法也不同。简单地说起来，前者是分清敌我的问题，后者是分清是非的问题"，"凡属于人民内部的争论问题，只能用民主的方法去解决，只能用讨论的方法、批评的方法、说服教育的方法去解决"，而解决国内外的敌我矛盾则只能用专政的方法"暴力说服"。毛泽东关于正确处理人民内容矛盾的理论成为我们党自中华人民共和国成立以来，包括改革开放以后处理社会矛盾的一个重要指导思想。

（二）十一届三中全会到十八大

1978年12月召开的党的十一届三中全会，重新确立了解放思想、实事求是的思想路线，停止使用"以阶级斗争为纲"的错误提法，确定把全党工作的着重点转移到社会主义现代化建设上来，作出实行改革开放的重大决策，实现了党的历史上具有深远意义的伟大转折。十一届三中全会以来，邓小平同志作为党的第二代中央领导集体的核心，领导中国人民开创了建设中国特色社会主义、实现社会主义现代化的新时代，提出并确立了中国特色的社会主义法治理论。江泽民、胡锦涛在继承邓小平法制思想的基础上，提出了依法治国、依法执政、坚持社会主义法治理念等重要思想，丰富和发展了中国特色社会主义法治理论。

1. 十一届三中全会到十三届四中全会

十一届三中全会以来，邓小平同志紧紧抓住"什么是社会主义、怎样建设社会主义"这个基本问题，响亮提出"走自己的道路，建设有中国特色的社会主义"的伟大号召，领导我们党在中华人民共和国成立以来革命和建设实践的基础上，成功走出了一条中国特色社会主义新道路。② 邓小平的法制思想是邓小平理论的重要组成部分，是运用马克思主义基本原理认识和解决社会主义初级阶段推进中国民主法制问题的理论成果，是对党的十一届三中全会以来社会主义法制建设的新经验、新成果的总结和升华，为党的十五大最终确立依法治国战略和十六大提出依法执政理念提供了理论基础和实践指南。

邓小平法制思想是随着改革开放的认识和实践深入不断科学化、系统化的理论。（1）1978年党的十一届三中全会到1982年的十二大是邓小平法制思想

---

① 逢先知、李捷：《一篇重要的马克思主义理论著作的诞生》，《党的文献》2002年第4、5、6期。
② 习近平：《在纪念邓小平同志诞辰110周年座谈会上的讲话》（2014年8月30日），人民出版社2014年版。

主要观点的形成时期,是在总结经验教训、实现拨乱反正,思考"如何避免或防止'文化大革命'的再次发生"和"如何为社会主义现代化建设调动人民积极性,保障安定团结的政治局面"这两个基本问题基础上作出了发展民主、健全法制的重大决策,提出了在"四个坚持"的基础上推进党和国家领导制度改革、干部年轻化的设想,这一时期的理论成果最终被 1982 年修改的党章和宪法所采纳,成为党和国家最高意志的体现,对推动五届人大加快立法工作、加强人大常委会建设,对公、检、法机关的恢复和重建产生了重要影响。(2)十二大至十三大期间是邓小平法制思想逐步开展、形成轮廓的时期。这一时期,邓小平围绕在理论上阐述"什么是社会主义?怎样建设社会?"两个根本问题,揭示了社会主义初级阶段走中国特色社会主义发展道路的基本任务和总体布局,在解决新时期改革的思想路线(解放思想、实事求是)、政治路线(社会主义现代化建设)和组织路线(逐步废除领导干部职务终身制、推进干部年轻化)基础上,延续 20 世纪 80 年代初期关于要"从制度上解决问题""从制度改革着手"的思路,提出了"一手抓建设,一手抓法制"的著名论断,开启了制度建设和体制改革的新时代。与此同时,这一时期,邓小平以其政治家的超凡勇气和智慧,在加强和改善党的领导、推进党政分开的框架内提出了政治体制改革的总体思路,为十三大政治报告奠定了扎实的思想理论基础。(3)十三大以后到 1992 年南方谈话和党的十四大期间是邓小平法治思想形成一个比较完整的理论体系时期。1989 年 11 月,中共十三届五中全会以后,邓小平从党和国家领导人的岗位上退了下来,但仍然关心着中国的改革开放和民主法制建设事业。这一时期,邓小平关于社会主义本质的论述和加快市场经济改革的要求为此后的加快社会主义市场经济体制改革、稳步推进政治体制改革指明了方向。

邓小平法制思想是一个完整的理论体系,其主要内容和理论贡献包括以下几点。

第一,确立了社会主义法制建设的战略地位。邓小平十分重视社会主义法制建设,从马克思主义哲学的基本原理和社会主义法制建设需要重视的基本问题两个层面论述和确立了社会主义法制的战略地位。邓小平法制理论一个十分鲜明的特征,就是注意运用马克思主义关于生产力和生产关系、经济基础和上层建筑的基本范畴和关系原理论述法制,认为推进法制建设是社会主义社会通过改革生产关系和上层建筑以适应社会主义社会解放和发展生产力要求的必然选择,强调要把法制建设作为社会主义制度的本质要求来对待,从推进中国特色社会主义的战略高度来定位①。同时，把推进改革视为一个社会主义制度不断自我完善的过程，从而突出地强调了法制完备的重要性。

在此基础上，邓小平主要由民主与法制、建设与法制的关系来论述，并形象地将其比喻为如人的双手一般重要，不可偏废。在十一届三中全会前后，邓小平主要从民主和法制的关系角度论述法制。1979 年 6 月 28 日上午，他会见以竹入义胜为团长的日本公明党第八次访华团时提出，"民主和法制，这两个方面都应该加强，过去我们都不足。要加强民主就要加强法制。没有广泛的民主是不行的，没有健全的法制也是不行的，我们吃够了动乱的苦头。要制定一系列法律……这是建立安定团结的政治局面的必要保障。……民主要坚持下去，法制要坚持下去，这好像两只手，任何一只削弱都不行"。② 在 1986 年前后，邓小平着重由"建设和法制"的关系角度论述法治的重要性。1986 年 1 月 17 日，邓小平同志首次提出"一手抓建设，一手抓法制"的论断，随后在多个场合反复提及这一论断，他说："搞四个现代化一定要有两手，只有一手是不行的。所谓两手，即一手抓建设，一手抓法制。党有党纪，国有国法。……只有人民内部的民主，而没有对破坏分子的专政，社会就不可能保持安定团结的政治局面，就不可能把现代化建设搞成功③。"由上可知，在邓小平看来，无论是要推进社会主义现代化建设还是扩大社会主义民主，法制建设都具有十分重要的意义。

第二，明确了社会主义法制建设的指导思想。邓小平关于社会主义法制建设的思考着眼点在 1982 年前后经历了一个重要的转变，在此之前，他主要由解决"历史问题"的视角去思考扩大社会主义民主，加强社会主义法制，其主要着眼点在反思"文革"十年的教训，其法制建设的主要思路就是"健全"法制，"完备"法制。1982 年以后，随着 1981 年 6 月中国共产党第十一届六中全会通过《关于建国以来党的若干历史问题的决议》解决了毛泽东的评价问题、1982 年党章和宪法确立了十一届三中全会以来的正确路线以后，他逐步将思考重心转向制度改革即体制改革，由政治体制改革和经济体制改革推动和保障社会主义现代化建设，这一思想背景的转变是我们理解邓小平法制思想时必须注意的。

1978 年 12 月召开的中国共产党十一届三中全会，总结了中华人民共和国

---

① 石泰峰：《邓小平法制理论与依法治国》，张福森主编《社会主义法制教育读本》，人民出版社 2002 年版，第 49 页。

② 中央文献研究室：《邓小平年谱：1975—1997（下）》，中央文献出版社 2004 年版，第 529 页。

③ 同上，第 1101 页。

成立以来特别是"文化大革命"的经验教训,作出了发展社会主义民主、健全社会主义法制的重大决策。此前在 1978 年 12 月 13 日举行的中央工作会议闭幕会上,邓小平即已在讲话中提出:"解放思想是当前的一个重大问题,……只有解放思想,坚持实事求是,一切从实际出发,理论联系实际,我们的社会主义现代化建设才能顺利发展";"民主是解放思想的条件,当前这个时期,特别需要强调民主。因为在过去相当一个时期,民主集中制没有真正实行,离开民主讲集中,民主太少";"为了保障人民民主,必须加强法制。必须使民主制度化、法律化,使这种制度和法律不因领导人的改变而改变,不因领导人的看法和注意力的改变而改变"。① 这里,邓小平强调了法制与民主的关系,但是核心是突出"制度化",突出制度建设的本质特征即"不因领导人的改变而改变,不因领导人的看法和注意力的改变而改变"。随后在 1980 年 8 月 18 日的著名讲话中,他进一步指出:"我们过去发生的各种错误,固然与某些领导人的思想、作风有关,但是组织制度、工作制度方面的问题更为重要。这方面的制度好可以使坏人无法任意横行,制度不好可以使好人无法充分做好事,甚至会走向反面。……不是说个人没有责任,而是说领导制度、组织制度更带有根本性、全局性、长期性。"② 这段话尽管主要针对党和国家领导制度改革而言,然而从中不难看出制度和制度化是邓小平提出加强社会主义法制建设的根本指导思想,而制度建设的目的是保障社会主义现代化建设和社会主义政治民主。

第三,提出了社会主义法制建设的基本要求。在法制建设的要求上,邓小平在 1956 年董必武于中共八大上提出的"依法办事、有法可依、有法必依"思想基础上,进一步指出,"现在的问题是法律很不完备,应该集中力量制定刑法、民法、诉讼法和其他各种必要的法律,经过一定的民主程序讨论通过,并且加强检察机关和司法机关,做到有法可依,有法必依,执法必严,违法必究"③。这十六字方针,"有法可依"解决的是法制完备的问题,"有法必依,执法必严、违法必究"解决的是确立法律权威、保障法律实施问题,虽言简意赅,但思想深刻,是改革开放以来指导和推进我国法制建设的基本依循。

第四,提出了党的领导、人民当家作主与法制建设的根本关系问题。邓小平在反思十年"文革"经验教训和推进社会主义现代化建设时,十分注意防止或消除封建主义残余影响(表现为家长制、特权思想)和坚决抵制资产阶级自由化(无

---

① 中央文献研究室:《邓小平年谱:1975—1997(上)》,中央文献出版社 2004 年版,第 450—451 页。

② 同上,第 663 页。

③ 同上,第 527—528 页。

政府主义)的不良侵害,他从民主和集中、自由和纪律两个关系论证了坚持党的领导的重要性,在此基础上,邓小平在 1980 年 10 月 25 日与胡乔木、邓力群谈话时进一步指出,"要坚持党的领导,但党要善于领导,不要像过去那样去干预一切。民主和法制是我们社会主义建设的保障。""必须坚持党的领导,问题在于,只有改善党的领导,才能坚持党的领导,加强党的领导。党的各级组织的权力、任务、工作方式都要改善。……党的领导要体现在制定和实现党的路线、方针、政策上。党的工作的核心,是支持和领导人民当家作主。"①此前,1979 年 6 月 25日邓小平在出席第五届全国人民代表大会第二次会议的党内负责人会议时就已提出,"我们制定法律的步伐要加快。确实要搞法制,特别是高级干部要遵守法制。以后,党委领导的作用第一条就是应该保证法律生效、有效"。没有立法以前,只能按政策办;法立了以后,坚决按法律办事。② 由此可知,邓小平把法制建设作为改善党的领导的重要途径,把党要守法(包括党委和领导干部守法)作为确保法制建设成功的关键,把支持和领导人民当家作主作为社会主义法制的根本目的,邓小平的这一思想在十二大的《中国共产党党章》和 1982 年《中华人民共和国宪法》里得到了体现,新党章规定"党在宪法和法律的范围内活动",新宪法在结构安排上把"公民权利和义务"置于"国家机构"之前,体现了党要守法和人民当家做主对于法制建设的重要性,前者是法制的根本保证,后者是法制的根本目的。

2. 十三届四中全会到十八大

邓小平的法制思想奠定了社会主义法治理论的基本框架和核心思想;江泽民同志提出和确立的"依法治国"战略,胡锦涛同志提出和确立的"依法执政"和"社会主义法治理念",共同丰富和发展了社会主义法治理论。与此同时,法治建设的具体目标和任务更为明确,比如江泽民时期提出"到 2010 年建成社会主义法律体系",胡锦涛时期提出了"用 10 年左右时间基本建成社会主义法治政府",使我们的法治建设更具科学性和有效性。

江泽民的法治思想,体现在江泽民大量关于民主法治建设的论述之中,涉及法理、宪政、刑法、民法、经济法、行政法、国际法等各个领域,以及立法、执法、司

---

① 中央文献研究室:《邓小平年谱:1975—1997(上)》,中央文献出版社 2004 年版,第 684 页。
② 同上,第 527—528 页。

法、守法等各个环节,内容丰富,体系完整①,但是其核心内容和重大贡献是提出"依法治国"的概念并将其确立为我们党治国理政的基本战略。江泽民第一次明确提出"依法治国"的概念,是在 1996 年 2 月中共中央举办的法制讲座上。在党的十五大报告中,江泽民进一步提出了"依法治国,建设社会主义法治国家"的科学命题,并对依法治国的含义作了全面的界定:依法治国,就是广大人民群众在党的领导下,依照宪法和法律规定,通过各种途径和形式管理国家事务、管理经济文化事业、管理社会事务,保证国家各项工作都依法进行。这是我们党第一次在党的代表大会提出依法治国概念,第一次将实施依法治国战略写入党的纲领性文件,随后 1999 年通过修改宪法将"依法治国"写入宪法,使之具有了最高法律效力。同时,党的十五大报告深刻阐释了依法治国的伟大意义,提出依法治国是党领导人民治理国家的基本方略,是发展社会主义市场经济的客观需要,是社会文明进步的重要标志,是国家民治久安的重要保障,由"法制"到"法治","法制国家"到"法治国家",把法治作为社会文明进步的重要标志,这是一次新的思想解放,是全党认识上的一次飞跃②。

胡锦涛的法治思想集中体现在以科学发展观为统领,以构建社会主义和谐社会为目标,在新的起点和高度进一步推动依法治国战略的实施,提出并确立了依法执政和社会主义法治理念,同时在完善法律体系、推进依法行政、保障司法公正、建设法治社会等各个方面而都取得了重大成就。2002 年党的十六大首次提出要提高党的依法执政能力。2004 年 9 月,党的十六届四中全会作出的《中共中央关于加强党的执政能力建设的决定》明确指出:"依法执政是新的历史条件下党执政的一个基本方式"。党依法执政基本方式的提出,中国共产党依法执政,既在中外共产党执政史上第一次解决了共产党执政的基本方式问题,也是中外法制史上一个没有先例的重大法治创新,它突出体现了执政党在国家法治建设中的积极性、主动性、创造性和关键性。③ 2005 年年底,以胡锦涛为总书记的党中央从我国社会主义现代化建设事业全局出发,坚持以马克思主义法学理论为指导,以科学发展观为统领,以构建社会主义和谐社会为目标,在认真总结中国法治建设实践经验、借鉴世界法治文明优秀成果的基础上,作出了要牢固树立社会主义法治理念的重大战略决策,强调构建和谐社会法治要以依法治国为核

---

① 沈志先:《马克思主义法律思想中国化的新成果——江泽民法治思想初探》,《毛泽东邓小平理论研究》2011 年第 7 期,第 66—66,85 页。

② 张文显:《论江泽民对邓小平法制思想的发展》,《法学》1998 年第 8 期,第 3—5 页。

③ 袁曙宏:《十六大以来我国依法治国的重大发展》,《国家行政学院学报》2007 年第 5 期,第 7—10 页。

心内容，以执法为民为本质要求，以公平正义为价值追求，以服务大局为重要使命，以党的领导为根本保证的有机统一，这是我们党历史上第一次对社会主义法治理论的核心内容进行的系统梳理和总结。

三、中国特色社会主义法治理论的最新成果及其重大战略意义

党的十八大以来，习近平总书记围绕新的形势下如何全面推进依法治国在多个场合、多次讲话中进行了阐述，提出了建设法治中国的重要思想，全面论述了全面推进依法治国的战略地位和重要意义，系统阐述了全面推进依法治国的发展目标、实现路径和基本要求，深化了我们党关于法治的地位、作用和内在价值的认识，是中国特色社会主义法治理论的最新成果，是指导我们全面推进依法治国的行动指南。党的十八届四中全会进一步提出：全面推进依法治国，必须贯彻落实党的十八大和十八届三中全会精神，高举中国特色社会主义伟大旗帜，以马克思列宁主义、毛泽东思想、邓小平理论、"三个代表"重要思想、科学发展观为指导，深入贯彻习近平总书记系列重要讲话精神。

（一）全面论述了依法治国的战略地位和全局意义

党的十八大以来关于法治建设的一个突出特点就是把依法治国放在事关中国特色社会主义事业战略全局的高度来论述和谋划，把依法治国作为全面深化改革、推进国家治理体系和治理能力现代化、促进社会主义制度发展和完善的基本方式来推进，进一步深化了我们党关于法治的战略地位、重要作用和核心理念的认识。

1. 深化了我们党关于依法治国战略地位的认识

在显示依法治国的重要性上，2012 年党的十八大报告提出"法治是治国理政的基本方式"，习近平总书记进一步指出要"坚持依法治国的基本方略和依法治国的基本方式"①，"两个基本"的提法明确了法治在新的历史时期的战略地位问题。党的十八届三中全会决定首次将法治建设单独成章、集中阐述。党的十

---

① 习近平：《在首都各界纪念现行宪法公布施行 30 周年大会上的讲话》（2014 年 12 月 4 日），人民出版社 2012 年版。

八届四中全会首次将"依法治国"确立为主题,作出了《中共中央关于全面推进依法治国若干重大问题的决定》,提出把依法治国战略地位提高到一个新的历史高度。

2. 深化了我们党关于依法治国全局意义的认识

正如习近平在 2014 年 9 月 30 日中央政治局的讲话中指出的,全面建成小康社会、实现中华民族伟大复兴的中国梦,全面深化改革、完善和发展中国特色社会主义制度,提高党的执政能力和执政水平,必须全面推进依法治国。这就突破了十一届三中全会以来我们党由深化政治体制改革、发展社会主义民主和保障市场经济改革为主的叙述脉络,第一次从关系整个社会主义现代化事业全局的高度来论述依法国,具有十分重大的现实意义和深远的历史影响。

3. 深化了我们党关于法治内在价值和引领作用的认识

传统上,马克思列宁主义关于法律的一个经典定义就是强调法律的统治阶级意志的体现,是统治阶级实施阶级专政的工具,这种观点忽视了法律规范背后所隐含的价值因素,忽视了法治本身的内在价值基础,极易产生法律工具主义甚至法律虚无主义的认识误区。党的十八大首次将法治与自由、平等、公正一起,作为践行和倡导社会主义核心价值观的主体内容加以明确宣示,深刻揭示了国家法律与社会价值之间的紧密关联。习近平总书记在论述司法的价值内涵时,强调"公平正义是政法工作的生命线,司法机关是维护社会公平正义的最后一道防线","法治不仅要求完备的法律体系、完善的执法机制、普遍的法律遵守,更要求公平正义得到维护和实现"[①],这就把法治,尤其是司法内在的核心价值凸显出来。由此我们可以说:法治不仅是我们实现社会主义现代化这一根本历史任务及其阶段性目标的现实需要(外在价值),同时亦是维护社会公平正义、保障公民权利的内在要求(内在价值),这就极大地深化了我们关于法治价值的理性认识。

此外,习近平总书记在 2014 年 2 月 28 日中央全面深化改革领导小组第二次会讲话中指出,"凡属重大改革都要于法有据。在整个改革过程中,都要高度重视运用法治思维和法治方式,发挥法治的引领和推动作用,加强对相关立法工作的协调,确保在法制轨道上推进改革",由以往的强调法治的保障作用转向法治的引导、保障和推动作用,这是一个巨大的进步,极大深化了我们党关于法治

---

① 习近平:《在中央政法工作会议上的讲话》(2014 年 1 月 7 日),资料来源:人民网(http://theory. people.com.cn/n/2014/0116/c40531-24133581.html),访问日期 2014 年 9 月 1 日。

作用的认识。

（二）深刻揭示了依法治国的核心理念和理论基础

习近平总书记关于法治中国和依法治国的论述，贯穿始终的一个核心理念是"治理现代化"，总体思路是推进国家治理体系和治理能力现代化，治理既是全面推进依法治国的核心理念，亦是法治中国重要思想的思想精髓。在确立"治理现代化"这一新的法治叙述范式时，治理—制度—法治构成了一条清晰的逻辑链条，制度是联系治理和法治的逻辑纽带。现代治理是一种制度治理，法治是现代制度的核心，树立制度权威、发展和完善制度、构建制度运行体系是现代治理体系的核心环节，制度能力是提升现代治理能力的关键，经由治理的理念、制度的中介，从而形成一个"尊重宪法和法律权威、完善现有法律体系、构建有效法治体系、运用法治思维和法治方式"的严密的内在逻辑体系。党的十一届三中全会以来，邓小平首先确立了"通过制度解决问题""从制度改革入手"的基本思路，江泽民确立了依法治国的基本战略，胡锦涛进一步将法治向党的执政问题延伸，习近平总书记则以治理的理念实现了改革开放以来制度改革的观念更新与理论综合，从而为我们党全面推进依法治国奠定了一个扎实的理论基础。

1."治理现代化"是全面推进依法治国的核心理念

党的十八大提出了"治理"概念和"构建系统完备、科学规范、运行有效的制度体系"的要求，党的十八届三中全会在此基础上首次将"推进治理体系和治理能力现代化，促进社会主义制度的发展和完善"作为我们全面深化改革的总目标。在具体阐述这一全新理念时，习近平总书记明确指出，国家治理体系和治理能力是一个国家的制度和制度执行能力的集中体现，两者相辅相成。习近平总书记强调，"今天，摆在我们面前的一项重大历史任务，就是推动中国特色社会主义制度更加成熟更加定型，为党和国家事业发展、为人民幸福安康、为社会和谐稳定、为国家长治久安提供一整套更完备、更稳定、更管用的制度体系"，就是要顺应现代化的总体进程，"不断提高运用中国特色社会主义制度有效治理国家的能力"[①]。总书记关于制度和治理问题的论述，一方面确立了制度是现代治理核心的理念（制度体系是治理体系的核心，制度执行能力是治理能力的核心），另一方面又揭示了制度与治理之间的辩证关系：确立制度权威和形成完备制度是实

---

① 习近平：《在省部级主要领导干部学习贯彻十八届三中全会精神全面深化改革专题研讨班开班式上的讲话》（2014 年 2 月 17 日），资料来源：新华网（http://www.qhnews.com/2014zt/system/2014/07/24/011462831.shtml），访问日期：2014 年 8 月 30 日。

施现代治理的前提,实施现代治理的过程既是运用现有制度解决实际问题、提高制度执行能力的过程,同时又是通过治理反馈实际问题、推动制度更新,进一步促进制度发展和完善的过程,两者相辅相成,不可分割。

2."通过法律治理"是全面推进依法治国的思想精髓

党的十八大提出"法治是治国理政的基本方式",在明确制度是现代治理的核心、制度与治理是辩证统一的基础上,习近平总书记进一步由四个层面论述了全面推进依法治国的内在体系:第一,通过论述"尊重宪法权威",强调"依法治国首先是依宪治国""依法执政首先是依宪执政",表明了树立制度权威的重要性。宪法是国家根本大法,是治国安邦的总章程,只有树立根本法的权威才能树立制度的权威;第二,通过论述依法治国必须充分发挥人民代表大会制度作用,完善的人民代表大会制度表明了完善制度体系的重要性。人民代表大会制度是我国的根本政治制度,是我国一切社会主义制度的"总开关",只有坚持在人民代表大会制度这一根本政治制度的"统帅"下完善制度体系,才能确保治理体系现代化的正确方向。习近平总书记强调,"要通过人民代表大会制度,弘扬社会主义法治精神,依照人民代表大会及其常委会制定的法律法规来展开和推进国家各项事业和各项工作,保证人民平等参与、平等发展权利,维护社会公平正义,尊重和保障人权,实现国家各项工作法治化"[①]。第三,通过论述必须全面推进依法治国,建设中国特色的社会主义法治体系,"形成完备的法律规范体系、高效的法治实施体系、严密的法治监督体系、有力的法治保障体系,形成完善的党内法规体系",表明了确保制度的执行必须建立有效的运行体系。

3.提高"法治思维和法治方式"是全面推进依法治国的关键

中国共产党是领导社会主义现代化事业的核心,"提高党的执政能力""提高领导、干部、群众能力"是提高现代治理能力的核心,是关键提高运用法治思维和法治方式的能力。习总书记指出:"只有以提高党的执政能力为重点,尽快把我们各级干部、各方面管理者的思想政治素质、科学文化素质、工作本领都提高起来,尽快把党和国家机关、企事业单位、人民团体、社会组织等的工作能力都提高

---

① 习近平:《在庆祝全国人民代表大会成立 60 周年大会上的讲话》(2014 年 9 月 9 日),《人民日报》2014 年 9 月 9 日。

起来，国家治理体系才能更加有效运转。"①"制度的完善和定型"是相对的，制度的发展是无止境的，只有真正在全体人民，尤其是党员干部当中确立"法治思维和法治方式"，不断在全社会弘扬法治精神、优化法治环境才能真正使我们的依法治国具备不可动摇的实践理性基础。

（三）系统阐明了全面推进依法治国的总体布局和基本方针

习近平总书记 2012 年 12 月 4 日在首都各界纪念现行宪法公布施行 30 周年大会上的讲话中首次提出"落实依法治国基本方略，加快建设社会主义法治国家，必须全面推进科学立法、严格执法、公正司法、全民守法进程"，强调"坚持依法治国、依法执政、依法行政共同推进，坚持法治国家、法治政府、法治社会一体建设"②。随后在 2013 年 2 月 24 日中共中央政治局第四次集体学习时明确提出"我们要全面贯彻落实党的十八大精神，以邓小平理论、'三个代表'重要思想、科学发展观为指导，全面推进科学立法、严格执法、公正司法、全民守法，坚持依法治国、依法执政、依法行政共同推进，坚持法治国家、法治政府、法治社会一体建设，不断开创依法治国新局面"，比较完整地阐述了法治中国建设的总体思路③。此后在他历次关于法治的讲话中不断强调和深化这一论述，党的十八届四中全会《决定》系统体现了习近平总书记关于全面推进依法治国的目标任务、总体布局和基本要求。

1. 全面推进依法治国的目标任务

关于全面推进依法治国的目标任务是在 2014 年 9 月 30 日中共中央政治局会议上首次提出的。会议强调，全面推进依法治国，就是在中国共产党领导下，坚持中国特色社会主义制度，贯彻中国特色社会主义法治理论，形成完备的法律规范体系、高效的法治实施体系、严密的法治监督体系、有力的法治保障体系，形成完善的党内法规体系。

2. 全面推进依法治国的总体布局

全面推进依法治国的总体布局问题实质上是"坚持依法治国、依法执政、依

---

① 习近平：《在省部级主要领导干部学习贯彻十八届三中全会精神全面深化改革专题研讨班开班式上的讲话》（2014 年 2 月 17 日），资料来源：新华网（http://www.qhnews.com/2014zt/system/2014/07/24/011462831.shtml），访问日期：2014 年 8 月 30 日。

② 习近平：《在首都各界纪念现行宪法公布施行 30 周年大会上的讲话》（2012 年 12 月 4 日），人民出版社 2012 年版。

③ 习近平：《在中共中央政治局第四次集体学习时的讲话》（2013 年 2 月 24 日），《人民日报》2012 年 2 月 24 日。

法行政共同推进,坚持法治国家、法治政府、法治社会一体建设"构成的全面推进依法治国的实现路径。理解习近平总书记关于全面推进依法治国总体布局的重要思想,必须把握三条理论主线:

第一,改进党的领导方式和执政方式的关键是推进依法执政。习近平总书记指出,"社会主义的本质是坚持党的领导","我们党是执政党,坚持依法执政,对全面推进依法治国具有重大作用"①。坚持党的领导,就是要支持人民当家作主,实施好依法治国这个党领导人民治理国家的基本方略,把党的领导贯彻到依法治国的全过程。坚持党的领导必须要加强和改进党的执政方式,提高党的科学执政、民主执政和依法执政水平,坚持依法治国的基本方略和依法执政的基本方式。

习近平总书记强调,"依法执政首先是依宪执政"。党领导人民制定宪法和法律,党领导人民执行宪法和法律,党自身必须在宪法和法律的范围内活动。宪法以最高法和根本法的形式确立了党的领导地位,确立了中国特色的社会主义理论、制度和道路以及人民的基本权利和义务,是党和人民共同意志的体现。推进依法执政必须尊重宪法的权威、恪守宪法原则、弘扬宪法精神、履行宪法使命、把全面贯彻实施宪法提高到一个新水平。

习近平总书记指出,推进依法执政的关键是坚持"三个善于"。要"善于使党的主张通过法定程序成为国家意志,善于使党组织推荐的人选成为国家政权机关的领导人员,善于通过国家政权机关实施党对国家和社会的领导,支持国家权力机关、行政机关、审判机关、检察机关依照宪法和法律独立负责、协调一致地开展工作"②,既发挥党纵览全局、协调各方的政治优势,又发挥政权机关依法履职的专门优势。

第二,坚持依法治国的关键是依法行政,建设法治国家的重点是推进法治政府建设。执掌国家政权机关、决定政策走向是党的领导地位的最重要体现和最坚强保证,党的领导主要通过对国家政权机关的思想、政治和组织领导来实现,同时又通过法定程序将党的主张和人民的意志上升为国家意志,成为政权机关必须履行的法定职责来实现,因此,推进依法治国、建设法治国家,首先必须依宪治国,就是要在宪法规定的国家政权组织体系之下、各政权机关(广义的政府)的

---

① 习近平:《在中共中央政治局第四次集体学习时的讲话》(2013 年 2 月 24 日),《人民日报》2012 年 2 月 24 日。

② 习近平:《在首都各界纪念现行宪法公布施行 30 周年大会上的讲话》(2012 年 12 月 4 日),人民出版社 2012 年版。

职权范围之内推进政策落实与法律实施，必然要求不断提高国家政权机关依法履职能力和水平。

推进政权机关依法履职，核心是要求行政机关依法行政。行政机关（狭义的政府）肩负着执行国家法律法规、履行公共管理与服务职责的重要使命，在现代国家治理的发挥着主体作用、承担着主要责任，依法行政既是依法执政的必然要求和天然依托，又是转变政府职能、深化行政改革的基本途径和主要抓手，习近平总书记指出，"要深入推进依法行政，加快建设法治政府，各级行政机关必须依法履行职责，坚持法定职责必须为、法无授权不可为，决不允许任何组织或个人有超越法律的特权"①。全面推进依法治国、建设法治国家必然把推进依法行政、建设法治政府作为实践重点。

第三，推进法治社会建设必须树立法治理念，政府是国家的组织载体，社会是国家的组织基石，党领导人民治国理政，实施依法治国战略，就必须既要推进依法行政，加强法治政府建设，提高国家机关的履职能力，又要推进依法治理，加强法治社会建设，夯实法治国家的社会基础。加强法治社会建设包括提高公民的权利意识、推进社会管理创新、优化法治环境等丰富内容，但是核心是创新社会管理、推进依法治理。党的十六大以来，加强社会建设、推进社会事业改革、创新社会管理日益成为党和政府的一项重要工作。党的十八届三中全会指出，"创新社会治理，必须着眼于维护最广大人民根本利益，最大限度增加和谐因素，增强社会发展活力"，改进社会治理必须坚持系统治理、依法治理、综合治理、源头治理，加强法治保障、运用法治思维和法治方式化解社会矛盾、提高依法治理能力和水平已经成为我们党和政府维护社会和谐稳定、促进人民安居乐业的现实要求和紧迫任务。

3. 全面推进依法治国的基本要求

全面推进依法治国的基本方针就是推进科学立法、严格执法、公正司法和全民守法，它是围绕总体布局提出的具体要求，是对十一届三中全会提出的"有法可依、有法必依、执法必严、违法必究"十六字方针的深化。同时，中国共产党是全面推进依法治国的根本保障，党的领导干部是全面推进依法治国的中坚力量，可以说，全面推进依法治国的关键在党，因此，全面推进依法治国的基本要求当中亦包含了党的层面的要求：党要领导立法、带头守法、保证执法，党员干部要提

---

① 习近平：《在庆祝全国人民代表大会成立60周年大会上的讲话》（2014年9月9日），《人民日报》2014年9月9日。

高领导干部运用法治思维和法治方式深化改革、推动发展、化解矛盾、维护稳定的能力。

第一，全面推进依法治国，必须坚持科学立法。习近平总书记指出："我们要完善立法规划、突出立法重点，坚持立改废并举，提高立法科学化、民主化水平，提高法律的针对性、及时性、系统性。要完善立法工作机制和程序，扩大公众有序参与，充分听取各方面意见，使法律准确反映经济社会发展要求，更好协调利益关系，发挥立法的引领和推动作用。"①

第二，全面推进依法治国，必须坚持严格执法。习近平总书记指出："我们必须加强宪法和法律实施，维护社会主义法制的统一、尊严、权威，形成人们不愿违法、不能违法、不敢违法的法治环境，做到有法必依、执法必严、违法必究。行政机关是实施法律法规的重要主体，要带头严格执法，维护公共利益、人民权益和社会秩序。执法者必须忠于法律，既不能以权压法、以身试法，也不能法外开恩、徇情枉法。"②

第三，全面推进依法治国，必须坚持公正司法。习近平总书记反复强调，"公正司法是维护社会公平正义的最后一道防线"，"我们要努力让人民群众在每一个司法案件中都感受到公平正义"。要坚持司法为民，改进司法工作作风，通过热情服务，切实解决好老百姓打官司难问题。要优化司法职权配置、规范司法行为、加大司法公开力度，回应人民群众对司法公正公开的关注和期待。要确保审判机关、检察机关依法独立公正行使审判权、检察权，提高司法公正能力。

第四，全面推进依法治国，必须坚持全民守法。习近平总书记指出，要深入开展法制宣传教育，在全社会弘扬社会主义法治精神、传播法律知识、培养法律意识，在全社会形成宪法至上、守法光荣的良好氛围。要坚持法治教育与法治实践相结合，广泛开展依法治理活动，提高社会管理法治化水平。要引导全体遵守法律，有问题依靠法律来解决，确立全社会的法律信仰。要坚持依法治国和以德治国相结合，把法治建设和道德建设紧密结合起来，把他律和自律紧密结合起来，做到法治与德治相辅相成、相互促进。

第五，全面推进依法治国关键在党，必须提高领导干部法治能力。习近平总书记指出，"我们党是执政党，能不能坚持依法执政，能不能正确领导立法、带头守法、保证执法，对全面推进依法治国具有重大作用"。准确理解法治中国重要

---

① 习近平：《在首都各界纪念现行宪法公布施行30周年大会上的讲话》（2012年12月4日），人民出版社2012年版。

② 同上。

思想，必须全面认识我们党在推进依法治国过程当中的领导地位、在决定法治建设成败上的关键性作用，必须深刻领会法治中国建设对于我们各级党组织、党员干部，特别是领导干部的严格要求。习总书记多次提出，要努力提高领导干部运用法治思维和法治方式深化改革、推动发展、化解矛盾、维护稳定能力，努力推动形成办事依法、遇事找法、解决问题用法、化解矛盾靠法的良好法治环境，在法制轨道上推动各项工作。①

　　总之，全面推进依法治国，必须贯彻中国特色社会主义法治理论。习近平总书记法治中国重要思想以治理的理念实现了对党的十一届三中全会以来的法制思想和法治理论的观念更新与理论综合，是中国特色社会主义法治理论的最新成果，是指导我们全面推进依法治国的思想武器和行动指南。

---

① 何毅亭：《学习习近平总书记重要讲话》，人民出版社 2013 年版，第 33 页。

第五章　全面依法治国的战略地位与战略协同①

　　党的十八大以来，以习近平同志为总书记的党中央围绕推进中国特色社会主义的伟大事业和党的建设科学化的伟大工程，统筹国内国外两个大局，提出了一系列新思想新观点新论断新要求，形成了全面建成小康社会、全面深化改革、全面依法治国、全面从严治党的"四个全面"战略布局②，带领全党全国各族人民，励精图治、攻坚克难，在改革发展稳定、内政外交国防、治党治国治军各个方面取得新成就、形成新风气、开创新局面。

　　协调推进"四个全面"，既是一个重大的实践命题，又是一个深刻的理论命题，它是新时期引领我们党领导人民治国理政的重要战略布局，是深刻领会习近平总书记系列重要讲话精神的思想总纲，它既坚持了马克思主义的基本立场、方法和观点，闪耀着辩证唯物主义和历史唯物主义的理论光辉，又结合新时期改革开放的新形势，提出了新目标新举措新要求，具有严密的内在逻辑关联和重大的实践指导意义，是马克思主义中国化的最新理论成果。本章着重就如何在"四个全面"战略布局中把握全面依法治国的全局意义与全面要求作些探讨。

一、把握"四个全面"与依法治国的辩证关系

（一）"四个全面"凸显了全面依法治国的全局意义

　　正如习近平同志指出的，"四个全面"战略布局，既有战略目标，也有战略举措，每一个"全面"都具有重大战略意义。全面建成小康社会是我们的战略目标，全面深化改革、全面依法治国、全面从严治党是三大战略举措。要把全面依法治

　　①　本文原载于《观察与思考》2015 年第 6 期。
　　②　施芝鸿：《"四个全面"战略布局是怎样形成的》，《北京日报》2015 年 3 月 2 日第 13 版。

国放在"四个全面"的战略布局中来把握,深刻认识全面依法治国同其他三个"全面"的关系,努力做到"四个全面"相辅相成、相互促进、相得益彰①。三大战略举措犹如鼎之三足,卓然而立,三者紧紧围绕全面建成小康社会这一战略目标,协同推进中国特色社会主义伟大事业,共同为更快更好实现"两个一百年"奋斗目标,为实现中华民族复兴的中国梦奠定扎实基础。"四个全面"缺一不可,一个都不能少,必须坚持协调推进,实现全面开花,这就凸显了全面依法治国之于整个战略布局的全局意义。

　　加强社会主义法治建设是我们党总结中华人民共和国成立以来社会主义革命、建设、改革正反两方面历史经验得出的一个基本结论,在"四个全面"的战略布局中定位法治建设,把依法治国提到了一个事关全局的新高度。党的十一届三中全会提出要"扩大社会主义民主、健全社会主义法制",强调"为了保障人民民主,必须加强法制。必须使民主制度化、法律化,使这种制度和法律不因领导人的改变而改变,不因领导人的看法和注意力的改变而改变"②。党的十五大首次提出并确立了依法治国基本战略,1999 年正式将"依法治国,建设社会主义法治国家"写入宪法修正案。党的十六大以来,我们党提出"依法执政是新的历史条件下党执政的一个基本方式",强调把坚持党的领导、人民当家作主和依法治国有机统一起来。党的十八大以来,以习近平同志为总书记的党中央审时度势,提出"依法治国是党领导人民治理国家的基本方略,法治是治国理政的基本方式,要更加注重发挥法治在国家治理和社会管理中的重要作用",强调"依法治国,首先是依宪治国;依法执政,关键是依宪执政。新形势下,我们党要履行好执政兴国的重大职责,必须依据党章从严治党、依据宪法治国理政"③。党的十三届三中全会首次用独立章节部署"加强法治中国建设",党的十八届四中全会提出了全面推进依法治国的目标、任务和举措,至 2014 年 12 月,习近平总书记在江苏调研时首次提出协调推进"四个全面","全面依法治国"有其一,当前依法治国正呈现出在总目标、工作布局、工作要求、改革领域等全方位、立体式推进的鲜明个性。

---

① 习近平:《领导干部要做尊法学法守法用法的模范,带动全党全国共同全面推进依法治国》,《人民日报》2015 年 2 月 3 日第 1 版。
② 邓小平:《解放思想,实事求是,团结一致向前看》,《邓小平文选》(第二卷),人民出版社 1993 年版,第 141 页。
③ 习近平:《在首都各界纪念现行宪法公布施行 30 周年大会上的讲话》(2012 年 12 月 4 日),人民出版社 2014 年版。

（二）全面依法治国丰富了"四个全面"的实践内涵

"四个全面"是新时期我们党治国理政的重要战略布局和思想理论武器,全面依法治国在其中既有实践上的全局意义,又有理论上的思想贡献。全面依法治国既是全面建成小康社会的有力保障,又为小康社会的科学内涵增添学理养分。全面建成小康社会既离不开经济社会发展的物质丰富,又离不中国特色社会主义的制度丰养,更离不开包括中国传统文化要素在内的社会主义文化的精神丰满,全面建成小康社会必然体现为物质、制度、精神三维形式的成果呈现,中华民族伟大复兴中国梦的实现必然展现出全体中国人民对于中国特色社会主义道路、制度、理论的饱满自信①。

全面依法治国和全面深化改革作为全面坚持小康社会的"鸟之两翼""车之两轮",内在要求相互支持、相互促进。全面依法治国对于全面深化改革的意义主要体现为推动改革方式由主要奉行"摸着石头过河"向注重顶层设计和整体谋划转变,推动改革动力主要依靠投资、出口、消费等要素驱动转向创新驱动,推动改革的实践主要强调法治保障转向必须坚持法治的引领和推动作用,强调"所有改革必须于法有据"。事实上,科学的制度本身内在就具有整体性特征和体系化要求,顶层设计和整体谋划的关键是设计和谋划好制度;新常态发展的本质在强化制度供给和推动技术创新,而强调"所有改革于法有据"的关键是在法定的权限范围内、在法定的程序轨道上、在法定的责任约束前去推进改革创新,不能再用"干了再说"、以结果反证手段的老套路,不能不顾及改革的制度成本和制度收益。

最后,全面推进依法治国为新时期提升党的执政能力和水平,推动党的建设制度化水平,为全面从严治党的实现提供了强有力的思想支撑和技术支持。法治的本义就是"规则之治",就是通过明确公开、平等适用的规则约束权力②,强调由制度而非人格确保政治组织和政治行为的合法性,全面从严治党的关键是依法依规治党管党,强调形成完备的党内法规体系,通过全体党员无例外地守纪律讲规矩彰显党章党规的权威。

---

① 1922 年梁启超在《五十年中国进化概论》中提出近代中国学人关于近代中国落后反思的"三期"说:第一期,先从器物上感觉不足,所以有了洋务运动;第二期,是从制度上感觉不足,所以有了戊戌变法;第三期,戊戌变法和辛亥革命的失败,使国人从文化根本上感觉不足,所以有了新文化运动。国内有学者受此启发解读中国梦的历史文化内涵,参见王云兰:《中国梦历史演进的文化透视》,《人民论坛》2014 年第 19 期,第 182—184 页。

② 褚国建:《改革、治理与法治——习近平法治思想初探》,《浙江省委党校学报》2014 年第 6 期,第 52—58 页。

二、抓住全面依法治国的三个基本依循

"四个全面"与依法治国的辩证关系要求我们必须在"四个全面"的战略布局中全面推进依法治国。"四个全面"战略布局犹如依法治国的思想之锚、行动之尺，标明和检视了社会主义法治建设实践的政治方向。笔者认为，全面推进依法治国必须牢牢抓住三个基本依据。

(一)全面依法治国必须坚持"党的领导"的根本立场

党的领导与依法治国的关系是社会主义法治的根本问题。党的十八届四中全会的重大贡献之一就是回答了这一理论命题，提出了"党的领导与依法治国是统一的"鲜明论断，强调"党的领导是社会主义法治的本质特征"，"党的领导是社会主义法治的根本保障"，必须把党的领导贯穿社会主义法治的全过程、各方面[1]。习近平同志在 2015 年省部级主要领导干部学习贯彻党的十八届四中全会精神、全面推进依法治国专题研讨班上重申了"社会主义法治必须坚持党的领导，党的领导必须依靠社会主义法治"，有力地驳斥了"党大还是法大"这一伪命题，强调"纵观人类政治文明史，权力是一把双刃剑，在法治轨道上行使可以造福人民，在法律之外行使则必然祸害国家和人民"，"权大还是法大则是一个真命题"，社会主义法治建设的关键就是要把权力关进制度的笼子里，就是要依法设定权力、规范权力、制约权力、监督权力[2]。

全面依法治国必须坚持"党的领导"的根本立场，不仅要坚持"党的领导与社会主义法治是统一的"理论主张，同时更要在实践上坚持加强和改进党对依法治国的领导，做到"三个统一""四个善于"。"三个统一"即必须把依法治国基本方略同依法执政基本方式统一起来，把党总揽全局、协调各方同人大、政府、政协、审判机关、检察机关依法依章程履行职能、开展工作统一起来，把党领导人民制定和实施宪法法律同党坚持在宪法法律范围内活动统一起来。"四个善于"即善于使党的主张通过法定程序成为国家意志，善于使党组织推荐的人选通过法定

---

① 习近平：《关于〈中共中央关于全面推进依法治国若干重大问题的决定〉的说明》，《人民日报》2014 年 10 月 29 日第 2 版。

② 习近平：《领导干部要做尊法学法守法用法的模范，带动全党全国共同全面推进依法治国》，《人民日报》2015 年 2 月 3 日第 1 版。

程序成为国家政权机关的领导人员,善于通过国家政权机关实施党对国家和社会的领导,善于运用民主集中制原则维护中央权威、维护全党全国团结统一。社会主义法治建设既是一项系统工程,也是一项长期工程,需要全党上下齐心协力,既不回避问题,也不逃避责任,力求在全面推进依法治国的进程中努力实现理论与实践的统一。

(二)全面依法治国必须贯彻"国家治理现代化"的核心理念

国家治理体系和治理能力现代化既是党的十八大报告的核心字眼,是理论创新所在,亦是全面深化"五位一体"改革,完善和发展中国特色社会主义制度的目标所在。习近平同志指出,"国家治理体系和治理能力是一个国家的制度和制度执行能力的集中体现,两者相辅相成"①。党的十八大报告也提出:"必须以更大的政治勇气和智慧,不失时机深化重要领域改革,坚决破除一切妨碍科学发展的思想观念和体制机制弊端,构建系统完备、科学规范、运行有效的制度体系,使各方面制度更加成熟更加定型。"可见,制度完备程度和制度执行力度是衡量一个国家治理现代化水平的重要标志。全面推进依法治国必须贯彻国家治理现代化这一核心理念,在构建完备的制度体系和高效的运行机制两个主要环节上做文章,扎紧制度的"口子"、磨利制度的"牙齿",真正把权力关进制度的笼子。

一般认为,衡量一个国家制度完备程度的理想性标准包括内容上实现对社会生活的各个领域、各种关系的全覆盖,逻辑上实现制度与制度之间、制度内部各条文之间的文字上无矛盾、效力上无冲突,价值上实现不同政策、原则、标准之间的融贯协调。应当说,经过改革开放三十多年以来的立法实践,我国已建成具有中国特色的社会主义法律体系,"有法可依"的目标已基本实现。然而,由于我国立法过程中存在的部门利益主义、地方保护主义等不良倾向,客观上造成我国现有法律体系存在着立法内容上有漏洞、不同法律形式间存在效力冲突、不同法律条文与条文之间相互打架等问题,同时立法指导思想上强调"宜粗不宜细""成熟一个制定一个"等导向也需要随着当前形势的发展加以改变,实现与时俱进。对此,十八届四中全会强调要发挥立法的引领和推动作用,确立以人大为主导的立法机制,通过加强常委会专门委员会、工作委员会建设,扩大人大代表参与立法,将所有规范性文件纳入备案审查范围等举措,不断提升立法质量,应当说是切中了当下立法要害。提升制度体系质量的同时,十分重要的一点,就是要保持

---

① 习近平:《完善和发展中国特色社会主义制度推进国家治理体系和治理能力现代化》,《人民日报》2014年2月18日第1版。

法治决策与改革决策的同步，坚持所有改革于法有据，围绕经济、政治、社会、文化、生态"五位一体"的改革实践推进重点领域立法，完善社会主义的法律制度体系，真正将社会生活的各个领域、各种关系纳入制度化、规范化、程序化的轨道，提高各项改革成果的制度转化率和实践指导力。

（三）全面依法治国必须围绕"建设中国特色社会主义法治体系"的总目标、总抓手

提出并部署了全面推进依法治国的总目标、总抓手是党的十八届四中全会在实践上的重大贡献。建设中国特色社会主义法治体系既是我们党在建成社会主义法律体系，基本解决"有法可依"之后的实践推进要求，同时也是我们运用国家治理现代化的全新理念，总结社会主义法治运行现实和发展要求后提炼的一个理论概念和实践目标。具体而言，建设中国特色社会主义法治体系就是"在中国共产党领导下，坚持中国特色社会主义制度，贯彻中国特色社会主义法治理论，形成完备的法律规范体系、高效的法治实施体系、严密的法治监督体系、有力的法治保障体系，形成完善的党内法规体系，坚持依法治国、依法执政、依法行政共同推进，坚持法治国家、法治政府、法治社会一体建设，实现科学立法、严格执法、公正司法、全民守法，促进国家治理体系和治理能力现代化"。其中，"形成五大体系"是发展目标，"三个共同推进""三个一体建设"是发展路径，"科学立法、严格执法、公正司法、全民守法"则是发展要求，从而与坚定不移走中国特色法治道路一道构成了全面依法治国的科学推进体系。

法治体系是国家治理体系的关键一环。制度有正式与非正式之分，有价值、规范和组织等不同维度，法律是正式的制度、成文的规范，但是其中内含着制度形成主体的价值追求，要求以一定的体制机制加以组织实施，因此，一个国家的制度内容及其运行方式归根到底反映了这个国家的主流价值观念和现实政治体制特征。我国社会主义法律制度一方面凝聚了社会主义核心价值的理想追求，反映了凝结在法律规范中的党和人民的共同意志，突出强调了公平正义的核心价值，另一方面则必然要求在"党领导人民依法治国"的现实政治格局中加以组织实施，应当说社会主义法治体系的设计很好地体现了我们党在完善和发展社会主义制度、促进国家治理体系和治理能力现代化上的实践主张。其中，"完备的法律规范体系"和"完善的党内法规体系"既实现了把党的事务和国家事务一体纳入法制轨道的一般性要求，又凸显了我们党提高党的建设制度化水平的时代新追求；同时，完备的规范、高效的实施、严密的监督和有力的保障四个环节则反映了我们党关于社会主义法治运行的理论理解与实践主张，这就划清了与强

调立法、行政、司法"三权分立"的西方资本主义法治体系的界限①。

总之,在"四个全面"战略布局中把握全面推进依法治国,首先必须紧紧抓住这三个基本依循,这体现了党的十八大以来以习近平同志为总书记的党中央在推进社会主义法治建设中既有理念上的创新、原则上的坚守,又确立了新的发展总目标与工作总抓手,从而为全国人民描绘出一幅崭新的法治宏伟蓝图。

三、落实依法治国的"全面"要求,
解决好系统性、协调性问题

当前,新时期社会主义法治建设的蓝图已经绘就,关键是抓落实,把理想变成现实。党的十八届四中全会确定了190项举措,涉及科学立法、严格执法、公正司法、全民守法和加强依法治国的队伍建设和党的领导方方面面,要在"四个全面"战略布局中落实这些举措,必须突出法治建设的"全面"要求,解决好系统性和协调性问题。笔者认为,至少应考虑以下几个方面。

第一,把坚持党的领导、坚持法治的社会主义方向作为全面推进依法治国的根本保证。法治建设不只是各法治部门一家之事,而是关系到国家治理能力整体提升的全局之事,法治建设的成效不只关系到公民权益保障、社会和谐稳定,还关系到改革开放的事业全局。因此,必须处理好党委统一领导和各方协同推进的关系问题。突出党委对于法治建设的主体责任,确立党委书记是法治建设第一责任人的制度,更好地发挥党总揽全局、协调各方作用,要把党委研究法治工作、定时听取各法治部门对于法治工作的意见和建议纳入法制化的轨道,形成完善的制度和有效的机制,凡属重大的立法、行政、政法决策必须通过党组向党委报告,由党委批准。同时,要注重改进党的领导方式和执政方式,支持并切实保障各政权机关、人民团体依照宪法法律和章程独立履行职能,既体现党委领导的政治优势,又发挥法治部门的专业优势。

第二,把尊重和保障公民合法权益,促进社会公平正义作为全面推进依法治国的出发点和落脚点。当前我国社会整体上已进入利益分化、价值多元的发展新阶段,要使制定的法律和执行的制度真正能够代表主流民意,同时兼顾少数人群的差异性观点和个性化要求。既要尊重人民群众的合理利益关切,积极维护

---

① 栗战书:《坚持走中国特色社会主义法治道路》,《人民日报》2014年11月10日第6版。

公民在经济、政治、文化、社会各方面权益，要切实保障公民个体的知情权、表达权、参与权和监督权，自觉接受人民群众的监督。同时又要重视围绕最大限度地求取不同利益群体在整体社会公平正义的最大共识，研究、建立科学的民意表达、萃取和整合机制，解决好公民主观权利与社会整体正义、人民"众意"和社会"公意"之间的关系问题。与西方法治发展经过漫长的历史演进，逐步实现了法治的政治基础由精英民主向全民民主转换不同，我国的社会主义法治建设从一开始就强调要把扩大民主与健全法制结合起来考虑，党的十六大以来又把加强民生法制建设摆到突出的发展要求中来，我国法治建设必然面临更多的协调个人与集体、效率与公平、利益与价值之间关系的挑战。

第三，把尊重宪法和法律的权威，深化行政体制改革与司法体制改革作为全面推进依法治国的实践重点。深化行政管理体制改革在全面依法治国中具有"中轴"地位和联动作用，司法体制改革则是全面依法治国的"重头戏"。要联系十八届三中全会关于"发挥市场在资源配置中的决定性作用，更好地发挥政府作用"的定位，以权力清单建设和责任清单建设为抓手，推进以"简政放权"为核心的行政管理体制改革，推动政府职能转变，真正使行政改革成为解放市场潜力、激发社会活力的强劲推动力；同时，要积极落实中央关于加快行政执法体制改革和深化司法体制改革的各项举措，综合把握行政改革的"下放"趋势与司法改革的"统筹"目标，避免行政改革再次陷入"一放就乱、一收就死"的怪圈，通过推进行政职权、主体、程序、职责法定化的事前"管束"与强化依法独立公正司法的事后监督管住"任性"的权力，处理好市场与政府、行政与司法的关系。

第四，把强化权力运行的监督制约作为推进全面推进依法治国的工作主线。要实现把权力关进制度笼子的法治建设目标，必须坚持权责法定原则，科学配置和依法规范各级各部门职责权限，做到权力授予有据、行使有规、监督有效。同时，继续深化"阳光工程"建设，着力推进党务、政务、司法公开，力求党政部门权力公开规范运行。坚持惩防并举、标本兼治，把法治建设和促进作风建设常态化、完善惩治和预防腐败体系建设结合起来，全面落实中央关于作风建设和反腐倡廉建设的各项举措。要积极引导党员干部、公职人员树立正确的权力观，合理地回应他们的正常福利要求和薪酬成长期待，处理好"正向引导"与"反向倒逼"、"破"和"立"的关系。

第五，把提高各级领导干部法治思维和依法办事的能力作为全面推进依法治国的突出政治要求。领导干部是全面依法治国的领导者、组织者和推动者，领导干部的法治意识、法治素养和法治能力直接决定全面依法治国目标和举措的落实成效,要把遵纪守法作为衡量干部德才的硬标准硬约束,通过法治教育、法治实践和法治考核推动党员干部不断提升以法治凝聚改革共识、规范发展行为、促进矛盾化解、保障社会和谐的能力和水平,真正使党员干部,尤其是领导干部成为尊法、学法、守法、用法的模范。与此同时,要切实增强全民法治意识,大力推进法治社会建设,通过创新法制教育的内容和形式,推动建立部门普法责任制,推进多层次多领域依法治理,建立公共法律服务体系,在全社会形成崇尚法律、遵守法律、维护法律权威的社会风尚,不断养成办事依法、遇事找法、解决问题用法、化解矛盾靠法的思维习惯,真正使人民群众成为社会主义法治的忠实崇尚者、自觉遵守者和坚决捍卫者,处理好抓住关键的少数与提升基本的多数之间的关系问题。

　　总之,全面依法治国是国家治理领域的一场深刻变革,是"四个全面"战略布局中十分重要的一环,必须由全局的高度落实推进依法治国的全面要求,真正使新时期的法治建设成为全面建成小康、实现"两个一百年"奋斗目标、实现中华民族伟大复兴中国梦的坚强保障。

第六章　坚持依法治国与以德治国相结合[①]

党的十八大以来，以习近平同志为核心的党中央围绕推进国家治理体系和治理能力现代化以及全面推进依法治国提出了一系列新观点、新论断和新要求，形成了"四个全面"战略布局和五大发展理念。德治和法治的关系问题既是一个构建社会主义法治理论、法治话语体系的重要理论议题，又是一个坚持社会主义法治道路、建设社会主义法治体系必须要处理好的重大实践问题。围绕这一问题，2016 年 12 月 9 日，习近平总书记在中共中央政治局第三十七次集体学习时明确指出：在新的历史条件下，我们要把依法治国基本方略、依法执政基本方式落实好，把法治中国建设好，必须坚持依法治国和以德治国相结合，使法治和德治在国家治理中相互补充、相互促进、相得益彰，推进国家治理体系和治理能力现代化[②]。

一、深刻把握坚持依法治国和以德治国相结合的理论基础

（一）德治与法治关系的问题是国家治理中的重大课题

德治与法治的关系问题，是中西方国家治理当中共同面临的重大课题，该问题的实质就是追问国家应当如何来治理、依据何种规范实施治理，其中争论的焦点就是在国家治理当中，人的作用和制度的作用、法律与道德的地位和作用孰轻

---

① 本文原为《选择——十八大以来党的理论创新》（洪向华主编，中共中央党校出版社 2017 年版）第七章，原题为《法安天下、德润人心》。

② 《坚持依法治国和以德治国相结合　推进国家治理体系和治理能力现代化》，《人民日报》2016 年12 月 11 日第 1 版。

孰重。围绕这一问题,中国先秦时期即形成了法家与儒家的两大理论阵营。法家起自春秋时代的管仲和商鞅,成于战国晚期的韩非,其主要思想是国家治理的基础在于刑赏,一以止奸,一以劝善,因此"秉权而立"的统治者应该"垂法而治"。德治是儒家政治思想体系和伦理思想的主要内容,其代表人物是孔子、孟子和荀子,孔子强调"为政在人",认为国家应由具有高尚道德的圣君、贤人通过道德感化来进行治理,"为政以德,譬如北辰,居其所而众星共之"。继孔子之后,孟子补充了德治的人性基础,他认为"人之初,性本善",因而统治者应"以不忍之心,行不忍之政,治天下可运之掌上"。荀子作为战国后期的儒家代表,在提出人性本恶论的基础上主张"隆礼重法",强调"治之经,礼与刑,君子以修百姓宁"。儒法两家关于国家治理的论争最终在西汉经由董仲舒的阐发整合,确立了以"贤能政治""德主刑辅"和"礼法合治"为主要特征的中国古代治理模式①。中国古代强调德主刑辅、礼法合治,其中的"礼"是积极、主动的规范,是禁恶于未然的预防,它总是从正面主动地提出要求,对人们的言行作出正面的指导,明确地要求人们应该做什么、不应该做什么,可以做什么、不可以做什么,其功能重在教化。其中的法,主要指"刑",是消极的处罚,是惩恶于已然的制裁。对于一切违背"礼"的行为进行刑罚处罚,其功能重在"制裁"。凡是"礼"所禁止的行为亦必然为"刑"所不容,即所谓"礼之所去刑之所取"。中国古代治理在实现礼法结合的实践上主要表现为将礼的精神贯穿立法、司法和执法始终,用法的手段保障礼的规范的实现,比如以经义来断事决狱、"礼仪与律令同录"、德赏刑罚必须与阴阳、五行、四时变化相符、根据礼书规定和纲常伦理来施令与行法等②。

　　西方关于法治与德治关系问题的讨论则主要围绕实证法与正义法、自然法,法律与道德关系展开,形成了贯穿西方法治历史的自然法学与实证法学两大思想流派论争。与中国古代总是深究法治与德治孰优孰劣不同,法治在西方的治理理论变迁中占据着一种相对优势地位,其争论的重心在于法律的正当性议题,自然法理论始终绵延不绝,就是因为它认为法律不单纯是一种政治意志的决断,而是必须符合社会理性的标准方具有正当性,无论这种标准是自然理性、神圣理性还是人为理性。西方在古希腊时期存在法治与德治的争论,比如柏拉图在《理想国》中即主张贤人政治,认为最好的统治者应具备哲学家的素质,是一个哲学王,而在后期的《法律篇》中他又转而支持法治③;而亚里士多德在《政治学》一书

① 汤一介:《论儒家的"礼法合治"》,《北京大学学报(哲学社会科学版)》2012年第3期,第5—9页。
② 陈景良、Wang Keyou:《礼法传统与中国现代法治》,《孔子堂》2015年第4期,第87—97,237—255页。
③ 郁建兴:《法治与德治衡论》,《哲学研究》2001年第4期,第11—18,79页。

中明确"法治应当优于一人之治"并为法治提出了一个影响至今的经典定义："法治应包含两重意义：已成立的法律获得普遍的服从；而大家所服从的法律又应该本身是制订得良好的法律"。中世纪时代的相关争议则是教会与国王政治斗争的一种法理呈现，其核心议题是神权自然法与世俗法的关系问题，这场斗争最终以政教分离原则的确立与现代民族国家的胜出而告终，此后法律便被普遍认为是一种国家意志的体现，但其依然必须符合自然法或理性法，法是一种理性意志而非专断意志。19世纪中叶开始，伴随着资本主义的兴起和资产阶级革命的胜利，法律实证主义成为了一种主流观点，其在法律与道德关系问题上主张"法律是什么"和"法律应当是什么"是两个没有必然联系的问题，强调国家治理上应当在尊重社会自治的基础上实行"法律人之治"和"法的统治"（rule of law），同时将道德主要视为一种个人自律的事务。20世纪以来，尤其是"二战"之后，西方世界经历了一次自然法思想复兴（以拉德布鲁赫、德沃金、朗·富勒、约翰·菲尼斯等为代表）与政治正义理论的回潮（以罗尔斯、诺奇克、哈贝马斯等为代表），这一方面体现了西方社会对于那段曾经遭受过法西斯主义侵害的岁月的深刻反思，同时也表明他们对发生在经济社会结构大变革背景下的政治体制和治理格局革新进行了理论总结，最终结果是在法律与道德关系问题上，主流法律理论吸纳了新自然法学的观点，强调法治之法必须具备特定的权威基础。

可见，中国古代所奉行的德主刑辅、礼法合治模式与西方近代以来所确立的民主法治模式存在着思想和实践上的双重分歧。造成这种分歧的原因我们认为主要可由两个方面加以分析。一是中西方不同的经济结构与生产生活方式决定了不同的政治体制和治理模式安排。马克思主义认为，经济基础决定其上层建筑。中国传统社会里以农业为主体的经济结构、以手动劳动为主要的生产方式和以家族聚居为重心的生存方式塑造了一种以人伦秩序的维持为基础的国家政治秩序和礼法合治的规则治理体系，而西方自中世纪中后期以来，资本主义生产方式兴起并逐步确立起以工业化生产和城市生活为重心的社会基础结构，市场经济秩序的维持和"陌生人"间关系的调节要求国家以法治作为国家治理的基本方式。另一方面则源于各自理论传统上的关于社会秩序建构原理上的不同理解和重大差异。中国古代所欲建立和维持的乃是一种差序格局，试图通过差异化配置不同身份主体的权利和义务，并经由国家的道德教化和刑罚威慑促使其"安分守己"，实现"长治久安"，因而其治理理论的真正要害乃是"正名"，奉行家族本位与法律特殊主义，"国"乃"家"的扩大化，国法与家法互为基础、相互拱卫；西方现代法治则是以公民地位平等为前提，经由私人之间或私人与国家之间"契约"

的建构形成彼此之间的社会关系,奉行市场本位与法律普遍主义,因而其秩序原理可以称之为契约秩序或平权秩序,这一点仅从社会契约理论在近代以来的西方法治政治理论中的显赫地位和深刻影响就可以印证。

(二)必须辩证地理解法律与道德的关系问题

坚持依法治国与以德治国相结合,其理论基础在于由国家治理的视角认识法律和道德的关系问题。习近平总书记指出,法律是成文的道德,道德是内心的法律。法律和道德都具有规范社会行为、调节社会关系、维护社会秩序的作用,在国家治理中都有其地位和功能。法安天下,德润人心。法律有效实施有赖于道德支持,道德践行也离不开法律约束。法治和德治不可分离、不可偏废,国家治理需要法律和道德协同发力。这就为我们从法治与德治的概念与内涵、地位与功能、相互作用几个方面科学论证了坚持依法治国和以德治国的理论基础。

坚持依法治国与以德治国相结合,必须辩证地理解法律与道德的关系问题,同时发挥好法律与道德对于国家治理的积极作用。在理解法律与道德的辩证关系上,笔者认为有以下几点是值得注意的。

1. 法律与道德在概念上既有联系又有区别

就相互联系而言,法律与道德都是社会规范的范畴,其基本作用都在于规范社会行为、调节社会关系、维护社会秩序。同时,历史唯物主义认为,法律与道德同属于上层建筑,其性质与作用方向是由经济基础决定的,但法律与道德也对经济基础有着巨大的反作用,同时两者之间又相互依存、相互交叉、相互影响。就两者的区别而言,法律由国家制定或认可,以权利义务为主要规范内容,其条款以行为模式和法律效果为基本的逻辑结构,依靠国家强制力保证实施,而道德主要是体现为"人类精神的自律",它既包括人们关于善与恶、美与丑、公正与偏私、诚实与虚伪、正义与非正义等观念形态,也包括与这些观念相对应的伦理行为规范,道德的规范作用主要通过社会舆论、内心信念和传统习惯等精神力量来实现[1]。

2. 法律与道德在内容上互有交叉、相互渗透

广义的道德既包括要求每一个社会成员共同遵守的狭义道德,又包括以自我牺牲和自我超越为本质特征的美德(virtue),[2]因而法律与美德的关系在内容

---

[1] 吴汉东:《道德的法律化与法律的道德化——关于法制建设和道德建设协调发展的哲学思考》,《法商研究》1998 年第 2 期,第 3—8 页。

[2] 唐代兴:《道德与美德辨析》,《伦理学研究》2010 年第 1 期,第 6—12 页。

上一般各不统属，而我们所理解的法律与道德的关系，主要是指法律与狭义道德的关系，两者都体现了构建一个社会秩序所必需的底线要求和可普遍化原则，因而在调整范围上基本处于重合关系。与此同时，公民的法律意识、法律规定的基本原则本身就是一定的社会道德意识和道德原则的反映，法律制度的具体规定当中有大量的内容就是道德的要求。一般来说，凡是法律所禁止和制裁的行为，也是狭义的道德所禁止和谴责的行为；凡是法律所要求和鼓励的行为，也是狭义的道德所培养和倡导的行为。

3. 法律与道德在功能上相互促进、相得益彰

在传统社会，法律往往与宗教、道德、习俗混为一体，共同发挥着对于社会成员的约束和规范作用。在现代社会，社会规范发生了分化，各有其不同的调整范围和调整方式，法律主要作为一种国家意志的体现而自成一体，道德则主要是个人自律的要求，尽管如此，法律与道德在功能上依然是相互促进、相得益彰的。一方面，法律主要以国家制裁为后盾，发挥着令行禁止和社会控制的功能，道德则以其教育感化的方式敦促人严于律己、弃恶从善。另一方面，法律的有效实施有赖于道德支持，道德践行也离不开法律约束，符合道德要求的法律内容往往更容易获得人们的自觉遵守，而综合运用道德和法律手段治理社会失德行为比单纯的教育引导更有成效。

二、坚持两手抓、两手都要硬，推进依法治国 和以德治国相结合

（一）坚持依法治国与以德治国相结合的重大意义

坚持依法治国和以德治国相结合是坚持中国特色社会主义法治道路的重要内容。习近平总书记强调，改革开放以来，我们深刻总结我国社会主义法治建设的成功经验和深刻教训，把依法治国确定为党领导人民治理国家的基本方略，把依法执政确定为党治国理政的基本方式，走出了一条中国特色社会主义法治道路。这条道路的一个鲜明特点，就是坚持依法治国和以德治国相结合，强调法治和德治两手抓、两手都要硬。这既是历史经验的总结，也是对治国理政规律的深刻把握。坚持中国特色社会主义法治道路的核心要义，就是坚持中国共产党的

领导、坚持中国特色社会主义制度、贯彻中国特色社会主义法治理论。党的领导是中国特色社会主义最本质的特征,是社会主义法治最根本的保证;中国特色社会主义制度是中国特色社会主义法治体系的根本制度基础,是全面推进依法治国的根本制度保障;中国特色社会主义法治理论是中国特色社会主义法治体系的理论指导和学理支撑,是全面推进依法治国的行动指南。这三个方面规定和确保了建设中国特色社会主义法治体系、建设社会主义法治国家的制度属性和前进方向。

坚持依法治国与以德治国相结合是实现全面依法治国总目标的基本原则。2014 年《中共中央关于全面推进依法治国若干重大问题的决定》指出,全面推进依法治国,必须坚持依法治国和以德治国相结合。国家和社会治理需要法律和道德共同发挥作用。必须坚持一手抓法治、一手抓德治,大力弘扬社会主义核心价值观,弘扬中华传统美德,培育社会公德、职业道德、家庭美德、个人品德,既重视发挥法律的规范作用,又重视发挥道德的教化作用,以法治体现道德理念、强化法律对道德建设的促进作用,以道德滋养法治精神、强化道德对法治文化的支撑作用,实现法律和道德相辅相成、法治和德治相得益彰。

坚持依法治国和以德治国相结合体现了以习近平总书记为核心的党中央在全面推进依法治国中统筹法治建设和道德建设的新要求。改革开放以来,我们党在推进社会主义法治建设的过程中,始终强调要把法治建设和道德建设结合起来。党的十一届三中全会在总结社会主义民主法治建设经验教训的基础上,提出要"扩大社会主义民主、健全社会主义法制",邓小平同志作为党的第二代领导集体的核心,不仅提出并确立了新时期社会主义法制建设的基本方针,而且最早由社会主义物质文明和精神文明建设两手抓、两手都要硬的角度论证了法制建设与道德建设的关系问题,1986 年出台的《中共中央关于社会主义精神文明建设指导方针的决议》明确提出,加强社会主义民主和法制的建设,根本问题是教育人。要从小学开始,在进行理想、道德、文明礼貌等教育的同时,进行民主、法制和纪律的教育。党的第三代领导核心江泽民同志第一次系统地阐述了依法治国和以德治国相结合的战略思路,他在 2001 年 1 月召开的全国宣传部长会议上的讲话中提出,"我们在建设有中国特色社会主义,发展社会主义市场经济的过程中,要坚持不懈地加强社会主义法制建设,依法治国,同时,也要坚持不懈地加强社会主义道德建设,以德治国。我们应始终注意把法制建设与道德建设紧密结合起来，把依法治国与以德治国紧密结合起来。"①党的十六大以来，以胡锦涛同志为总书记的党中央从构建社会主义和谐社会的高度，在领导我们党确立依法执政的基本方式的同时，提出了以依法治国、执法为民、公平正义、服务大局、党的领导五个方面内容的社会主义法治理念，要求社会主义法治建设必须贯彻社会主义法治理念，坚持民主与法治、法治与道德共同建设。党的十八大以来，以习近平总书记为核心的党中央围绕社会主义法治国家建设提出了一系列新思想、新任务、新要求，从坚持中国特色社会主义法治道路、建设中国特色社会主义法治体系的战略高度，强调要坚持依法治国和以德治国相结合，要努力把社会主义核心价值融入社会主义法治建设，要注重运用法律手段推动解决道德领域突出问题。2013年12月，中共中央办公厅印发《关于培育和践行社会主义核心价值观的意见》，2016年12月，中共中央办公厅、国务院办公厅又印发了《关于进一步把社会主义核心价值观融入法治建设的指导意见》，把习近平总书记提出的要求进一步明确化、具体化、制度化。2018年5月，中共中央印发《社会主义核心价值观融入法治建设立法修法规划》，提出力争经过5到10年时间，推动社会主义核心价值观全面融入中国特色社会主义法律体系，筑牢全国各族人民团结奋斗的共同思想道德基础，同时规定了六个方面的主要任务②。

坚持依法治国和以德治国相结合是围绕解决国家治理领域存在的现实问题作出的重大战略安排。党的十八大以来，在以习近平总书记为核心的党中央坚强领导下，各地各部门坚持一手抓法治、一手抓德治，社会主义法治建设和道德建设都取得了长足的进步。但是，与推进国家治理现代化要求相比，还存在着不小的差距。在法治领域，有的法律和政策价值导向不鲜明，针对性、可操作性不强；有法不依、执法不严、违法不究现象还时有发生；部分社会成员尊法信法守法用法、依法维权意识不强，一些国家工作人员特别是领导干部依法办事观念不强，知法犯法、以言代法、以权压法、徇私枉法现象依然存在，全民法治观念需要

---

① 江泽民：《江泽民文选》（第三卷），人民出版社2006年版，第200页。
② 一是以保护产权、维护契约、统一市场、平等交换、公平竞争等为基本导向，完善社会主义市场经济法律制度；二是坚持和巩固人民主体地位，推进社会主义民主政治法治化，充分发挥宪法在中国特色社会主义法律体系中的统帅作用，在宪法中体现社会主义核心价值观要求；三是发挥先进文化育人化人作用，建立健全文化法律制度；四是着眼人民最关心最直接最现实的利益问题，加快完善民生法律制度；五是促进人与自然和谐发展，建立严格严密的生态文明法律制度；六是加强道德领域突出问题专项立法，把一些基本道德要求及时上升为法律规范。

进一步加强①。在道德领域，在市场经济大发展的今天，少数人眼中只看钱、心中只想钱。为了钱，可以不顾道德、甚至不顾法律，心中没有底线、眼中没有国法。一些人混淆是非、善恶、美丑界限，信仰拜金主义、享乐主义和个人主义，损害了公众利益，败坏了民风社风，在某些地方、某些领域甚至出现好人被讹、好人吃亏的现象，影响十分恶劣，人民群众反映强烈。虽然党和政府采取了许多措施加以治理，但是效果并不十分明显②。要解决好这些问题，必须更加注重在法治建设领域融入社会主义核心价值的要求，更加注重运用法治思维和法治方式治理社会失德现象。

（二）促进依法治国和以德治国相结合的实践重心

习近平总书记不仅科学地论证了依法治国和以德治国相结合的理论基础，同时也为我们党在统筹推进法治建设和道德建设，促进依法治国和以德治国相结合指明了工作方向。一方面，我们要注重发挥好道德对于法治建设的支撑和滋养作用。习近平总书记指出，要强化道德对法治的支撑作用。坚持依法治国和以德治国相结合，就要重视发挥道德的教化作用，提高全社会文明程度，为全面依法治国创造良好的人文环境。要把道德要求贯彻到法治建设中。法律法规要树立鲜明道德导向，弘扬美德义行，立法、执法、司法都要体现社会主义道德要求，都要把社会主义核心价值观贯穿其中，使社会主义法治成为良法善治。要把实践中广泛认同、较为成熟、操作性强的道德要求及时上升为法律规范，引导全社会崇德向善。另一方面，我们也要注重发挥法治对于道德建设和道德教育的制度支撑和实施保障。习近平总书记指出，要在道德体系中体现法治要求，发挥道德对法治的滋养作用，努力使道德体系同社会主义法律规范相衔接、相协调、相促进。要在道德教育中突出法治内涵，注重培育人们的法律信仰、法治观念、规则意识，引导人们自觉履行法定义务、社会责任、家庭责任，营造全社会都讲法治、守法治的文化环境。要运用法治手段解决道德领域突出问题。法律是底线的道德，也是道德的保障。要加强相关立法工作，明确对失德行为的惩戒措施。要依法加强对群众反映强烈的失德行为的整治。对突出的诚信缺失问题，既要抓紧建立覆盖全社会的征信系统，又要完善守法诚信褒奖机制和违法失信惩戒

---

① 《中宣部负责人就〈关于进一步把社会主义核心价值观融入法治建设的指导意见〉答记者问》，《人民日报》2016年12月26日第5版。

② 习近平：《运用法治手段解决道德领域突出问题》，中国干部学习网，http://www.ccln.gov.cn/xxzgyc/220008.shtml，访问日期：2017年6月1日。

机制，使人不敢失信、不能失信。对见利忘义、制假售假的违法行为，要加大执法力度，让败德违法者受到惩治、付出代价。要坚持严格执法，弘扬真善美、打击假恶丑。要坚持公正司法，发挥司法断案惩恶扬善功能。

党的十八大以来，我们党按照习近平总书记提出的要求，统筹推进法治建设和道德建设，在促进依法治国和以德治国相结合上取得了显著的成就。2013 年12 月，中共中央办公厅印发《关于培育和践行社会主义核心价值观的意见》，2015 年 4 月，中央宣传部、中央文明办印发《培育和践行社会主义核心价值观行动方案》，2016 年 12 月，中共中央办公厅、国务院办公厅印发了《关于进一步把社会主义核心价值观融入法治建设的指导意见》，为推进新时期社会主义道德建设、促进依法治国和以德治国相结合提供了基本依循和行动指南。《关于培育和践行社会主义核心价值观的意见》强调，法律法规是推广社会主流价值的重要保证。要把社会主义核心价值观贯彻到依法治国、依法执政、依法行政实践中，落实到立法、执法、司法、普法和依法治理各个方面，用法律的权威来增强人们培育和践行社会主义核心价值观的自觉性。要厉行法治，严格执法，公正司法，捍卫宪法和法律尊严，维护社会公平正义。要加强法制宣传教育，培育社会主义法治文化，弘扬社会主义法治精神，增强全社会学法尊法守法用法意识。注重把社会主义核心价值观相关要求上升为具体法律规定，充分发挥法律的规范、引导、保障、促进作用，形成有利于培育和践行社会主义核心价值观的良好法治环境。《关于进一步把社会主义核心价值观融入法治建设的指导意见》进一步提出，要推动社会主义核心价值观入法入规，要坚持以社会主义核心价值观为引领，恪守以民为本、立法为民理念，把社会主义核心价值观的要求体现到宪法法律、法规规章和公共政策之中，转化为具有刚性约束力的法律规定。

三、抓住关键的少数，切实提高全民法治意识和道德自觉

坚持依法治国与以德治国相结合，既要靠建设，又要靠教育，要协调推进法治教育和德道教育，既要抓住关键的少数，又要提升全民的素质。关于干部法治教育和道德教育，习近平总书记指出，要发挥领导干部在依法治国和以德治国中的关键作用。领导干部既应该做全面依法治国的重要组织者、推动者，也应该做道德建设的积极倡导者、示范者。要坚持把领导干部带头学法、模范守法作为全

面依法治国的关键,推动领导干部学法经常化、制度化。以德修身、以德立威、以德服众,是干部成长成才的重要因素。领导干部要努力成为全社会的道德楷模,带头践行社会主义核心价值观,讲党性、重品行、作表率,带头注重家庭、家教、家风,保持共产党人的高尚品格和廉洁操守,以实际行动带动全社会崇德向善、尊法守法。关于提高全面法治意识和法治自觉,习近平总书记强调,法律要发挥作用,首先全社会要信仰法律;道德要得到遵守,必须提高全体人民道德素质。要加强法治宣传教育,引导全社会树立法治意识,使人们发自内心信仰和崇敬宪法法律;同时要加强道德建设,弘扬中华民族传统美德,提升全社会思想道德素质。要坚持把全民普法和全民守法作为依法治国的基础性工作,使全体人民成为社会主义法治的忠实崇尚者、自觉遵守者、坚定捍卫者。要深入实施公民道德建设工程,深化群众性精神文明创建活动,引导广大人民群众自觉践行社会主义核心价值观,树立良好道德风尚,争做社会主义道德的示范者、良好风尚的维护者。

围绕提高党员干部和全民的法治素养和道德自觉,2016 年 4 月,中共中央、国务院转发了《中央宣传部、司法部关于在公民中开展法治宣传教育的第七个五年规划(2016—2020 年)》,确定法治宣传教育的对象是一切有接受教育能力的公民,重点是领导干部和青少年,突出强调了坚持法治教育和道德教育相结合的重要性。具体而言有以下几点。

一是坚持把领导干部带头学法、模范守法作为树立法治意识的关键。完善国家工作人员学法用法制度,把宪法法律和党内法规列入党委(党组)中心组学习内容,列为党校、行政学院、干部学院、社会主义学院必修课;把法治教育纳入干部教育培训总体规划,纳入国家工作人员初任培训、任职培训的必训内容,在其他各类培训课程中融入法治教育内容。

二是要坚持从青少年抓起。切实把法治教育纳入国民教育体系,制定和实施青少年法治教育大纲,在中小学设立法治知识课程,确保在校学生都能得到基本法治知识教育。完善中小学法治课教材体系,编写法治教育教材、读本,地方可将其纳入地方课程义务教育免费教科书范围,在小学普及宪法基本常识,在中、高考中增加法治知识内容,使青少年从小树立宪法意识和国家意识。将法治教育纳入"中小学幼儿园教师国家级培训计划",加强法治课教师、分管法治教育副校长、法治辅导员培训。充分利用第二课堂和社会实践活动开展青少年法治教育,在开学第一课、毕业仪式中有机融入法治教育内容。加强对高等院校学生的法治教育,增强其法治观念和参与法治实践的能力。强化学校、家庭、社会"三位一体"的青少年法治教育格局,加强青少年法治教育实践基地建设和网络建设。

　　三是坚持法治教育和道德教育相结合。推进法治教育与道德教育相结合。坚持依法治国和以德治国相结合的基本原则。以法治体现道德理念,以道德滋养法治精神,促进实现法律和道德相辅相成、法治和德治相得益彰。大力弘扬社会主义核心价值观。弘扬中华传统美德,培育社会公德、职业道德、家庭美德、个人品德,提高全民族思想道德水平,为全面依法治国创造良好人文环境。强化规则意识,倡导契约精神,弘扬公序良俗,引导人们自觉履行法定义务、社会责任、家庭责任。发挥法治在解决道德领域突出问题中的作用,健全公民和组织守法信用记录,完善守法诚信褒奖机制和违法失信行为惩戒机制。

第七章　加快党内法规制度体系建设①

党的十八大以来，以习近平总书记为核心的党中央高度重视党内法规制度建设，推动这项工作取得了重要进展和卓越成效。加强党内法规制度建设是全面从严治党的长远之策、根本之策，是我们党团结带领人民统筹推进"四个伟大"实践的有力制度保障。加快党内法规制度体系建设，必须以习近平新时代中国特色社会主义思想为根本遵循，把握好党内法规工作背后的历史逻辑、理论逻辑和实践逻辑，为实现建党一百年时形成完备的党内法规制度体系的奋斗目标而不懈努力。

一、党内法规制度建设的历史脉络与基本成就

中国共产党在领导中国人民进行社会主义革命、建设和改革的伟大征程中，始终把制度建设作为党的建设的重要内容，坚持用科学的理论指导和推动党的制度建设实践，坚持把制度建设与党在各个历史时期的中心任务结合起来谋划，坚持用严格的党章党纪党规统一全党的意志和行动，为把我们党发展成为一个思想上、政治上、组织上高度成熟的马克思主义政党作出了积极的贡献。当前，全党上下正在围绕"到建党 100 周年时全面建成内容科学、程序严密、配套完备、运行有效的党内法规制度体系"目标迈进，有必要系统地梳理我们党建立 90 多年以来党内法规制度建设走过的发展历程及其历史成就。

（一）党内法规制度建设的历史脉络

中国共产党建党 90 多年以来，党内法规制度建设历经新民主主义革命、社

---

① 本章是作者在省委党校主体班次的授课提纲，题目为《加快党内法规制度体系建设，为党的全面领导提供法治保障》，相关观点的理论展开笔者将另外拟文介绍。

会主义革命与建设、改革开放以来三个历史时期，从无到有、从零碎分散到日益科学化、系统化，已经初步形成了一个具有鲜明中国特色、体现党的建设要求的制度体系。

1. 新民主主义革命时期

新民主主义革命时期，我们党面临着严峻的革命战争形势，外有国民党反动派的残酷镇压迫害，内有张国焘、王明等错误路线的严重干扰破坏，以毛泽东同志为代表中国共产党人坚持把马克思主义的基本原理与中国革命实际相结合，提出并确立了"农村包围城市、武装夺取政权"的正确革命道路和以"思想建党"为核心，包含思想、政治、组织三大内容的党的建设科学理论，团结带领中国人民取得了民族独立、人民解放的伟大胜利，并使我们党在艰苦卓绝的环境中发展壮大，成为中华人民共和国的执政党。在这一历史时期，党内法规制度建设总体上处于起步摸索阶段，制定出台的党规数量较少、体系尚不完整、技术尚不规范且前期受共产国际影响较大。建党初期和土地革命时期，代表性的党内法规主要是党的一大通过的第一部具有党章性质的《中国共产党第一个纲领》，党的二大制定的第一部党章，党的三大、四大、五大制定的党章修正案，党的六大党章以及《中国共产党中央执行委员会组织法》(1923)、《中央巡视条例》(1931)等党内法规。1935 年以后，随着毛泽东同志逐步在中共中央确立领导地位，党内法规制度建设取得了比较大的进展，其中标志性的事件包括：1938 年党的六届六中全会上，毛泽东同志在《论新阶段》一文中首次提出"党内法规"概念，提出"为使党内关系走上正轨，除了上述四项最重要的纪律外，还须制定一种较详细的党内法规，以统一各级领导机关的行动"；1945 年党的七大制定新的党章，将毛泽东思想确立为我们党的指导思想；1948 年中共中央政治局"九月会议"制定出台关于建立党内请示报告制度和健全党委制的相关规定，标志着我们党领导制度和组织制度的重要发展。

2. 社会主义革命与建设时期

社会主义革命与建设时期，我们党领导中国人民制定了 1954 年《宪法》，建立了人民民主专政的新政权和人民代表大会制度，取得了社会主义改造、抗美援助战争和国内镇压反革命的伟大胜利，同时，党的八大制定了我们党执政以后的第一部党章，建立了与领导政权工作基本相适应的党的组织体系与领导工作制度，提出了正确处理人民内部矛盾、实现党的组织工作重点转移等党建新观点。但是，自 1957 年反右斗争扩大化开始，由于受党内极"左"思潮的影响，我们党逐步偏离了中华人民共和国成立初期制定的正确的政治路线、思想路线和组织路线，提出了"无产阶级专政条件下继续革命"等错误理论。这一时期，我们党制定了大量的党内制度与规范性文件，其中涉及党员发展和管理、干部教育和管理、党的各级组织机构设置与职权规定等内容，对探索执政条件下的无产阶级政党自身建设具有积极的意义。然而，由于受到党政不分、以党代政的思想、体制影响，这一时期的党内法规规无论在内容上、形式上和执行上均不尽如人意，尤其是党内法规规定了很多原本应由法律调整的内容，过多地采用"指示""通知"等形式对具体工作问题处理作出规定，过分地强调领袖个人意志、忽视党内民主，对我们党的事业发展产生了极其消极的影响。

3. 改革开放以来

改革开放以来，党的十一届三中全会深刻总结"文革"经验教训，确立了新时期的政治、思想和组织路线，果断地把工作重心转向社会主义现代化建设上来，决定健全党的民主集中制，健全党规党法、严肃党纪。1982年，党的十二大制定了现行党章、五届人大五次会议通过了现行宪法；党的十三大确立了社会主义初级阶段"三步走"的发展战略和社会主义经济体制改革、政治体制改革和党的自身建设改革设想，第一次把制度建设作为党的建设的重要组成部分，并强调要加强党内民主制度建设；党的十四大明确提出了建立社会主义市场经济体制的决定，1994年党的十四届四中全会提出了推进党的建设这一新的伟大工程的目标任务，提出要把制度建设贯穿党的思想、作风和组织建设始终；党的十五大确立了依法治国的基本方略；党的十六确立了我们党依法执政的基本方式，党的十七届四中全会提出了"党的建设科学化"目标任务，提出要以科学理论指导党的建设，以科学制度保障党的建设，以科学方法推进党的建设，不断提高党的建设的科学化水平。这一历史时期，与我们党高度重视自身建设相适应，党内法规制度建设逐步走上了规范化、程序化、系统化的发展轨道，其突出特点是：（1）思想认识上，强调"制度问题更带有根本性、全局性、稳定性和长期性"，不断深化我们党关于制度建设重要性和规律性的认识；（2）发展重心上，强调要以民主集中制为根本，规范党内政治生活，完善党的领导制度，同时要发展党内民主，保障党员的主体地位和民主权利，强化党内监督，完善党的监督制度和反腐倡廉制度；（3）建设成效上，改革开放以来这一时期是我们党历史上制定出台党内法规制度数量最多的时期，初步形成了以党章为核心，以民主集中制为根本，涵盖党内政治、生活、工作各个领域，包括中央法规、中央部委和地方法规三个效力层次的党内法规制度体系。

4. 党的十八大以来

党的十八大以来，习近平总书记结合新时期党的建设和从严治党的新形势、新特点，创造性地提出"要坚持思想建党和制度治党紧密结合。从严治党靠教育，也靠制度，二者一柔一刚，要同向发力、同时发力"，标志着我们党关于治党管党认识的一次新的飞跃，党的十八届四中全会把"形成完备的党内法规体系"作为建设中国特色社会主义法治体系的重要内容。自 2012 年 12 月到党的十九大召开，我们党内规范制度建设的步伐明显加快，顶层设计和整体推进意识和能力明显增强，首次组织开展党内法规和规范性清理，摸清了党内法规制度的"家底"；修订《中国共产党党内法规制定条例》和《中共产党党内法规和规范性文件备案审查规定》，首次建立了党内法规和规范性文件备案审查机制；首次编制出台了《中央党内法规制定工作五年规划纲要（2013—2017 年）》，明确提出到建党100 周年时全面建成内容科学、程序严密、配套完备、运行有效的党内法规制度体系，明确了制度建设的目标任务与工作规范；2016 年 12 月 24 日至 25 日在北京召开了我们党历史上首次全国党内法规工作会议，出台了《中共中央关于加强党内法规制度建设的意见》。党的十八大以来，党内法规制定力度之大、推进速度之快前所未有，截至 2018 年 8 月底，现行有效的党内法规约 4200 件，其中规则、规定、办法、细则超过 4100 件。其中，党的组织法规 450 多件，党的领导法规900 多件，党的自身建设法规 1400 多件，党的监督保障法规 1460 多件，中国共产党党内法规制度体系的"四梁八柱"已经形成①。

（二）党内法规制度建设的基本成就

经过建党 90 多年以来的发展，党内法规制度体系建设取得了一系列令人瞩目的成就，具体可概括为如下几点。

1. 在建设理念上，形成了一系列关于党的制度建设的重要论述

我们党关于制度建设的重要论述主要集中于重要性、规律性和目标任务几个方面，党的历代主要领导人毛泽东、刘少奇、邓小平、陈云、江泽民、胡锦涛、习近平等对这些问题均作出过论述。关于党的制度建设尤其是党内法规制度建设

---

① 宋功德：《全方位推进党内法规制度体系建设》，《人民日报》2018 年 9 月 27 日第 7 版。另据张文显教授的数据，截至 2019 年 5 月，现行有效的党内法规有 5989 件，其中，中央党内法规 270 件，部门党内法规 287 件，地方党内法规 5432 件，参见张文显：《70 载法治建设铺就法治强国路》，资料来源：法制网（http://www.legaldaily.com.cn/zt/content/2019-10/01/content_8008250.htm)，访问日期：2019 年 10 月 30 日。

重要性的论述,我们党历史上经历了两次重大的认识转变。毛泽东同志突出强调思想建党的首要作用,从严肃党的纪律、规范党内关系和统一全党行动角度论述了制度建设和党规建设的重要性。改革开放以来,党的第二代领导核心邓小平同志、第三代领导核心江泽民同志和以胡锦涛同志为总书记的党中央为党内法规制度建设的发展作出了重大的历史贡献。邓小平同志提出了"制度问题更带有根本性、全局性、稳定性和长期性。这种制度问题,关系到党和国家是否改变颜色,必须引起全党的高度重视"的重要论断,强调"国要有国法,党要有党规党法。党章是最根本的党规党法。没有党规党法,国法就很难保障","公民在法律和制度面前人人平等,党员在党章和党纪面前人人平等",奠定了改革开放以来党内法规制度建设的指导思想。江泽民同志高度重视理论创新的价值,大力推进党的制度建设,增加反腐倡廉的新内容,把党的建设工程布局由"三大建设"发展为"四大建设",提出"必须进一步坚持和健全民主集中制,特别要注重制度建设,以完备的制度保障党内民主,维护中央权威,保证全党在重大问题上的统一行动"。党的十六大以来,以胡锦涛为总书记的党中央着力改革创新,围绕全面推进新的伟大工程,将反腐倡廉建设从作风建设中单列出来,最终形成了思想、组织、作风、制度、反腐倡廉建设"五位一体"党的建设总体布局并写入了党的十七大报告,为党内规范制度建设走向体系化作出了突出贡献。他提出"必须把执政党本身的制度建设摆在重要地位,同国家法制建设相互衔接","必须坚持用制度管权管事管人,健全民主集中制,不断推进党的建设制度化、规范化、程序化","必须始终把制度建设贯穿党的思想建设、组织建设、作风建设和反腐倡廉建设之中,坚持突出重点、整体推进、继承传统、大胆创新,构建内容协调、程序严密、配套完备、有效管用的制度体系"。党的十八大以来,习近平同志结合党的建设和治党管党新形势新特点,提出了关于"思想建党和制度治党紧密结合"的全新观点,并形成了一系列关于从严治党、制度治党、依规治党的思想理论体系,实现了我们党历史上关于党的制度建设的第二次重大认识飞跃。

2. 在体制机制上,形成了一套相对完整的推进党内法规制度体系建设的组织领导和工作体系

党内法规的制定在中央统一领导下进行,中央书记处负责日常工作,中央办公厅承担党内法规制定的统筹协调工作,其所属的法规工作机构承办具体事务;中央纪律检查委员会、中央各部门和省、自治区、直辖市党委负责职权范围内的党内法规制定工作,其所属负责法规工作的机构负责承办具体事务;地方党内法规和规范性文件建设由各个省委统一领导进行,省委办公厅作承担地方党内法规和规范性文件的统筹协调工作，省委办公厅法治处和省纪委、组、宣、统各省委工作部门负责党规的具体工作事务，同时，省委办公厅法治处还承担着党内规范性文件的备案审查职责。

目前，党内法规和规范性文件的制定已经形成了一套从统筹、规划、计划、起草、审批、发布、适用、解释到备案、清理与评估的全过程、多维度的工作机制，其工作规则和议事程序亦已基本建立。中央和各个地方高度重视党内法规制度建设，在人、财、物保障了提供了切实的保障，有的地方还在工作推进过程中，升格了省委领导下的党规法规工作机构职级。

3. 在建设成效上，已经初步形成了一套以党章为核心，以民主集中制为根本，具有中国特色的党内法规制度体系

仅以党内法规制度清理的结果观察，党内法规制度体系基本构成。从主体结构上看，现行党内法规制度体系中，除党章外，由中共中央制定的有140多件，中央部门制定的约150件，地方制定的有1500多件。从部类结构上看，党内法规已经形成了以党章为统领，由党章相关法规、党的领导和工作机制法规、思想建设法规、组织建设法规、作风建设法规、反腐倡廉建设法规、党的机关运行保障法规等方面的法规共同组成的统一整体，其中领导制度和组织制度占据主体地位。

就各个阶段的制度发展重心而言，邓小平同志时期比较侧重于规范党内政治生活、改革党的领导制度和组织制度；江泽民同志时期比较侧重于完善民主集中制、加强基层党组织建设（包括国有企业、农村、高校等）的相关制度；胡锦涛同志时期比较侧重发展党内民主、保障党员权利和强化党内监督领域的相关制度，更加注重法规制度的系统化工作。

二、党内法规制度建设的政治遵循、政策导向与理论基础

推进党内法规制度建设必须坚持习近平新时代中国特色社会主义思想为根本政治依循，必须按照中央关于党内法规制度建设的整体谋划和顶层设计持续推进，必须在辩证地把握好党内法规制度建设政治法律统一性原理的基础上强化学理支撑。

（一）以习近平关于党内法规制度建设的重要论述为政治依循

党的十八大以来,习近平总书记在多个场合、以多种形式围绕加快党内法规制度体系建设,推进制度治党、依规治党、从严治党作出了一系列重要论述,是习近平新时代中国特色社会主义思想的重要组成部分,是指引我们党推进党内法规制度建设的根本政治依循。习近平关于党内法规制度建设重要论述,主要是习近平同志代表党中央在党中央重要会议、中央政治局集体学习等场合,以讲话、文章和批示等形式呈现的思想理论体系。就其基本文本而言,主要包括:(1)《认真学习党章　严格遵守党章》(2012 年 11 月 16 日);(2)在党的群众路线教育实践活动总结大会上的讲话(2014 年 10 月 8 日);(3)党的十八届中央政治局就加强反腐倡廉法规制度建设主题进行第二十四次集体学习上的讲话(2015 年 6 月 26 日);(4)党的十八届六中全会讲话(2016 年 10 月 24 日);(5)《全国党内法规工作会议批示》(2016 年 12 月 24 日);(6)在"不忘初心、牢记使命"主题教育工作会议上的讲话(2019 年 5 月 31 日)等①。

习近平关于党内法规制度建设重要论述,其核心要义,可从四个方面加以把握。(1)关于党内法规制度的科学内涵。习近平形象地用"规矩"和制度来加以阐述,区分成文与不成文、刚性与柔性、总规矩和具体规矩,要求立"明规矩",破"潜规则"。他认为"没有规矩不成其为政党,更不成其为马克思主义政党。我认为,我们党的党内规矩是党的各级组织和全体党员必须遵守的行为规范和规则"。就其概念外延和渊源而言,指出,"党的规矩总的包括什么呢? 其一,党章是全党必须遵循的总章程,也是总规矩。其二,党的纪律是刚性约束,政治纪律更是全党在政治方向、政治立场、政治言论、政治行动方面必须遵守的刚性约束。其三,国家法律是党员、干部必须遵守的规矩,法律是党领导人民制定的,全党必须模范执行。其四,党在长期实践中形成的优良传统和工作惯例",强调"纪律是成文的规矩,一些未明文列入纪律的规矩是不成文的纪律;纪律是刚性的规矩,一些未明文列入纪律的规矩是自我约束的纪律";(2)关于党内法规制度建设的重要意义,习近平强调,"从严治党靠教育,也靠制度,二者一柔一刚,要同向发力、同时发力","加强党内法规制度建设是全面从严治党的长远之策、根本之策","我们党要履行好执政兴国的重大历史使命、赢得具有许多新的历史特点的伟大斗争胜利、实现党和国家的长治久安,必须坚持依法治国与制度治党、依规

---

① 　相关论述文本可参见中央文献研究室编:《习近平关于全面从严治党论述摘编》,中央文献出版社 2016 年版;《习近平谈治国理政》(第一、二卷),外文出版社 2017 年版。

治党统筹推进、一体建设"；（3）关于党内法规制度建设的目标任务，习近平强调，"要按照十八大和十八届三中、四中、五中、六中全会部署，认真贯彻落实《中共中央关于加强党内法规制度建设的意见》，以改革创新精神加快补齐党建方面的法规制度短板，力争到建党100周年时形成比较完善的党内法规制度体系，为提高党的执政能力和领导水平、推进国家治理体系和治理能力现代化、实现中华民族伟大复兴的中国梦提供有力的制度保障"；（4）关于党内法规制度体系建设的实现路径，习近平主要从"坚持依法治国与制度治党、依规治党统筹推进、一体建设"的总体思路和牢固树立党章权威、加快形成完备的党内法规制度体系、严格执行党章党规党纪三个具体方面进行了阐述。关于树立党章权威，习近平强调，"党章是党的总章程，集中体现了党的性质和宗旨、党的理论和路线方针政策、党的重要主张，规定了党的重要制度和体制机制，是全党必须共同遵守的根本行为规范。没有规矩，不成方圆。党章就是党的根本大法，是全党必须遵循的总规矩"。关于加快形成完备的党内法规制度体系，习近平强调，"制度不在多，而在于精，在于务实管用，突出针对性和指导性。如果空洞乏力，起不到应有的作用，再多的制度也会流于形式。牛栏关猫是不行的！要搞好配套衔接，做到彼此呼应，增强整体功能"；关于严格执行党章党规党纪，习近平强调，"全党要牢固树立党章意识，真正把党章作为加强党性修养的根本标准，作为指导党的工作、党内活动、党的建设的根本依据，把党章各项规定落实到行动上、落实到各项事业中"，"要增强制度执行力，制度执行到人到事，做到用制度管权管事管人。……要坚持制度面前人人平等、执行制度没有例外，不留'暗门'、不开'天窗'，坚决维护制度的严肃性和权威性，坚决纠正有令不行、有禁不止的行为，使制度成为硬约束而不是橡皮筋"。

（二）以中央关于党内法规制度建设的决策部署为实践指南

党的十八大以来，党中央先后对党内法规制度体系建设、依规治党作出全面部署。具体包括：（1）2013年党的十八届三中全会提出，要紧紧围绕提高科学执政、民主执政、依法执政水平深化党的建设制度改革，同时于2013年11月27日发布《中央党内法规制定工作五年规划纲要（2013—2017年）》；（2）2014年党的十八届四中全会把形成完善的党内法规体系确立为全面推进依法治国总目标的重要内容，对加强党内法规制度建设作出重要部署；（3）2015年党的十八届五中全会提出，必须坚持依法执政，全面提高党依据宪法法律治国理政、依据党内法规管党治党的能力和水平，把依规治党和依法治国相提并论，作为车之两轮、鸟之两翼，把依规治党提高到了前所未有的高度；（4）2016年党的十八届六中全会专题研究从严治党,发布《关于新形势下党内政治生活的若干准则》和《中国共产党党内监督条例》。当年 12 月 24—25 日,我们党历史上召开第一次全国党内法规工作会议,通过《中共中央关于加强党内法规制度建设的意见》;(5)2017 年党的十九大提出要把制度建设贯穿党的建设始终;(6)2018 年 2 月出台的《中央党内法规制定工作第二个五年规划(2018—2022 年)》,2019 年 4 月 11 日发布《中共中央关于废止、宣布失效和修改部分党内法规和规范性文件的决定》,宣布废止 54 件,宣布失效 56 件,修改 8 件,同时,对 14 件涉党和国家机构改革的中央党内法规作出一揽子修改;(7)2019 年 9 月,中共中央印发了修订后的《中国共产党党内法规制定条例》《中国共产党党内法规和规范性文件备案审查规定》和新制定的《中国共产党党内法规执行责任制规定(试行)》,这是中央建立健全党内法规工作体制机制的重大举措。

(三)以党内法规的政治法治辩证统一性原理为学理支撑

习近平总书记深刻地指出"党和法的关系是政治与法治关系的集中反映。法治当中有政治,没有脱离政治的法治","每一种法治形态背后都有一套政治理论,每一种法治模式当中都有一种政治逻辑,每一条法治道路底下都有一种政治立场",这就要求我们必须在把握好政治与法治辩证统一关系的基础上思考党内法规制度建设的理论基础问题。政治与法治的关系是现代政治学、法学的核心议题。就现代政治而言,伴随着现代国家的兴起,法律的政治化和政治的法治化成为一种共生的现象,政治对于法治的决定性影响和法治对于政治的规范性作用构成了两者辩证统一的关系。政党作为一种政治组织,党规作为政党的自律性规则,自然受政治与法治一般关系的影响,同时,政治在不同的政治体制内发挥的地位和作用存在差别,党规的效力亦存在不同的特征。

1. 把握好法治—政治统一性原理必须始终牢记政治性是党内法规制度的根本属性

要始终坚持党性、人民性相统一的根本政治立场,始终沿着加强党的领导能力和执政能力、保持党的先进性和纯洁性的根本政治方向,贯彻中国特色社会主义理论,坚持中国特色社会主义道路,不断推进党内法规制度体系发展与完善,确保党内法规制度"神形兼备""纲举目张"。具体而言有以下几点。

(1)"神形兼备"是指党内法规制度的规范内容必须体现党的理想信念宗旨、贯彻党的路线方针政策,党的先进性首先体现在理想信念宗旨的崇高性、路线方针政策的正确性上,只有将党的先进性外化为党规制度的规范性要求、细化为党规制度的明确性规定才能确保我们党思想、行动的统一性,始终走在时代前列。

（2）"纲举目张"是指党内法规制度建设的根本目的是为加强党的领导提供制度保障和程序支撑，使得我们党真正能够做到全面领导与正确领导相统一，最终为巩固党的领导地位、实现长期执政找到一条科学有效的实现路径。党内法规制度建设必须紧紧围绕加强党的领导做文章，把构建党"总揽全局、协调各方"的制度体系作为其核心指向去设计概念、构建体系、补齐制度。

（3）"根深叶茂"是指必须把加强党的建设、深化党的改革作为完善党内法规制度体系的实践来源，积极促进党的建设、党的改革的成果制度转化，才能为党内法规制度的永续发展找到取之不尽用之不竭的"源头活水"。党内法规制度因党而立、为党而生，只有真正把我们党的建设的伟大工程与党内法规制度建设紧密结合起来，才能真正确保党内法规制度的针对性、实效性。

2. 把握好法治—政治统一性原理必须时刻牢记法治性是党内法规制度的发展属性

要善于运用法治的思维和方式推动党内法规制度建设，提升立规的科学性、强化用规的有效性、增强守规的自觉性。党的十八大以来，习近平总书记提出推进制度治党、依规治党，很重要的一条就是要求以法治思维和法治方式推进党内法规制度建设，要十分注意吸收和借鉴我们在推进中国特色社会主义法律体系过程中形成的好理念、好经验、好做法，确保党内法规与国家法律相互衔接、相得益彰，依规治党和依法治国同时发力、同向发力。具体而言如下。

（1）提升概念的可通用性。概念的明确性是法治建设的最基本要求，概念的可通用性则是确保党内法规制度与国家法律体系同向发力的关键，前者主要体现为概念表述的精准性问题，后者主要是指不同概念间的价值融合性问题。目前我们推进党内法规制度建设过程在概念设定或创设中表现出来的基本问题就是概念表述精准性不够，存在着比较随意的生造概念现象，概念的可通用性较差，不注意概念的法治底蕴和政治论证，甚至出现党内法规制度的概念与国家法律概念"二律背反"的现象。

（2）提升体系的可对接性。党领导人民当家作主和党领导国家与社会的宪法体制决定党内法规制度和国家法律体系不是并行的两个体系，而是在规范对象上有重叠、规范内容上有交叉、规范效力上有耦合的有机整体，党内法规制度的先进性和国家法律的普遍性要保持同向性就必须建立明确衔接的精神实质和主攻方向。我们目前推进社会主义法治体系建设过程中，存在着直接将党的领导、建设、改革过程中提出的主张和要求直接写入国家法律的现象，同时也存在着直接根据党内工作分工和部门分管领域去划分建构党内法规制度建设体系、将部门工作经验和做法直接规定为党内法规制度的倾向，这是应当引起注意的问题。党内法规制度建设的主攻方向始终是坚持以民主集中制为核心，以党内关系或者党务关系为重心完善党内法规制度体系，促进党内法规制度与国家法律衔接的主要环节和领域应当放在党领导政权机关、民主党派、企事业单位、社会组织、人民团体的对象和过程之中，主要的对接方向是用法治思维和法治方式去指引和规范党领导国家和社会的行为，促进精神相融、内容相接。

（3）提升实施的可协同性。党内法规制度的实施是一个事关全局的重大问题，党内法规制度实施的有效性以及通过实施倒推党内法规制度的修订完善直接影响甚至决定党内法规制度权威性的重要方面。我们目前党内法规制度实施的一个比较突出的问题是部门分割、多头执规，这主要是因为现行党内法规制度的制定实施权限事实上是按照部门主管领域来划分的，"谁主管谁制定""谁制定谁解释"实际上弱化了党内法规制度的统一性与反思性。应当更加注重借鉴国家法律体系运行的相关经验和做法，积极构建起立规与执规相分离、单项权力适度统一的立改释废体制机制，从而使得党内法规制度真正形成一个制度反思机制。

3. 把握好法治—政治统一性原理最终必须时刻牢记人民性是党内法规制度建设的实践属性

坚持问题导向，善于把建党管党治党的好经验好做法提升为制度，善于结合本地区本部门的特点自觉贯彻落实党内法规制度的要求。同时发力、同向发力的实质是"自律律他"，是在尊重两种制度体系相对独立的前提下，用党内法规制度的先进性引领普遍性，用党员干部模范守规的先锋示范作用带动全民守法、带动全社会法治信念的形成。

三、以党章为统领，以民主集中制为核心，加快党内法规制度体系建设

（一）以党章为统领，积极构建党内法规制度体系

党内法规制度建设的目标任务是"到建党100周年时，形成比较完善的党内法规制度体系、高效的党内法规制度实施体系、有力的党内法规制度建设保障体系，党依据党内法规管党治党的能力和水平显著提高。"具体而言有以下几点。

1. 党内法规制度体系建设是中国特色社会主义法治体系的重要组成部分

党的十八届四中全会通过的《中共中央关于全面依法治国若干重大问题的决定》提出，在中国共产党领导下，坚持中国特色社会主义制度，贯彻中国特色社会主义法治理论，形成完备的法律规范体系、高效的法治实施体系、严密的法治监督体系、有力的法治保障体系，形成完善的党内法规体系，坚持依法治国、依法执政、依法行政共同推进，坚持法治国家、法治政府、法治社会一体建设，实现科学立法、严格执法、公正司法、全民守法，促进国家治理体系和治理能力现代化。这表明党内法规制度体系是中国特色社会主义制度体系的重要内容，是中国特色社会主义法治体系的重要组成部分。

2. 党内法规制度体系建设必须坚持以党章为统领，以民主集中制为核心，不断完善以"1+4"为基本框架的党内法规制度体系

即在党章之下分为党的组织法规制度、党的领导法规制度、党的自身建设法规制度、党的监督保障法规制度四大板块。完善党的组织法规制度，全面规范党的各级各类组织的产生和职责，夯实管党治党、治国理政的组织制度基础。完善党的领导法规制度，加强和改进党对各方面工作的领导，为党发挥总揽全局、协调各方领导核心作用提供制度保证。完善党的自身建设法规制度，加强党的政治建设、组织建设、纪律建设、作风建设、纪律建设，体现把制度建设贯穿始终的要求，注重党的建设的制度总成。完善党的监督保障法规制度，切实规范对党组织工作、活动和党员行为的监督、考核、奖惩、保障等，确保行使好党和人民赋予的权力。

3. 党内法规制度体系建设包括党内法规制度的制定、实施、监督、保障四个基本环节

其中，党内法规的制度包括党内法规的规划、计划、起草、审议、评估等环节，党内法规实施主要包括党内法规的自觉履行、监督检查、执纪等环节，党内法规保障包括加强党内法规工作的政治保障、机构保障、队伍保障等内容。

（四）坚持问题导向，深化党内法规制度建设相关改革

1. 党内法规制度的体系设计问题

党内法规制度体系的设计必须考虑到党内法规制度的自律性性质和外部溢出效力，必须顺应加强和改进党的领导方式和执政方式的发展需要，现行的体系设计主要以狭义的党务关系为调整重心，应考虑广义的党内法规制度体系设计问题，解决好党规与国法的衔接问题、党规和党纪的平衡问题。

2. 党内法规制度的立改释废问题

包括党内立规权限划分问题；规范党政联合发文问题；党内法规公开机制问题；党内法规制度的解释问题。

3. 党内法规制度的实施机制问题

党的十八大以来，通过推进党的纪检体制改革、强化监督执纪问责、强化党委主体责任和纪委监督责任、加强纪委"三转"工作、派驻机构建设、实现巡视全覆盖、注重四个形态等工作，很好地解决了党的纪律的实施机制问题，下一步要以党和国家监察管理体制改革为契机，统筹好党内法规制度的实施机制完善问题。

4. 党内法规制度的备案审查问题

党的十八大以来，我们党通过建立党内法规和规范性文件备案审查制度为加强党内法规制度监督奠定了扎实的制度基础和工作经验。下一步应围绕明确党内法规备案审查制度的基本内涵、完善党内法规备案审查制度的基本程序、推进法规备案审查制度全覆盖推进相关工作改革。

第八章　全面依法治国与全面深化改革关系辩证①

党的十八大以来，习近平总书记在多个场合、多次讲话中论述②了全面推进依法治国的基本构想，既包含着对社会主义法治理论的基本概念、核心理念、理论基础的一般性论述，又结合新时期社会主义现代化总体进程和当前法治形势，系统阐述全面推进依法治国的重大意义、基本依循、发展目标、实现路径和基本方针，从而构成了一个内涵丰富、层次分明、结构严谨的法治思想体系。其中，"治理现代化"是其法治思想的核心理念，"通过法律的治理"是其思想的精髓所在，而"法治思维和法治方式"是其思想的点睛之笔。

一、法治的多维形态与社会主义法治话语体系

（一）法治概念的多维形态

法治是现代政治学与法学当中的核心概念，其基本含义是"规则之治"，但是

---

① 本文原载《中共浙江省委党校学报》（现名《治理研究》）2015 年第 5 期，原题《改革、治理与法治——习近平法治思想的初步研究》，收入本书时改为现名。

② 习近平关于法治的论述主要包括：(1)2012 年 12 月 4 日在首都各界纪念现行宪法公布施行 30 周年大会上的讲话；(2)2013 年 2 月 24 日在中共中央政治局第四次集体学习时的讲话；(3)2013 年 11 月在十八届三中全会上作的关于《中共中央关于全面深化改革若干重大问题的决定》的说明；(4)2014 年 1 月 7 日在中央政法工作会议上的讲话；(5)2014 年 2 月 17 日在省部级主要领导干部学习贯彻十八届三中全会精神全面深化改革专题研讨班开班式上的讲话；(6)2014 年 9 月 5 日在庆祝全国人大成立 60 周年大会上的讲话；(7)2014 年 9 月 21 日在庆祝中国人民政治协商会议成立 65 周年大会上的讲话以及在中国深化改革领导小组第二次会议、第三次会议和 2014 年 9 月 30 日在中央政治局会议上的讲话。本章在引述习近平同志讲话时，如无特别注明，均引自《人民日报》公开刊载、新华社公开报道的内容，特此说明。

法治概念本身是一个多维的学理概念①，至少包含着四个层次。

1. 法治作为一种理想的存在

法治代表了人们对于人类理想社会秩序的追求，其核心就是"良法之治"。在此意义上，亚里士多德的法治概念是最具代表性的，"已成立的法律获得普遍的服从，而大家所服从的法律又应该本身是制定得良好的法律"②。亚里士多德的法治概念奠定了法治概念的两个基本构件：法律权威与良好法律（或正当法）。然而究竟何谓良好法律，思想史上争论不休，西方的自然法（理性法）理论源远流长，其主要关注的就是理想状态的法治问题，而当代法学理论上则是以富勒和拉兹为代表，他们关于法律的内在道德或内在规定的讨论，仍属于界定良法范畴，不过与古代自然法由自然秩序或神法等实质性规范演绎得出良法标准不同，他们在方法论上已转向程序性论证。作为理想的良法之治，其思想对立面是"任意专断"之治，其作用主要是提供一种批评现实法治的价值标准。作为一种与民主理想结合的法治，在思想史上则更是启蒙时代以后的事情，在实践上则最早只能从资产阶级获得选举权开始。

2. 法治作为一种历史的存在

法治的思想起源于古希腊，实践最早在古罗马，然而延续至今、占据主导地位的则主要是西欧国家近代以来所确立的法治形态，因而可以说，法治是西方近代以来追求"良法之治"的历史成就。作为一种历史的存在，近代西方所确立的法治的要素就是公民权利的保障（其核心是财产权）和公共权力的限制（其核心是有限政府）。作为一种历史的存在，表明法治实践经历了一个历史的演进过程，与其各自社会结构和思想观念的变迁密不可分。就西方而言，近代以来主要是由形式法治到实质法治再到程序法治的演变③，其保障权利的重心由自由权、政治权向社会权的演变④。

---

① 国内学者对法治概念的讨论不胜枚举，代表的论文可参见：夏勇：《法治是什么——渊源、规诫与价值》，《中国社会科学》1999 年第 4 期，第 3—5 页；季卫东：《法律程序的意义——对中国法制建设的另一种思考》，《中国社会科学》1993 年第 1 期，第 83—103 页，孙笑侠：《法治 合理性及其代价》，《法制与社会发展》1997 年第 1 期，第 1—8 页。

② ［古希腊］亚里士多德：《政治学》，吴寿彭译，商务印书馆 2013 年版，第 199 页。

③ 关于西方法治形态的演变，参见［德］哈贝马斯：《在事实与规范之间》，童世骏译，上海三联书店 2003 年版，第九章。

④ 关于西方公民权利保障的演变，具有典范意义的是 T. H. 马歇尔根据英国经验提出的"三代说"理论，参见应奇、刘训练主编：《公民身份》，江苏人民出版社 2007 年版。

3. 法治作为一种体制的存在

"规则之治"表明了法治的一种规范性内容，然而"徒法不能自治"，西方的法治理论在 16 世纪以后到 19 世纪末期主要讨论的是作为一种主权体制和政治体制的法治。无论是霍布斯的偏向共和主义的法治，还是洛克、孟德斯鸠的自由主义法治，他们讨论法治都是在国家政权建设（state-building）的视野下进行的，或者说，他们关注的是作为一种"规则之治""良法之治"的政治结构性规定，讨论的结果在主权问题上，当时的学者最后无一例外都主张国家主权论（民族国家论），在政体问题上则多有分歧，但无非是在混合政体与分权政体两种范式之间寻找具体的实现形式①。把法律规范与规范实施的政治体制结合起来考虑，应当是一个思想史上的进步，现代法律毕竟主要是由国家制定的，是由国家司法机关复杂实施的，不同的政治体制会产生不同的法律实施效果②。

4. 法治作为一种话语的存在

自 19 世纪中后期西方各国基本确立法治体制（司法独立获得制度性保障）以来，法治理论偏向行为的层面，思考的主题是"如何使法治更好地运转起来"，进而导致法治的功能主义理论兴起③。与之同时，由于以西方国家（主要是西欧和美国）为核心的世界体系的确立，法治的"话语输出"问题浮上台面，西方学者逐步自觉或不自觉地将西方的法治模式作为人类的一种普遍价值甚至唯一模式，尤其是 19 世纪 60 年代以来，"现代化理论""依附理论""世界体系"理论甚嚣尘上很好地反映了这一点。理解法治，尤其是理解当下的法治，我们必须注意到法治的"话语权竞争"问题，作为一种话语的法治实际上反映的更多是一种西方文化的强势影响④。

综上所述，法治的基本要义是"规则之治"，理解法治必须注意把法治的理想追求与现实实践区分开来，同时必须注意法治在不同的历史语境、体制语境和文化语境中所反映出来的发展差异性。

---

① 对此问题的讨论，最权威的是美国学者维尔，他围绕该问题详细探讨了西方政治如何由混合政体范式向分权模式范式发展的过程，参见［美］维尔：《宪政与分权》，苏力译，生活·读书·新知三联书店 1997 年版。
② 褚国建：《司法原理》，载陈林林、夏立安主编《法理学导论》，清华大学出版社 2014 年版，第 259 页。
③ 对此问题的讨论，参见［法］狄骥：《公法的变迁》，郑戈译，商务印书馆 2013 年版，第 36 页；［英］马丁·洛克林：《公法与政治理论》，郑戈译，商务印书馆 2003 年版，导论。
④ 在笔者的阅读范围内，国内学者中陈弘毅教授最早提出了要注意法治背后的西方文化强势问题，参见陈弘毅：《法治与文明秩序》，中国政法大学出版社 2016 年版，第 6—8 页。

(二)社会主义法治话语体系

中国特色的社会主义法治理论主要属于法治的话语层面与话语体系建构的问题①,体现出中国共产党对于法治的基本理论认知和法治发展主张,是一种法治主体性意识的重要体现。

就其基本理论构造而言②,笔者认为主要包括以下内容。(1)以"法治"与"依法治国"作为理论的核心概念。党的十五大以前,主要使用"法制"作为其核心概念,而自十一届三中全会以来,在邓小平将法制与发展社会主义民主、社会主义建设、社会主义市场经济改革联系起来论述之后,法治概念的体制性要素逐步明确,十五大正式确立了依法治国战略,"法治"取代"法制"成为社会主义法治理论的核心概念。(2)以"党领导人民依法治国"作为基本的认知框架。与西方主要是"国家与社会"或者"公民与政府"两分法作为基本的认知框架不同,中国特色社会主义法治理论主要是在"党的领导-人民当家作主-社会主义国家"的三分法框架内论述法治问题,把法治作为加强和改进党的领导方式和执政方式的基本方式,把保障人民当家作主作为法治的价值本位,把确保社会主义国家安定团结、社会安全稳定和人民安居乐业作为法治的重要功能。(3)以五方面内容作为基本理论议题。即关于法治的地位与作用的一般理论认识与推进社会主义法治国家建设重要性和必要性主张;关于法治价值的一般理论认识与社会主义法治建设指导思想、核心价值的主张;关于法治发展的一般历史进程认识和中国特色社会主义法治发展战略的主张;关于法律制度的一般理论和构建中国特色社会主义法律体系的认识;关于法治运行的一般理论认识和构建中国特色社会主义法治体系的主张。(4)以社会主义现代化作为基本理论基础。自党的十三大确立社会主义现代化发展战略以来,现代化理论基本上构成了包括法学在内的所有人文社会科学的主导理论范式③,它一方面超越了近代以来关于"苏化""西化""中化"的理论争议性④,另一方面则明确了社会主义法治理论是一种"发展"理论的定位,由社会主义初级阶段出发,与社会主义现代化总任务与总进程

---

① 顾培东:《当代中国法治话语体系的构建》,《法学研究》2012年第3期,第3—23页。

② 李龙:《中国特色社会主义法治理论体系纲要》,《法学杂志》2010年第1期,第42—47页。

③ 代表性的著作包括:徐显明主编:《中国法制现代化的理论与实践》,经济科学出版社2011年版;公丕祥:《全球化与中国法制现代化》,法律出版社2008年版。对此问题的反思性著作参见邓正来:《中国法学向何处去:建构"中国法律理想图景"时代的论纲》(第2版),商务印书馆2013年版。

④ 关于我国近代以来法制史上关于西化、苏化和中化问题的争论,参见[德]何意志:《法治的东方经验:中国法律文化导论》,李中华译,北京大学出版社2010年版,第五章。

相协调,构成了我们党构建社会主义法治理论的一个突出特征。

就其基本理论追求而言,中国特色的社会主义法治理论的主要特征包括以下几点。(1)追求法治理论的现代性与中国性的有机统一。把法治作为一种中国走向现代社会的一个必要目标,尤其是党的十六大把法治作为"政治文明的重要体现"表明我们党对于法治的基本价值的高度认同。但与此同时,我们党始终强调必须从中国社会主义初级阶段的基本国情出发,把法治作为中国社会主义现代化发展战略的重要组成部分。(2)追求法治理论的实践理性和理论理性的有机统一。强调社会主义法治理论既来源于实践,又必须指导实践,体现出认识论上的"知行合一"特点,面向中国法治实践、围绕解决中国法治问题是社会主义法治理论的基本要求,同时又强调坚持运用中国特色社会主义法治理论指导实践,不断推动社会主义法治实践走向深入。(3)追求法治理论的原则性与发展性的统一。强调要把马克思主义的基本原理和中国具体实际相结合,坚持运用马克思主义的基本立场、方法和原则来认识和解决中国的法治问题,同时又要求随着实践的发展、新情况新问题的出现不断发展和提升法治理论。(4)追求法治理论的历史继承性和世界包容性的有机统一。在法治理论建构上强调要继承和发扬中国悠久历史传统中积淀起来的合理的治国理政思想,强调要不断吸收和借鉴西方近代以来法治文明发展的先进经验,以人类创造的一切优秀文化成果不断充实和丰富中国特色社会主义法治理论的文化底蕴。由此可知,中国特色社会主义法治理论已是一个内涵丰富、结构严谨、层次分明的理论体系,同时亦追求在实践、发展、开放中不断提升自身的理论品格。

二、社会主义现代化、改革与依法治国的新思维

通过全面深化改革和全面推进依法治国的"双轮驱动"实现社会主义现代化和中华民族伟大复兴的历史使命,以法治思维和法治方式转变改革方式可以说是习近平执政思路的重要特点,在此背景下,法治相对于社会主义现代化和全面深化改革的重要性得以凸显。

(一)关于法治重要性的历史叙述

在邓小平所开创并为此后党历代领导集体坚持和发展的中国特色社会主义理论体系当中,社会主义现代化是其根本的历史任务,改革开放是其根本的发展

动力,而关于法治重要性的论述则多体现于社会主义现代化的"保障"二字上,对法治改革的论述多置于"政治体制改革"的板块①。值得注意的是,邓小平本人对于法制重要性的论述在 20 世纪 80 年代后期有一个重要的发展:由十一届三中全会到 1982 年党的十二大,他主要由民主与法制关系角度论述,提出了"为了保障民主,必须发展法制,使民主制度化、法制化"②的著名论断,对于法制建设的要求主要侧重于法律完备,提出了"有法可依,有法必依,执法必严,违法必究"十六字方针③;而在 1984 年十二届三中全会颁布经济体制改革决定,把经济改革重心由农村转向城市以后,邓小平主要由体制改革角度论述法制建设的重要性。1986 年 1 月 17 日,邓小平同志首次提出"一手抓建设,一手抓法制"的论断,随后在多个场合反复提及这一论断。他说:"搞四个现代化一定要有两手,只有一手是不行的。所谓两手,即一手抓建设,一手抓法制④。"在这一论述基调的基础上,邓小平进一步阐述了经济体制改革与政治体制改革的关系问题。由此可知,法律完备和体制改革构成了邓小平法制思想的两个基本内容,而邓小平关于建设和法制"两手抓"的思想则已涉及法制建设的全局性意义⑤。

(二)全面深化改革和全面推进依法治国"两手抓"

在凸显依法治国的重要性上,2012 年党的十八大报告提出"法治是治国理政的基本方式",习近平总进一步指出要坚持依法治国的基本方略和依法执政的基本方式⑥,"两个基本"的提法明确了法治在新的历史时期的战略地位问题。党的十八届三中全会决定首次将法治建设单独成章、集中阐述,党的十八届四中全会首次将"依法治国"确立为中央全会的主题,作出了《中共中央关于全面推进

---

① 对此可参见秦刚主编:《中国特色社会主义理论体系》,中共中央党校出版社 2013 年版。

② 邓小平:《解放思想,实事求是,团结一致向前看)》,《邓小平文选》(第二卷),人民出版社 1994 年版,第 141 页。

③ 邓小平原话为"现在的问题是法律很不完备……应该集中力量制定刑法、民法、诉讼法和其他各种必要的法律,经过一定的民主程序讨论通过,并且加强检察机关和司法机关,做到有法可依,有法必依,执法必严,违法必究",考虑其语境,法律不完备才是其论述的重点,参见中央文献研究室编:《邓小平年谱:1975—1997(上)》,中央文献出版社 2004 年版,第 527—528 页。正是在此基础上,1979 年由彭真同志领导,我们三个月出台了刑法、刑事诉讼法、选举法、地方组织法、法院组织法、检察院组织法、中外合资经营企业法七部法律,参见顾昂然:《三个月制定七部法》,《中国人大》2008 年第 16 期,第 28—31 页。

④ 中央文献研究室编:《邓小平年谱:1975—1997(下)》,中央文献出版社 2004 年版,第 1101 页。

⑤ 石泰峰:《邓小平法制理论与依法治国》,载于张福森主编《社会主义法制教育读本》,人民出版社 2002 年版,第 49 页。

⑥ 习近平:《在首都各界纪念现行宪法公布施行 30 周年大会上的讲话》(2012 年 12 月 4 日),人民出版社 2012 年版。

依法治国若干重大问题的决定》，把依法治国战略地位提高到了一个新的历史高度。而在凸显法治的全局性意义上，正如习近平 2014 年 9 月 30 日在中央政治局的讲话中指出的，全面建成小康社会、实现中华民族伟大复兴的中国梦，全面深化改革、完善和发展中国特色社会主义制度，提高党的执政能力和执政水平，必须全面推进依法治国。这就突破了十一届三中全会以来关于法治的基本叙述脉络，首次从关系整个社会主义现代化事业全局的高度来论述依法治国，具有十分重大的现实意义和深远的历史影响，一手抓全面深化改革，一手抓全面推进依法治国可以说是习近平担任总书记以来我们党执政思路的一大特征。

（三）以法治思维和法治方式转变改革方式

邓小平推进改革的基本思路就是"摸着石头过河"，强调先行先试、总结经验和全国推广①。党的十八届三中全会上，习近平在论述全面深化改革需要处理好的重大关系时，提出要处理好顶层设计和"摸着石头过河"的关系，强调"随着改革不断推进，必须加强顶层设计和总体规划，提高改革决策的科学性、增强改革措施的协调性"②。此后，2014 年 2 月 28 日在中央全面深化改革领导小组第二次会议讲话中，他直接将改革与法治问题联系起来论述，指出："凡属重大改革都要于法有据。在整个改革过程中，都要高度重视运用法治思维和法治方式，发挥法治的引领和推动作用，加强对相关立法工作的协调，确保在法治轨道上推进改革。"由以往的强调法治之于改革的保障作用转向法治的引导、保障和推动作用，这是一个巨大的进步。

理解习近平关于法治与改革关系的论述，笔者认为，应当联系习近平关于法治问题的其他论述来加以阐发。一方面，全面深化改革与全面推进依法治国的根本目的是实现全面坚持小康社会，实现"两个一百年"目标、中华民族伟大复兴的中国梦，两者并行不悖，应当协同协力；另一方面，以法治思维和法治方式转变改革，关键是要在宪法和法律所确立的机构体系和权限框架内谋划改革、在法律所规定的程序轨道上推进改革、在法律所明确的责任约束下评价改革，追求改革的经济、社会、政治效果与法律效果的统一。

---

① 美国学者安·弗洛里妮安系统的研究了中国此种改革模式的特点和意义，同时亦指出了其局限性，参见［美］安·弗洛里妮、赖海榕、陈业灵著：《中国试验：从地方创新到全国改革》，冯谨、张志超译，中央编译出版社 2013 年版。
② 习近平：《关于〈中共中央关于全面深化改革若干重大问题的决定〉的说明》（2013 年 11 月 15 日），文本参见中共中央宣传部：《习近平总书记系列重要讲话读本》，学习出版社、人民出版社 2014 年版，第 53—54 页。

三、治理现代化、社会主义制度与依法治国的新理念

自 20 世纪 90 年代初，国内开始引入"治理"这一新的概念以来，如何推进我国的国家治理和社会治理就成为一个热门话题①。党的十八大首次将"治理"一词写入政治报告，表明我们党治国理政的一个理念更新。习近平关于法治的论述一方面集中于关于现代化、改革与法治关系的论述，以法治新思维应对改革新常态，以此凸显了全面推进依法治国的战略地位和全局意义；另一方面，则主要由治理现代化、社会主义发展和完善与法治的关系角度论述全面推进依法治国的总体思路和基本要求。

(一)"制度"是联系"治理"与法治的逻辑纽带

习近平关于法治中国和依法治国的论述，贯穿始终的一个核心理念是"治理现代化"，总体思路是推进国家治理体系和治理能力现代化，治理既是全面推进依法治国的核心理念，亦是习近平法治思想的思想精髓。在确立"治理现代化"这一新的法治叙述方式时，治理－制度－法治构成了一条清晰的逻辑链条，制度是联系治理和法治的逻辑纽带。现代治理是一种制度治理，法治是现代制度的核心②，树立制度权威、发展和完善制度、构建制度运行体系是现代治理体系的核心环节，制度能力是提升现代治理能力的关键，经由治理的理念，制度的中介，从而形成一个"尊重宪法和法律权威、完善现有法律体系、构建有效法治体系、运用法治思维和法治方式"的严密的内在逻辑体系。党的十一届三中全会以来，邓小平首先确立了"通过制度解决问题""从制度改革入手"的基本思路，江泽民确立了依法治国的基本战略，胡锦涛进一步将法治向党的执政问题延伸，习近平总书记则以治理的理念实现了改革开放以来制度改革的观念更新与理论综合，从而为中国共产党全面推进依法治国奠定了一个扎实的理论基础。

(二)"治理现代化"是全面推进依法治国的核心理念

党的十八大提出了"治理"概念和"构建系统完备、科学规范、运行有效的制度体系"的要求，党的十八届三中全会在此基础上首次将"推进治理体系和治理能力现代化，促进社会主义制度的发展和完善"作为全面深化改革的总目标。在

---

① 俞可平：《治理和善治引论》，《马克思主义与现实》1999 年第 5 期，第 3—5 页。
② 俞可平：《民主与法治：国家治理的现代化之路》，《团结》2014 年第 1 期，第 24—27 页。

具体阐述这一全新理念时，习近平明确指出："国家治理体系和治理能力是一个国家的制度和制度执行能力的集中体现，两者相辅相成。"习近平强调，"今天，摆在我们面前的一项重大历史任务，就是推动中国特色社会主义制度更加成熟更加定型，为党和国家事业发展、为人民幸福安康、为社会和谐稳定、为国家长治久安提供一整套更完备、更稳定、更管用的制度体系"，就是要顺应现代化的总体进程"不断提高运用中国特色社会主义制度有效治理国家的能力"①。考察习近平关于制度和治理问题的论述，一方面确立了制度是现代治理核心的理念，另一方面又揭示了制度与治理之间的辩证关系：确立制度权威和形成完备制度是实施现代治理的前提，实施现代治理的过程既是运用现有制度解决实际问题、提高制度执行能力的过程，同时又是通过治理反馈实际问题、推动制度更新，进一步促进制度发展和完善的过程，两者相辅相成，不可分割。

（三）"通过法律治理"是全面推进依法治国的思想精髓

党的十八大提出"法治是治国理政的基本方式"，在明确制度是现代治理的核心、制度与治理是辩证统一的基础上，习近平进一步由三个层面论述了全面推进依法治国的内在体系。第一，通过论述"尊重宪法权威"，强调"依法治国首先是依宪治国""依法执政首先是依宪执政"，表明了树立制度权威的重要性。宪法是国家根本大法，是治国安邦的总章程，只有树立根本法的权威才能树立制度的权威。第二，通过论述依法治国必须充分发挥人民代表大会制度作用，完善人民代表大会制度表明了完善制度体系的重要性。人民代表大会制度是我国的根本政治制度，是我国一切社会主义制度的"总开关"，只有坚持在人民代表大会制度这一根本政治制度的"统帅"下完善制度体系，才能确保治理体系现代化的正确方向。习近平强调，"要通过人民代表大会制度，弘扬社会主义法治精神，依照人民代表大会及其常委会制定的法律法规来展开和推进国家各项事业和各项工作，保证人民平等参与、平等发展权利，维护社会公平正义，尊重和保障人权，实现国家各项工作法治化"②。第三，通过论述必须全面推进依法治国，建设中国特色的社会主义法治体系，"形成完备的法律规范体系、高效的法治实施体系、严密的法治监督体系、有力的法治保障体系，形成完善的党内法规体系"，表明确保制度的执行必须建立有效的运行体系。

---

① 习近平：《在省部级主要领导干部学习贯彻十八届三中全会精神全面深化改革专题研讨班开班式上的讲话》(2014 年 2 月 17 日)。

② 习近平：《在庆祝全国人民代表大会成立 60 周年大会上的讲话》(2012 年 9 月 9 日)。

(四)提高"法治思维和法治方式"是全面推进依法治国的关键

中国共产党是领导社会主义现代化事业的核心,"提高党的执政能力""提高领导、干部、群众能力"是提高现代治理能力的核心,关键是提高运用法治思维和法治方式能力。习总书记指出:"只有以提高党的执政能力为重点,尽快把我们各级干部、各方面管理者的思想政治素质、科学文化素质、工作本领都提高起来,尽快把党和国家机关、企事业单位、人民团体、社会组织等的工作能力都提高起来,国家治理体系才能更加有效运转"①。"制度的完善和定型"是相对的,制度的发展是无止境的,只有真正在全体人民,尤其是党员干部当中确立"法治思维和法治方式",不断在全社会弘扬法治精神、优化法治环境,才能真正使我们的依法治国具备不可动摇的实践理性基础。

四、"共同推进""一体建设"与依法治国的新布局

习近平于 2012 年 12 月 4 日在首都各界纪念现行宪法公布施行 30 周年大会上的讲话中首次提出"落实依法治国基本方略,加快建设社会主义法治国家,必须全面推进科学立法、严格执法、公正司法、全民守法进程",强调"坚持依法治国、依法执政、依法行政共同推进,坚持法治国家、法治政府、法治社会一体建设"②。随后在 2013 年 2 月 24 日中共中央政治局第四次集体学习时明确提出,"我们要全面贯彻落实党的十八大精神,以邓小平理论、'三个代表'重要思想、科学发展观为指导,全面推进科学立法、严格执法、公正司法、全民守法,坚持依法治国、依法执政、依法行政共同推进,坚持法治国家、法治政府、法治社会一体建设,不断开创依法治国新局面",比较完整地阐述了法治中国建设的总体思路③。此后在他历次关于法治的讲话中不断强调和深化这一论述,党的十八届四中全会《决定》体现了习近平关于全面推进依法治国的目标任务、总体布局和基本要求的论述。

---

① 习近平:《在省部级主要领导干部学习贯彻十八届三中全会精神全面深化改革专题研讨班开班式上的讲话》(2014 年 2 月 17 日)。

② 习近平:《在首都各界纪念现行宪法公布施行 30 周年大会上的讲话》(2012 年 12 月 4 日),人民出版社 2012 年版。

③ 习近平:《在中共中央政治局第四次集体学习时的讲话》(2013 年 2 月 24 日)。

（一）全面推进依法治国的目标任务

关于全面推进依法治国的目标任务是在 2014 年 9 月 30 日中共中央政治局会议上首次提出的。会议强调，全面推进依法治国，就是在中国共产党领导下，坚持中国特色社会主义制度，贯彻中国特色社会主义法治理论，形成完备的法律规范体系、高效的法治实施体系、严密的法治监督体系、有力的法治保障体系，形成完善的党内法规体系。党十八届四中全会明确提出，全面推进依法治国，总目标是建设中国特色社会主义法治体系，建设社会主义法治国家，重大任务是"完善以宪法为核心的中国特色社会主义法律体系，加强宪法实施；深入推进依法行政，加快建设法治政府；保证公正司法，提高司法公信力；增强全民法治观念，推进法治社会建设；加强法治工作队伍建设；加强和改进党对全面推进依法治国的领导"。理解这一目标任务，笔者认为应当理解"建设中国特色社会主义法治体系"背后所蕴含深刻的理论内涵，即它是一种关于中国特色法治运行的主张，把法治运行的权力组织过程区分为立法、执法、司法和法律监督四个环节，从而与西方的立法、行政、司法的三权分立区别开，就下一步深化法治改革而言，如何实现这四种权力之间的功能分化与分工协调，打破现有的"条条块块"体制障碍，用法律将其拧成一股绳，将是一个值得关注和努力的方向。

（二）全面推进依法治国的总体布局

全面推进依法治国的总体布局问题实质上是实现目标任务。"坚持依法治国、依法执政、依法行政共同推进，坚持法治国家、法治政府、法治社会一体建设"构成了全面推进依法治国的实现路径。笔者以为，理解这一总体布局的重要思想，应当把握三个理论主线。

1. 改进党的领导方式和执政方式关键是推进依法执政

习近平指出，社会主义的本质是坚持党的领导，"我们党是执政党，坚持依法执政，对全面推进依法治国具有重大作用"[①]。坚持党的领导，就是要支持人民当家作主，实施好依法治国这个党领导人民治理国家的基本方略，把党的领导贯彻到依法治国的全过程。坚持党的领导必须要加强和改进党的执政方式，提高党的科学执政、民主执政和依法执政水平，坚持依法治国的基本方略和依法执政的基本方式。

习近平强调，依法执政首先是依宪执政。党领导人民制定宪法和法律，党领导人民执行宪法和法律，党自身必须在宪法和法律的范围内活动。宪法以最高

---

① 习近平：《在中共中央政治局第四次集体学习时的讲话》（2013 年 2 月 24 日）。

法和根本法的形式确立了党的领导地位,确立了中国特色的社会主义理论、制度和道路以及人民的基本权利和义务,是党和人民共同意志的体现。推进依法执政必须尊重宪法的权威、恪守宪法原则、弘扬宪法精神、履行宪法使命,把全面贯彻实施宪法提高到一个新水平。党的十八届四中全会明确提出要健全宪法实施和监督制度、完善全国人大及其常委会宪法监督制度、健全宪法解释程序机制,正是对于习近平全面实施宪法观点的最好回应。

与此同时,习近平以党的总书记身份指出,推进依法执政的关键是坚持"三个善于"。要"善于使党的主张通过法定程序成为国家意志,善于使党组织推荐的人选成为国家政权机关的领导人员,善于通过国家政权机关实施党对国家和社会的领导,支持国家权力机关、行政机关、审判机关、检察机关依照宪法和法律独立负责、协调一致地开展工作"①,既发挥党总览全局、协调各方的政治优势,又发挥政权机关依法履职的专门优势。推进法治建设,加强党的依法执政水平应当是决定性的②,但是真正要落实"三个善于"还是需要完善我们党的决策机制、选人用人机制和自身工作的法治化水平,可谓任重而道远。

2. 坚持依法治国的关键是依法行政,建设法治国家的重点是推进法治政府建设

执掌国家政权机关、决定政策走向是党的领导地位的最重要体现和最坚强保证,党的领导主要通过对于国家政权机关的思想、政治和组织领导来实现,同时又通过法定程序将党的主张和人民的意志上升为国家意志,成为政权机关必须履行的法定职责来实现,因此,推进依法治国、建设法治国家,首先必须依宪治国,就是要在宪法规定的国家政权组织体系之下、各政权机关(广义的政府)的职权范围之内推进政策落实与法律实施,必然要求不断提高国家政权机关依法履职能力和水平。

推进政权机关依法履职,核心是要求行政机关依法行政。行政机关(狭义的政府)肩负着执行国家法律法规、履行公共管理与服务职责的重要使命,在现代国家治理中发挥着主体作用、承担了主要责任。依法行政既是依法执政的必然要求和天然依托,又是转变政府职能、深化行政改革的基本途径和主要抓手,习近平指出,"要深入推进依法行政,加快建设法治政府……各级行政机关必须依

---

① 习近平:《在首都各界纪念现行宪法公布施行 30 周年大会上的讲话》(2012 年 12 月 4 日),人民出版社 2012 年版。

② 石泰峰、张恒山:《论中国共产党依法执政》,《中国社会科学》2003 年第 1 期,第 13—24、204—205 页。

法履行职责,坚持法定职责必须为、法无授权不可为,决不允许任何组织或者个人有超越法律的特权"①。全面推进依法治国、建设法治国家必然需要把推进依法行政、建设法治政府作为实践重点。党的十八届四中全会提出"健全依法决策机制,把公众参与、专家论证、风险评估、合法性审查、集体讨论决定确定为重大行政决策法定程序,建立行政机关内部重大决策合法性审查机制,建立重大决策终身责任追究制度及责任倒查机制",把着力点放在依法决策上,表明我国的法治政府建设将在权限法定、程序正当、信息公开的基础上进一步向责任政府迈进。

3. 推进法治社会建设的重点是坚持依法治理

政府是国家行动的组织载体,社会是上层建筑的组织基石。党领导人民治国理政、实施依法治国战略,就必须既要推进依法行政、加强法治政府建设、提高国家机关的履职能力,又要推进依法治理、加强法治社会建设、夯实法治国家的社会基础。加强法治社会建设包括提高公民的权利意识、推进社会管理创新、优化法治环境等丰富内容。党的十六大以来,加强社会建设、推进社会事业改革、创新社会管理日益成为党和政府的一项重要工作。党的十八届三中全会指出,"创新社会治理,必须着眼于维护最广大人民根本利益,最大限度增加和谐因素,增强社会发展活力",改进社会治理必须坚持系统治理、依法治理、综合治理、源头治理,加强法治保障,运用法治思维和法治方式化解社会矛盾,提高依法治理能力和水平已经成为我们党和政府维护社会和谐稳定、促进人民安居乐业的现实要求和紧迫任务。党的十八届四中全会进一步强调要增强全民法治观念、推进法治社会建设",表明增强公民法治观念、落实全民守法要求将是法治社会建设的一项重点内容。

(三)全面推进依法治国的基本要求

全面推进依法治国的基本方针就是推进科学立法、严格执法、公正司法和全民守法,它是围绕总体布局提出的基本要求,是对十一届三中全会提出的"有法可依、有法必依、执法必严、违法必究"十六字方针的深化。同时,中国共产党是全面推进依法治国的根本保障,党的领导干部是全面推进依法治国的中坚力量,可以说,全面推进依法治国的关键在党,因此,全面推进依法治国的基本要求当中亦包含了党的层面的要求:党要领导立法、带头守法、保证执法,党员干部要提高领导干部运用法治思维和法治方式深化改革、推动发展、化解矛盾、维护稳定

---

① 习近平:《在庆祝全国人民代表大会成立 60 周年大会上的讲话》(2014 年 9 月 9 日)。

的能力。

第一，全面推进依法治国，必须坚持科学立法。习近平指出，"我们要完善立法规划，突出立法重点，坚持立改废并举，提高立法科学化、民主化水平，提高法律的针对性、及时性、系统性。要完善立法工作机制和程序，扩大公众有序参与，充分听取各方面意见，使法律准确反映社会经济发展要求，更要协调利益关系，发挥立法的引领和推动作用"[①]。实际上，虽然官方已于 2014 年宣布中国特色社会主义法律体系已经建成，但是法律体系内在的不一致、不协调问题仍然比较突出，"立、改、废"并举要求我国立法部门加强法规审查工作，不断提高发现已有制度漏洞、整合新旧制度的能力，法律体系内在协调一致几乎是现代法治的普遍性要求。党的十八届四中全会明确要求必须坚持立法先行，发挥立法的引领和推动作用。深入推进科学立法、民主立法，完善立法项目征集和论证制度，健全立法机关主导、社会各方有序参与立法的途径和方式，拓宽公民有序参与立法途径。

第二，全面推进依法治国，必须坚持严格执法。习近平指出，"必须加强宪法和法律实施，维护社会主义法制的统一、尊严、权威，形成人们不愿违法、不能违法、不敢违法的法治环境，做到有法必依、执法必严、违法必究。行政机关是实施法律法规的重要主体，要带头严格执法，维护公共利益、人民权益和社会秩序。执法者必须忠于法律，既不能以权压法、以身试法，也不能法外开恩、徇情枉法"[②]。自 2004 年实施《全面推进依法行政实施纲要》以来，我国政府在深化行政审批制度改革、推进行政管理体制改革和行政执法体制改革方面力度巨大，本届政府一年多来已经分七次取消 600 余项国务院审批事项，只有真正坚持简政放权，同时不断强化行政责任，把"源头治理"、程序法定的正向引导功能和信息公开、严格责任的反向倒逼机制结合起来，"双管齐下"，严格执法才真正具有制度保障。

第三，全面推进依法治国，必须坚持公正司法。习近平反复强调，"公正司法是维护社会公平正义的最后一道防线"，"我们要努力让人民群众在每一个司法案件中都感受到公平正义"。要坚持司法为民，改进司法工作作风，通过热情服务，切实解决好老百姓打官司难的问题。要优化司法职权配置、规范司法行为、加大司法公开力度，回应人民群众对司法公正公开的关注和期待。要确保审判机关、检察机关依法独立公正行使审判权、检察权，提高司法公正水平。本轮全

①② 习近平：《在首都各界纪念现行宪法公布施行 30 周年大会上的讲话》(2012 年 12 月 4 日)，人民出版社 2012 年版。

面深化改革启动以来，司法体制改革被作为重中之重来加以推进，无论是强调政法委职能的科学定位、废除劳动教养制度，还是试点推进包括健全司法权力运行机制、深化司法公开改革、人民陪审员、人民监督员制度改革、涉法涉诉依法终结制度改革在内等各项工作，无不说明司法体制改革是本次全面推进依法治国各项举措当中的"牛鼻子"。党的十八届四中全会提出，要"完善确保依法独立公正行使审判权和检察权的制度，建立领导干部干预司法活动、插手具体案件处理的记录、通报和责任追究制度，建立健全司法人员履行法定职责保护机制"；要"优化司法职权配置，推动实行审判权和执行权相分离的体制改革试点，最高人民法院设立巡回法庭，探索设立跨行政区划的人民法院和人民检察院，探索建立检察机关提起公益诉讼制度"，表明以习近平同志为总书记的党中央深化司法体制改革，真正从制度上确保司法公正的强大决心。

第四，全面推进依法治国，必须坚持全民守法。习近平指出，要深入开展法制宣传教育，在全社会弘扬社会主义法治精神，传播法律知识、培养法律意识，在全社会形成宪法至上、守法光荣的良好氛围。要坚持法制教育与法治实践相结合，广泛开展依法治理活动，提高社会管理法治化水平。要引导全体遵守法律，有问题依靠法律来解决，确立全社会的法律信仰。要坚持依法治国和以德治国相结合，把法治建设和道德建设紧密结合起来，把他律和自律紧密结合起来，做到法治与德治相辅相成、相互促进。① 在笔者看来，当前全民守法的形势不容乐观，尤其是民粹主义泛滥、"法不责众"思想严重，需要在短时间内改变还需要做大量工作。

第五，全面推进依法治国关键在党，必须提高领导干部法治能力。习近平指出，"我们党是执政党，能不能坚持依法执政，能不能正确领导立法、带头守法、保证执法，对全面推进依法治国具有重大作用"。准确理解法治中国重要思想，必须全面认识我们党在推进依法治国过程当中的领导地位，在决定法治建设成败上的关键性作用，必须深刻领会法治中国建设对于我们各级党组织、党员干部，特别是领导干部的严格要求。习总书记多次提出，要努力提高领导干部运用法治思维和法治方式深化改革、推动发展、化解矛盾、维护稳定能力，努力推动形成办事依法、遇事找法、解决问题用法、化解矛盾靠法的良好法治环境，在法制轨道上推动各项工作②。这是一个习近平反复提及的要求，法治思维和法治方式可

---

① 习近平：《在首都各界纪念现行宪法公布施行 30 周年大会上的讲话》（2012 年 12 月 4 日），人民出版社 2012 年版。

② 何毅亭：《学习习近平总书记重要讲话》，人民出版社 2013 年版，第 33 页。

以说是习近平法治思想的一个点睛之笔。

五、结语：期待一个法治的新时代

综上所述，习近平关于法治的论述通过重新梳理法治与改革的关系，引入"治理现代化"的全新理念，突出法治思维和法治方式的重要性，深化了中国共产党关于法治的战略地位、全局意义、发展思路的认识。通过观察自习近平担任总书记以来的中国法治实践，我们可以发现，当前依法治国的具体实践不仅全面体现了他的法治总体思想和法治发展主张，同时又在司法体制改革上进行了富有成效的"重点突破"。如果说由法制到法治是改革开放以来我国法治建设的一次认识飞跃的话，那么，党的十八届四中全会提出的"建设中国特色社会主义法治体系"则实现了由法律体系到法治体系的又一次认识飞跃，说明我们党对于法治的理论认识日趋全面、完整和立体，对法治发展的决策部署日渐成熟、自信和大气。这是一种值得肯定的思想和理论进步，将有助于我们党真正把法律作为一种国家的"理性"意志，以公平正义作为法律的核心价值，通过法律来实现社会控制与社会整合，追求现代国家治理的合法性与有效性要求之间的平衡。在此思想指导下，我们期待：中国法治建设将迎来一个崭新的时代！

第九章　司法体制改革的顶层设计与关键举措

　　党的十八大以来，以习近平同志为总书记的党中央坚持"摸着石头过河"与顶层设计、总体规划相结合，全面深化"五位一体"总布局改革，推进各项工作在法制轨道上不断向前发展。司法体制改革作为全面推进依法治国的关键举措和深化政治体制改革的重要组成部分，围绕"坚持和完善中国特色社会主义司法制度，确保审判机关、检察机关依法独立公正行使审判权、检察权，努力让人民群众在每一个案件中感受到公平正义"的改革目标，提出了一系列深化改革的推进举措，引发社会各界的广泛关注和热烈讨论。笔者认为，理解当前深化司法体制改革的推进举措，必须首先把握举措背后的顶层设计问题，冷静、客观地认识和判断当前改革的整体走向，从而更好地把改革落到实处。

一、司法体制改革的顶层设计及其实施方案

（一）司法体制改革的顶层设计及其理论基础

　　注重"顶层设计"是中央新一届领导集体推进改革的核心思想，正如习近平总书记指出的"随着改革不断推进，必须加强顶层设计和总体规划，提高改革决策的科学性、增强改革措施的协调性"①。就当前关于"顶层设计"的一般理解而言，它指的是"从最高层次上去寻求问题的解决之道"②，换言之，顶层设计之决定权主要在中央最高层，其着眼点主要在宏观和总体层面，其合理性基础包括实

---

① 习近平：《关于〈中共中央全面推进依法治国若干重大问题的决定〉的说明》，《人民日报》2014 年 10 月 29 日第 2 版。
② 竺乾威：《辩证看待顶层设计与摸着石头过河的关系》，《北京日报》2013 年 1 月 7 日第 17 版。

践和理论两个层面。那么,当前关于司法体制改革的顶层设计是什么呢？其合理性基础在哪里？

笔者认为,当前关于司法体制改革顶层设计的核心特征就是强化司法权力的制度约束与尊重司法运行的内在规律的统一。一方面,司法权作为国家公共权力的重要组成部分,必须强化制度约束,实现党的十八大提出的"坚持用制度管权管事管人"和习近平总书记提出的"把权力关进制度笼子"的要求。就当前强化公共权力制度约束的一般趋势看,推进主体、职权、机构、程序、责任法定化,让人民监督权力,让权力在阳光下运行是三个基本的导向,体现在司法体制改革上就是要进一步规范司法权力运行,保障人民参与司法、监督司法和推进司法公开化,以公开促公正。另一方面,司法权力又具有不同于一般国家公共权力,尤其是行政权力的权力属性和运行规律。党的十八大以来关于深化司法体制改革的一个鲜明特征,就是比较强调尊重司法规律,尤其把"公平正义"作为司法制度的核心价值,把"权利救济、定纷止争、制约公权"作为司法制度的主要功能,把确保司法机关依法独立公正行使司法职权作为改革重点,在此基础上提出推进管理体制改革和优化职权配置的具体举措。[①]

就实践层面看,司法体制改革的顶层设计问题主要是在客观认识当前司法领域存在的主要问题和突出矛盾的基础上,科学地回答社会主义司法制度改革的目标和任务问题。而就理论层面看,则必须首先回答社会主义司法的权力属性与功能定位问题,这是确保改革方向正确性和改革举措科学性的认识论基础。司法权的职权属性与功能定位是司法理论的"元问题",是司法改革顶层设计的先决问题,它反映出一个国家对于司法权在现代国家权力体系中角色和作用的思想认识,对司法机关的组织建制、职权配置和制度保障具有决定性的影响。

考察当前司法体制改革关于此问题的认识,笔者认为,它突出地强调了司法权力的三种属性:(1)司法权的中央事权属性,由此认知切入,通过推进司法人财物省级统筹等举措,理顺司法外部体制关系,着力解决当前舆论普遍批评的司法管理体制的"地方化、行政化"问题;(2)司法权力的审判权属性,审判权是整个司法权力运行中心,以此认知出发,通过优化司法职权配置,完善司法运行机制和诉讼制度,更好地解决制约现实司法公正、高效、权威运行的问题;(3)司法权的判断权属性,即司法权的本质是判断权,司法决定的合理性建立于"援法说理"基础之上,为此必须保障司法人员,尤其是法官的独立判断,由此认知出发,通过排

[①] 孟建柱:《新形势下政法工作的科学指南》,《人民日报》2014年1月29日第7版。

除外部干预、确立司法责任制、强化职业保障等举措，更好地确保审判机关、检察机关依法独立公正行使审判权和检察权。

（二）司法体制改革的实施方案

与我们国家以往的改革推进过程相同，本轮司法体制改革主要仍然采用一种由中央明确改革总体方案，选择若干地方先行试点，在此基础上总结经验、全国推广的推进思路。具体而言有以下几点。

第一，在中共中央层面。党的十八大提出了深化司法体制改革的总体要求，即"进一步深化司法体制改革，坚持和完善中国特色社会主义司法制度，确保审判机关、检察机关依法独立公正行使审判权、检察权"。党的十八届三中全会审议通过的《中共中央关于全面深化改革若干重大问题的决定》，对深化司法体制改革作了全面部署，提出了"深化司法体制改革，加快建设公正高效权威的社会主义司法制度，维护人民权益，让人民群众在每一个司法案件中都感受到公平正义"的改革要求，并分"确保依法独立公正行使审判权检察权""健全司法权力运行机制""完善人权司法保障制度"进行了具体部署。2014 年中央政法工作会议明确了新形势下政法工作的主要任务和深化司法体制改革的基本要求。党的十八届四中全会审议通过的《中共中央关于全面推进依法治国若干重大问题的决定》（以下简称四中全会《决定》）最终明确"必须完善司法管理体制和司法权力运行机制，规范司法行为，加强对司法活动的监督，努力让人民群众在每一个司法案件中感受到公平正义"，并在"完善确保依法独立公正行使审判权和检察权的制度""优化司法职权配置""推进严格司法""保障人民群众参与司法""加强人权司法保障""加强对司法活动的监督"六个方面做了部署。

第二，在中央全面深化改革领导小组层面。2014 年 2 月 28 日，中央全面深化改革领导小组第二次会议审议通过了《关于深化司法体制和社会体制改革的意见及贯彻实施分工方案》，明确了深化司法体制改革的目标、原则，制定了各项改革任务的路线图和时间表。2014 年 6 月 6 日，中央全面深化改革领导小组第三次会议审议通过的《关于司法体制改革试点若干问题的框架意见》和《上海市司法改革试点工作方案》，对若干重点难点问题确定了政策导向，尤其是就完善司法人员分类管理、完善司法责任制、健全司法人员职业保障、推动省以下地方法院检察院人财物统一管理 4 个方面改革内容，在东、中、西部选择上海、广东、吉林、湖北、海南、青海 6 个省市先行试点，为全面推进司法改革积累经验。2014 年年底，中央政法委又批准了贵州省的司改试点方案，司法改革试点地方增加至 7 个省市。2014 年 12 月，中央全面深化改革领导小组第七次会议审议通过了

《最高人民法院设立巡回法庭试点方案》和《设立跨行政区划人民法院、人民检察院试点方案》,建议根据会议讨论情况进一步修改完善后按程序报批实施。

第三,在中央各政法机关和地方试点层面。最高人民法院于2014年7月9日公布《人民法院第四个五年改革纲要(2014—2018)》,针对8个领域,提出45项具体举措①。与此同时,围绕相关重点改革领域,中央各政法机关联合出台了一系列规定。(1)围绕涉法涉诉信访诉讼终结制度改革,中央政法委在2014年9月印发了《关于建立涉法涉诉信访事项导入法律程序工作机制的意见》《关于建立涉法涉诉信访执法错误纠正和瑕疵补正机制的指导意见》《关于健全涉法涉诉信访依法终结制度的实施意见》的三个文件。(2)围绕防止冤假错案,中央政法委下发《关于切实防止冤假错案的规定》,最高人民法院颁布了《关于建立健全防范刑事冤假错案工作机制的意见》,最高人民检察院制定了《关于切实履行检察职能、防止和纠正冤假错案的若干意见》,司法部印发了《关于认真履行司法行政机关职能、切实防止冤假错案的通知》。(3)围绕司法公开,最高人民法院于2013年11月发布了《关于推进司法公开三大平台建设的若干意见》及《人民法院在互联网公布裁判文书的规定》,要求人民法院以推进审判流程公开、裁判文书公开、执行信息公开三大平台建设为契机,打造阳光司法工程;最高人民检察院于2013年10月发布了《深化检务公开制度改革试点工作方案》。(4)围绕司法权力运行,最高人民法院于2013年10月发布《关于审判权运行机制改革试点方案》,在上海第二中级人民法院等9个中级和基层法院试行;最高人民检察院于2013年11月部署在河北等7个省(直辖市)的17个地市级检察院和基层检察院开展试点等。在地方试点层面,截至2014年12月,7个试点省市的司法改革试点方案均已获中央政法委批准。

二、围绕顶层设计展开的司法体制改革关键举措

当前司法体制改革在具体推进举措设计上,一个十分重要的特点就是坚决破除制约司法权依法独立公正运行的体制机制因素。就司法权运行的外部制约因素而言,改变当前司法机关人财物受制于地方的局面,理顺司法机关与党委、

---

① 贺小荣:《人民法院四五改革纲要的理论基点、逻辑结构和实现路径》,《人民法院报》2014年7月16日第15版。

政府的体制关系，防止司法运行的外部不当干预无疑是一个前提性的条件；就司法权运行的内部制约而言，则必须改善司法运行效能上的"三难"问题，破解司法行政化带来的"审者不判、判者不审"等老问题，优化司法机关间的职权配置，推进以审判为中心的诉讼制度改革。与此同时，强化司法人员的主体责任与职业保障，使其真正能够依法独立公正行使判断权亦是当前改革的关键举措。

（一）理顺体制关系，深化司法管理体制改革

关于现行司法体制的弊端，长期以来人们关注的焦点是"政法委"改革和"司法管理的地方化、行政化"问题，认为这是导致外部因素干扰司法正常运行、行政逻辑左右司法办案的主要原因。本次司法体制改革围绕这些问题，进行比较重大的改革举措包括以下几点。

1. 党委政法委功能的重新定位

习近平总书记在 2014 年的中央政法工作会议讲话中已经论及政法委的功能定位问题，强调要围绕三大任务、处理好三对关系。四中全会《决定》延续了这种基调，一方面强调，"政法委员会是党委领导政法工作的组织形式，必须长期坚持"，另一方面则要求"各级党委政法委员会要把工作着力点放在把握政治方向、协调各方职能、统筹政法工作、建设政法队伍、督促依法履职、创造公正司法环境上，带头依法办事，保障宪法法律正确统一实施"。

2. 实行司法机关人财物省级统筹

其中的核心问题是经费保障问题。将党的十七大以来的政法经费保障制度进行改革，将政法经费划分为"人员经费、公用经费（包括日常运行公用经费和办案（业务）经费）、业务装备经费和基础设施建设经费"四大类，在此基础上建立了分项目、分区域、分部门的政法经费分类保障政策。此次司法管理体制改革的核心思想是不再实行按行政层级分层保障体制，而是改由省一级统筹，而远期的目标则是实现司法机关人财物主要由中央统一管理和保障，力图从根本上改变司法机关受制于地方的局面。

3. 建立领导干部干预司法责任追究制度

四中全会《决定》要求"各级党政机关和领导干部要支持法院、检察院依法独立公正行使职权"，同时，提出要建立领导干部干预司法活动、插手具体案件处理的记录、通报和责任追究制度。任何党政机关和领导干部都不得让司法机关做违反法定职责、有碍司法公正的事情，任何司法机关都不得执行党政机关和领导干部违法干预司法活动的要求。对干预司法机关办案的，给予党纪政纪处分；造

成冤假错案或者其他严重后果的,依法追究刑事责任。这是一个重大的突破,现行《法院组织法》、《检察院组织法》均只规定"不受行政机关、社会团体和个人的干涉",四中全会《决定》将其扩大为"党政干部",日后如能通过立法修改落实该精神,应当更有利于实现法官、检察官依法独立公正办案。

(二)优化职权配置,健全司法权力运行机制

优化职权配置,健全司法权力运行机制,这是本次司法体制改革举措最为集中的领域,主要涉及公、检、法、司四家职权关系,上下级法院之间、法院内部审判组织之间、业务部门与综合部门之间关系的重新梳理,关键是破解司法运行机制上的"行政化"问题,创造有利于司法公正实现的内部组织和制度环境。关键举措包括以下几点。

1. 健全司法机关之间相互配合、相互制约机制

司法机关公、检、法、司四家的关系问题,由于受制于传统意识形态和苏联制度模式的影响,奉行一种"工作流水线"式的职权分工安排,各机关之间各管一段、各自负责,而不是按照法治的原理,遵循程序正义的基本要求,以落实公正审判为基本宗旨。四中全会《决定》仅仅提出要"健全公安机关、检察机关、审判机关、司法行政机关各司其职,侦查权、检察权、审判权、执行权相互配合、相互制约的体制机制",目前尚无法从中看出将重构四机关之间关系的改革意图。

2. 改革管辖和审级制度,优化法院组织职权体系

管辖与审级制度是关系法院体系内部职权配置的重大问题,亦是法院能否理顺运行机制、树立自身权威的关键环节。在管辖制度改革上,四中全会《决定》提出"最高人民法院设立巡回法庭,审理跨行政区域重大行政和民商事案件。探索设立跨行政区划的人民法院和人民检察院,办理跨地区案件",有利于人民法院更好地摆脱地方主义的影响,确保法院依法独立行使审判职权,这既是借鉴西方国家成熟做法的结果,亦是总结专门法院以往跨区管辖成功经验的结果。在审级制度的改革上,四中全会《决定》提出"一审重在解决事实认定和法律适用,二审重在解决事实法律争议、实现二审终审,再审重在解决依法纠错、维护裁判权威",不仅进一步明确了各级法院的职能定位,同时更有利于在案件分类、分流的基础上,提升各级法院的专业能力,更好发挥法院体系内部监督职能,有效维护司法权威。笔者认为,改革以后,基层法院的主要职能重在"纠纷解决",二审法院重在"案结事了",高级法院和最高法院则主要集中于促进审判监督,促进"法制统一"。

3. 推进"三个分离"改革，促进法院聚焦审判主业

四中全会《决定》提出，要"完善司法体制，推动实行审判权和执行权相分离的体制改革试点""改革司法机关人财物管理体制，探索实行法院、检察院司法行政事务管理权和审判权、检察权相分离""落实终审和诉讼终结制度，实行诉访分离，保障当事人依法行使申诉权利"，笔者将此次改革欲实现的审执分离、司行分离和诉访分离称之为新"三个分离"，以区别于肖扬时期主推的"立审分离、审执分离、审监分离"三个分离。与肖扬时期主要在法院内部实现三个分离不同，当前司法体制改革试图将判决执行、司法行政、涉法涉诉信访由法院业务中剥离出来，使之能够集中精力聚焦审判主业。笔者认为，此项如能落实到位，不仅有利于优化法院内部的人员、资源配置，提升法院工作效能和诉讼效率，亦有助于逐步增强法院专业实力，促进司法法公正的实现。

4. 建立司法责任制，"让审理者裁判、由裁判者负责"

"审者不判，判者不审"是我国现实司法运行中饱受诟病的地方，亦是学界批评司法管理行政化的主要表现，而矛盾的根源在于司法系统内部行之已久的案件审批制度和审判委员会制度。三中全会时中即已提出"改革审判委员会制度，完善主审法官、合议庭办案责任制，让审理者裁判、由裁判者负责"，四中全会《决定》则进一步明确"完善主审法官、合议庭、主任检察官、主办侦查员办案责任制，落实谁办案谁负责"，同时提出"明确各类司法人员工作职责、工作流程、工作标准，实行办案质量终身负责制和错案责任倒查问责制，确保案件处理经得起法律和历史检验"，可以说既是明确了审判过程的主体责任，亦强化了审判质量的事后责任。事实上，改革开放以来我国法院改革在此问题上着墨颇多，尤其是在强化合议庭的审判职能、推进审委员的"庭审化"改造上取得了很大进步，此次改革的重心更多地体现在进一步推进和落实以往改革的正确方向，同时更加突出强化了法院审判的事后责任，其中有效治理司法不公、司法腐败问题的意味甚浓。

5. 推进严格司法，改革以审判为中心的诉讼制度

事实认定与法律适用是司法审判的两大环节，以事实为依据、以法律为准绳则是我国司法审判的核心理念，四中全会《决定》提出要"坚持以事实为根据、以法律为准绳，健全事实认定符合客观真相、办案结果符合实体公正、办案过程符合程序公正的法律制度。加强和规范司法解释和案例指导，统一法律适用标准"。然而，就四中全会《决定》内容的比重而言，重心显然在"事实认定"，尤其在证据制度改革上，提出要"确保侦查、审查起诉的案件事实证据经得起法律的检

验。全面贯彻证据裁判规则,严格依法收集、固定、保存、审查、运用证据,完善证人、鉴定人出庭制度,保证庭审在查明事实、认定证据、保护诉权、公正裁判中发挥决定性作用"。这与近年来我国司法领域,尤其是刑事司法领域出现了许多社会影响巨大、群众反映强烈的冤假错案有直接关联。冤假错案的频繁"曝光",既与过去一段时间某些刑事办案指导思想偏差有关,比如过分强调"命案必破",导致公安机关破案压力巨大,同时更与诉讼制度,尤其是证据制度不完善有关。我国学术界自20世纪90年代来一直在呼吁引入"沉默权""非法证据排除"等制度,现行诉讼法虽在历次修改中有所体现,当前仍需按照四中全会《决定》提出的"健全落实罪刑法定、疑罪从无、非法证据排除等法律原则的法律制度"要求加快法律修改,推进司法事实认定环节上的制度完善。

(三)强化职业保障,确保依法独立公正司法

司法权的核心是审判权,审判权的本质是判断权,实现判断权的关键是法官能够独立判断、"援法说理",司法公正理念的落实和制度改革的推进,最终还是取决于法官的行动表现。笔者认为,四中全会《决定》关于司法体制改革的最大亮点就是强化了司法的职业保障,具体而言有以下几点。

1. 完善职业准入,建立法官、检察官逐级遴选制度

司法人员依法独立公正判断既是一种专业能力,同时又是一种职业伦理,通过完善职业准入,形成法治职业共同体,有助于确立和巩固司法运行的专业主导逻辑。四中全会《决定》提出要"健全国家统一法律职业资格考试制度,建立法律职业人员统一职前培训制度。建立从符合条件的律师、法学专家中招录立法工作者、法官、检察官制度,畅通具备条件的军队转业干部进入法治专门队伍的通道,健全从政法专业毕业生中招录人才的规范便捷机制"。同时,建立法官、检察官逐级遴选制度,"初任法官、检察官由高级人民法院、省级人民检察院统一招录,一律在基层法院、检察院任职。上级人民法院、人民检察院的法官、检察官一般从下一级人民法院、人民检察院的优秀法官、检察官中遴选",这将有助于我国法治职业共同体的形成,从而为法治国家建设提供一种稳定而持续的人力资源支撑。

2. 强化职业保障,建立符合职业特点的人员管理制度

强化法官的职业保障,尤其是法官的身份保障与薪酬保障是西方衡量一国司法自主性的核心指标。四中全会《决定》提出要"建立健全司法人员履行法定职责保护机制。非因法定事由,非经法定程序,不得将法官、检察官调离、辞退或

者作出免职、降级等处分"，确立了中国特色的司法人员身份保障制度。与此同时，强调要"加快建立符合职业特点的法治工作人员管理制度，完善职业保障体系，建立法官、检察官、人民警察专业职务序列及工资制度"，把薪酬保障纳入制度改革内容。事实上，强化司法职业保障是确保司法人员依法独立公正判断的制度前提，而法治职业共同体的存在则为其提供一种伦理支撑。在已开始实施的各地试点方案中，司法员额制均被作为推进职业保障制度体系建立的关键环节，首先由编制比例上保障司法一线的人员配置和专业要求，在此基础上落实身份和薪酬保障，可以循序渐进，减少改革的内部压力。而在比较法上，法官的终身制和高薪制基本上是一个通行的做法，其背后的深意是希望司法人员能够免于恐惧和利诱，只依据法律和良心进行判断，而具备共同职业伦理和事业观念的共同体的存在则更有利于强化此种内部认同，抵制经济、政治因素的不当影响。

3. 健全职业惩戒，加强司法活动的内部监督

司法作为一项专业性日益增强的活动，存在着比较显著的"信息不对称"效应，因此，最有效的监督方式应当是"同行监督"，通过规范职业行为、健全职业惩戒来消除源自司法队伍内部的腐败诱因，加强司法队伍的廉洁自律。四中全会《决定》一方面要"明确司法机关内部各层级权限，健全内部监督制约机制。司法机关内部人员不得违反规定干预其他人员正在办理的案件，建立司法机关内部人员过问案件的记录制度和责任追究制度"，另一方面则要求"依法规范司法人员与当事人、律师、特殊关系人、中介组织的接触、交往行为。严禁司法人员私下接触当事人及律师、泄露或者为其打探案情、接受吃请或者收受其财物、为律师介绍代理和辩护业务等违法违纪行为，坚决惩治司法掮客行为，防止利益输送。对因违法违纪被开除公职的司法人员、吊销执业证书的律师和公证员，终身禁止从事法律职业，构成犯罪的要依法追究刑事责任"，可以说是抓住了根治司法腐败的关键环节和重点人群，以责任倒逼法治队伍内部廉洁自律。与此同时，四中全会《决定》提出要"规范媒体对案件的报道，防止舆论影响司法公正"，可以说是对防止舆论审判、干扰司法判断的又一应对之策。

4. 加强人权的司法保障，推进司法公开和司法监督

司法权作为一项公共权力，既要尊重其运行规律，破除影响司法公正的体制机制障碍，同时又必须要顺应民主的要求，以公开促公正，接受人民的监督。司法权力的目的在于维护和保障公民权利，尤其是对当事人诉讼权利的保障更加是对抗司法权腐败滥用的最有力武器。在司法的人权保障上,四中全会《决定》提出要"强化诉讼过程中当事人和其他诉讼参与人的知情权、陈述权、辩护辩论权、申请权、申诉权的制度保障。健全落实罪刑法定、疑罪从无、非法证据排除等法律原则的法律制度。完善对限制人身自由司法措施和侦查手段的司法监督,加强对刑讯逼供和非法取证的源头预防,健全冤假错案有效防范、及时纠正机制"。在司法公开上,四中全会《决定》指出要"构建开放、动态、透明、便民的阳光司法机制,推进审判公开、检务公开、警务公开、狱务公开,依法及时公开执法司法依据、程序、流程、结果和生效法律文书,杜绝暗箱操作。加强法律文书释法说理,建立生效法律文书统一上网和公开查询制度"。在具体的推进方案中,最高法、最高检均把推进司法公开、以公开促公正作为自身的重点工作来加以优先推进。在司法民主监督上,四中全会《决定》提出要"保障人民群众参与司法。坚持人民司法为人民,依靠人民推进公正司法,通过公正司法维护人民权益",加强对司法活动的监督,尤其以完善人民陪审员和人民监督员制度为抓手,加强对审判活动和检察活动的监督。

三、协调各方关系,凝聚司法体制改革的共识与动力

当前司法体制改革在问题导向、改革方向之明确,顶层设计、实施方案理念创新之全面、推进举措之有力应当说得到了学术界的广泛肯定[1],诚如笔者上文之分析所呈现的,当前司法体制改革体现了鲜明的追求强化公共权力制度约束与尊重司法运行自身规律之统一性特色,然而,考虑到当前全面深化改革已进入深水区与攻坚期,对司法体制改革进程中必然会遇到的困难与阻力必须保持高度清醒,笔者认为,当前尤其必须注意平衡好以下四个方面的张力问题。

(一)社会外部需求与内部运行现实之间的张力

当前,我国经济发展和社会转型已进入一个重要的"拐点"时期,不仅社会矛盾仍属于高发、多发期,而且对于社会形势的判断与改革推进的方向正呈现出一个比较微妙的"观点角力"局面,必须高度重视,谨慎对待。笔者认为,司法改革虽是全面深化改革的关键举措,然而一般民众寄望于通过当前的司法改革解决

---

[1] 刘红臻:《新一轮司法改革的难题与突破——"司法改革与司法文明"理论研讨会综述》,《法制与社会发展》2014 年第 6 期,第 57—59 页。

好整个社会的公平正义问题未免使司法"承受了难以承受之重"。与此同时，"案多人少"这一困扰现实司法运行的最突出矛盾很难在短期内改变（尤其是立案制度由审查制改为登记制、公益诉讼制度的建立恐怕会引导更多案件进入法院），而社会舆论环境当中对于司法的不信任感亦有赖于改革效应的持续释放才能改变，因此，必须做好司法改革之长期性、艰巨性甚至反复性的社会心理准备。

（二）用好增量与盘活存量之间的张力

随着我国国家和社会治理方式转型进程的加快，可以预见司法在法治工作当中的地位和作用重要性将不断增强，这实际上意味着我国公共政治领域的一场资源配置重大变革，如何处理好司法体制改革推进进程中的资源配置问题会是一个相当棘手的难题。以法院职业保障制度改革为例，在现有法院人事编制数量很难有较大增长的情况下，如何通过员额制改革"盘活存量"，在保障法院一线工作人员比例的同时促进现有人员的职业转型将是一个重大的挑战。同时，新进人员（包括由律师当中选拔的人员）实现由基层和法官助理为起点向法官成长的职业发展模式，建立起以专业能力为基础的内部权威认同体系，亦只能是一个渐进的过程。

（三）强化约束与有效激励之间的张力

全面推进依法治国本质上就是强化对于公共权力的制度约束，党的十八大以来尤其注重通过严格责任来打击违法腐败，倒逼权力依法依规运行。可以预见，未来我国公共权力运行，包括司法权力的运行，制度约束将越来越强，这从客观上需要党员干部和国家机关工作人员提高法治思维和依法办事能力，尽快适应法治新形势。同时，在中国特定的政治语境内，随着制度约束的增强，如何实现制度内的有效激励将成为一个必须严肃对待的新话题，尤其在政绩考核层面，需要加快研究制定出台更符合法治新形势和政府新职能的考核指标体系。与此同时，笔者认为，随着司法人员管理制度的改革，司法工作人员，尤其是干部的"内部流动性"特征将更明显，司法体制改革关于职业保障的规定最为关键之处恐怕就在于落实薪酬保障体系，能够突破观念和体制上的"藩篱"，率先在司法队伍当中实行高薪养廉恐怕又是一个重大的挑战。

（四）顶层设计与基层创新之间的张力

当前司法体制改革主要采用的是一种地方试点先行、整体有序推进的改革模式，七个省市的试点结果将直接决定今后全国推广方案的整体预期。与经济社会改革更多的是"红利""绿灯"不同，司法体制改革作为政治体制改革的重要组成部分,改革试点更多的是一种施加限制、加强约束的行动,因此,尽管试点是地方性的,但是关注度和影响面却从一开始就是全国性的,为此,必须注意一方面要结合各地实际推进试点改革,同时亦要从一开始就关注试点的全国影响问题,关注非试点地区对于相关改革的意见建议,比如上海作为东部沿海地区的改革试点,就必须注意浙江、江苏等省的改革建议。

四、结论

总之,司法体制改革作为全面推进依法治国的关键举措,其顶层设计与推进举措能否有效落实,实际上会对法治改革全局将产生重大的影响,必须在坚持问题导向、改革方向的前提下,稳步、有序地推进,必须及时有效地回应改革进程当中出现的认识分歧与实践困扰,不断凝聚改革共识与推进动力。

第十章　建设平安中国，推进社会治理现代化

　　2004 年 5 月，在时任省委书记习近平同志的倡导下，中共浙江省委作出了建设平安浙江的决策部署。2013 年 11 月，党的十八届三中全会通过的《中共中央关于全面深化改革若干重大问题的决定》，正式提出了全面推进平安中国建设的战略举措。从平安浙江到平安中国，体现了习近平同志关于平安建设的持续思考、整体谋划和深入推进。习近平同志关于平安建设的重要论述，是习近平新时代中国特色社会主义思想的重要组成部分，为新时代全面深化政法领域改革和社会治理创新，推进我国社会治理体系和治理能力现代化提供了根本遵循。

一、习近平平安建设重要论述的萌发

（一）平安浙江战略的决策过程

　　围绕"什么是平安浙江""怎样建设平安浙江"等问题，习近平同志带领浙江省委"一班人"坚持调研先行、集中民智，精心谋划、科学决策。习近平同志初到浙江工作，就反复强调要切实做好维护稳定的各项工作。经过充分调研，省委于2003 年作出了实施"八八战略"的重大决策，体现了习近平同志站在浙江现代化事业全局高度思考和谋划平安建设的思想萌芽；从 2004 年 1 月习近平同志提出"平安浙江"这个构想，到 2004 年 5 月省委作出建设平安浙江的决定，体现了平安建设从"小平安"到"大平安"的思想形成和战略成形；从进一步完善"四位一体"现代化总体布局出发，提出建设法治浙江，并结合平安浙江建设过程中积累的实践经验，强调平安浙江建设与法治浙江建设相互融合、相互促进，体现了习近平关于平安浙江战略的思考持续深化、不断成熟。

1. 担起维护社会稳定的政治责任

维护社会稳定，是习近平同志到浙江工作以后十分关注的一大课题。2002年12月，省委十一届二次全会召开，习近平同志在讲话中提出，要充分认识维护稳定的极端重要性，扎实做好维护稳定各项工作。各级党政领导要切实承担起维护社会稳定、确保一方平安的政治责任。2003年2月18日，习近平同志在省政法部门调研时，强调要树立新的发展观和稳定观，始终坚持以经济建设为中心，扭住发展不放手，维护稳定不松劲。要把正确处理人民内部矛盾作为一个事关全局的重大问题，继续推进矛盾纠纷排查处理工作的经常化、规范化，抓决策源头防矛盾，抓热点源头疏矛盾，抓教育源头减矛盾，积极预防、及时化解各类矛盾纠纷。要围绕社会秩序良好、人民安居乐业的目标，坚持严打、严治、严防、严管紧密结合，加强社会治安综合治理。

2003年7月10日，省委十一届四次全会（扩大）会议作出了实施"八八战略"的重大决策部署。2003年9月18日，习近平同志率队到浦江县下访接待群众，首开省级领导干部下访的先河。2003年12月23日，省委召开全省信访工作会议，强调信访工作面对着千百万基层群众，直接关系发展改革稳定大局，是反映改革力度的"测量仪"，是加快发展速度的"助推器"，是评价社会稳定的"晴雨表"。2003年11月25日，习近平同志在纪念毛泽东同志批示"枫桥经验"40周年暨创新"枫桥经验"大会上发表讲话，总结提炼了浙江省学习推广"枫桥经验"的五个特点，同时强调创新"枫桥经验"，必须着眼于工作大局，在统筹发展中丰富新鲜内涵；必须营造法治环境，在依法治省中取得明显成效；必须相信依靠群众，在执政为民中践行根本宗旨；必须建立长效机制，在完善制度中实现长治久安。

2. 从"小平安"到"大平安"

2004年1月29日，中共浙江省委召开理论学习中心组学习会。习近平同志在会上强调，要全力维护社会稳定，建设一个平安的浙江。这是省委主要领导首次提出建设平安浙江的构想。随后，在省委转发的省委政法委《关于进一步加强政法工作、维护社会稳定的若干意见》中首次写入了打造平安浙江的要求。当时提出的平安浙江，主要指社会治安综合治理层面上的平安，重点包括社会稳定、社会治安和生产安全三方面内容。

2004年2月下旬，在中央举办的省部级主要领导干部专题研讨班上，胡锦涛同志对科学发展观作了系统阐述。省委深入学习贯彻科学发展观，围绕构建社会主义和谐社会，就"什么是平安浙江""怎样建设平安浙江"等问题，由省委书记、省长、省委副书记和其他省委常委分别带队深入基层、深入群众，广泛开展调查研究。4 月 22 日，习近平同志主持召开建设平安浙江工作座谈会，他强调，要适应经济社会发展的新形势，牢固树立和认真落实科学发展观，按照"八八战略"的总体部署，大力建设平安浙江，努力促进社会和谐稳定，为浙江加快全面建设小康社会、提前基本实现现代化提供重要保证。会议明确提出，平安浙江建设不能仅仅停留在社会治安层面上，必须按照经济社会全面、协调、可持续发展的要求，针对存在于政治、经济、文化、社会各个领域的不安定因素和安全隐患，开展宽领域、大范围、多层面的平安浙江建设。4 月 28 日，省委召开常委会，审议通过了建设平安浙江的工作方案、习近平同志的主报告和省委全会决议稿。5 月 10—11 日，省委召开十一届六次全体(扩大)会议，作出建设平安浙江、促进社会和谐稳定的决定。由此可见，平安浙江决策的过程，是省委领导思路不断拓展、认识不断深化的过程，是平安建设领域不断拓宽、内涵不断丰富的过程。这一着眼于"大平安"的决策部署，实际上是在省域范围内对构建社会主义和谐社会的探索和实践。

浙江省委作出建设平安浙江的决策后，引起中央领导高度关注。2004 年 5 月 21 日，时任中共中央总书记的胡锦涛作出重要指示给予充分肯定，并提出了"贵在落实、贵在坚持"的要求。时任中共中央政治局常委、国务院总理的温家宝等其他中央领导同志先后作出指示予以肯定。6 月 11—12 日，全国社会治安综合治理工作会议在杭州召开，时任中央政治局常委、中央政法委书记、中央综治委主任的罗干在会上指出，浙江省委建设平安浙江的理念和决策部署完全符合树立和落实科学发展观的要求，体现了"三个代表"重要思想，体现了中央的精神，在全国是个创举。习近平同志代表浙江省委在会上发言，就建设平安浙江的内涵、总体目标和具体目标、实现路径、工作载体、工作内容作了系统介绍，特别围绕强化平安浙江建设的基层基础工作，进一步总结、推广和创新"枫桥经验"，提出要坚持统筹兼顾、标本兼治；坚持强化基础、依靠群众；坚持完善制度、注重长效。

3. 推动平安浙江与法治浙江相互促进

省委在作出平安浙江建设决定以后，把法治浙江建设作为完善现代化总体布局的重要一环，认真谋划和推动，强调把法治浙江与平安浙江结合起来，做到相互促进。2005 年初，省委将法治浙江建设作为当年重点调研课题，由习近平同志亲自领衔。2006 年 4 月 25 日，省委十一届十次全会召开，作出了建设法治浙江的决定。习近平同志在讲话中指出，建设法治浙江，与十六大以来省委作出的深入实施"八八战略"、全面建设平安浙江、加快建设文化大省等重大决策部署,有机构成了我省经济、政治、文化和社会建设"四位一体"的总体布局,强调在当前社会建设和管理任务加重的情况下,要善于运用法律手段来调整社会关系、平衡社会利益、解决社会矛盾、促进社会和谐。法治浙江与平安浙江在内容上相互融合,在工作上相互促进,在成效上相得益彰。

(二)平安浙江战略的理论体系

习近平关于平安浙江建设的重要论述,是习近平同志带领省委"一班人"在调查研究、决策部署、深入推进平安浙江建设过程中提出的一系列重要理论观点和主张,它围绕"什么是平安""为什么要建平安""怎么建平安"等问题展开了系统论述,明确了平安浙江建设的战略地位、核心理念、思想内涵、目标任务、实践主题、基层基础、实现路径、工作方法,具有鲜明的问题导向、扎实的实践基础和严谨的理论体系,为全省上下贯彻落实平安浙江建设决策部署、促进社会和谐稳定提供了有力的思想引领和行动指南。习近平同志关于平安浙江建设的重要论述,择要而言,至少包含了八个方面的基本理论层次和重要理论观点。

1.平安浙江的战略地位——维护改革发展稳定大局的保障工程

习近平同志多次提到,建设平安浙江是"八八战略"的有机组成部分和深化细化具体化,是深入实施"八八战略"的重要保障。他深刻地指出,一定要站在政治和全局的高度,充分认识建设平安浙江、促进社会和谐稳定的重大现实意义和深远历史意义,始终做到"安不忘危,治不忘乱,存不忘亡"。他强调,要牢固树立"发展是硬道理、稳定是硬任务"的政治意识,高度重视并切实抓好维护社会稳定的各项工作,强调"发展是硬道理,是解决所有问题的关键;稳定是硬任务,是改革和发展的前提","发展是硬道理,改革是原动力,任何时候都不能动摇,但发展必须是和谐的发展,发展和改革都要以稳定为前提"。

2.平安浙江的核心理念——树立以人为本的理念

习近平同志认为,以人为本是和谐社会的最高价值理念。构建和谐社会,必须以实现人的全面发展为目标,从人民群众的根本利益出发谋发展、促发展,不断满足人民群众日益增长的物质文化需要,切实保障人民群众的经济、政治和文化权益,让发展的成果惠及全体人民。他提出,广大人民群众是建设平安浙江的受惠者,也是建设平安浙江的主体。建设平安浙江最终能否取得长远效果,关键取决于群众有没有真正发动起来、参与进去,强调要着眼于解决社会政治问题,理顺社会心态和群众情绪,在发展经济、解决好群众物质利益的同时,积极推进决策的科学化、民主化，落实群众依法享有的民主权利；坚持依法行政、公正执法，防止和纠正损害群众合法权益的行为；深入开展反腐倡廉建设，及时查处群众反映强烈的腐败问题；认真做好人民群众来信来访工作，保障人民群众依法提出建议、意见和申诉的权利；加强社会主义民主法制的宣传教育，引导群众以理性合法的方式表达诉求。

3. 平安浙江的思想内涵——是"大平安"而非"小平安"

平安浙江建设的最大特色，是摆脱传统狭隘的维稳观念的束缚，从大社会的视野来审视大平安的治理意义。早在 2004 年，习近平同志就指出，我们提出建设平安浙江中的"平安"，不是狭义的"平安"，而是涵盖了经济、政治、文化和社会各方面宽领域、大范围、多层面的广义"平安"。2005 年在接受记者采访时，习近平同志进一步明确指出，平安浙江建设，不单单是社会治安问题，我们要解决经济、社会、政治、文化诸领域的"大平安"，实际上就是要构建一个和谐社会。在平安浙江建设取得了显著成效之后，2006 年习近平同志再次重申，我们所说的平安浙江是一个"大平安"的概念，还包括建设法治浙江和加快建设文化大省、妥善协调各方利益关系、维护社会公平和正义等。从"小平安"到"大平安"，平安浙江中的"平安"概念，涵盖了经济、政治、文化和社会各个方面、各个领域的平安问题，包括了生产安全、公共安全、政治安全、经济安全等方面的内容和要求。平安浙江作为浙江省构建和谐社会的重要载体，坚持把统筹经济社会发展贯穿始终，把平安建设摆到经济、政治、文化、社会建设和生态文明建设"五位一体"的总体布局中来谋划，形成了各方面工作统筹考虑平安建设、平安建设保障和促进各方面工作的良好局面。

4. 平安浙江的实践主题——维护社会稳定、促进社会和谐

维护社会稳定是平安浙江建设的基本要求，促进社会和谐是平安浙江建设的最终目标。习近平同志高度重视维护稳定工作，提出要用联系的观点抓稳定，正确认识影响社会稳定的新情况、新特点，善于全面分析相互交织在一起的各种政治、经济、文化的因素，妥善把握工作展开的重点、步骤、时机与力度；要用发展的观点抓稳定，努力做到在经济社会的动态发展中，不断破解发展对稳定提出的新课题，不断探索做好维护稳定工作的有效方法和手段，不断建立完善维护稳定的各项工作机制；要用辩证的观点抓稳定，具体分析和区别对待各种不同性质的矛盾，敏于洞察矛盾，敢于正视矛盾，勤于分析矛盾，善于化解矛盾，最大限度地减少各类矛盾对社会稳定的影响，这为平安浙江建设确立了一种全新的维稳观。

党的十六届四中全会作出了加强社会建设、创新社会管理、促进和谐社会建设的重大决策部署,省委明确将平安浙江建设作为构建和谐社会的重要载体。习近平同志指出,平安是和谐的前提,社会不平安,和谐社会就无从谈起;和谐是平安的深化,是内在的、持续的平安。人人平安、社会和谐,是科学发展观的题中应有之义,是全面建设小康社会的重要目标。从文化渊源看,崇尚和谐,企盼稳定,追求政通人和、安居乐业的平安社会、和谐社会,这是中华文化的重要组成部分。围绕维护社会稳定、促进社会和谐这一主题,习近平同志明确了平安浙江建设的六大工作重点:一是始终保持高压态势,严厉打击各类犯罪活动;二是强化基层基础工作,努力化解人民内部矛盾;三是切实采取有力举措,保持经济持续快速协调健康发展;四是建立健全各种应急机制,全面维护社会公共安全;五是大力推进民主法治建设,切实维护人民根本利益;六是注重精神文明建设,不断提高全民素质。

5. 平安浙江的目标任务——"五个更加""六个确保"

浙江省委《关于建设"平安浙江"促进社会和谐稳定的决定》,对平安浙江建设的总体目标作了明确界定,即努力实现经济更加发展、政治更加稳定、文化更加繁荣、社会更加和谐、人民生活更加安康,确保社会政治稳定,确保治安状况良好,确保经济运行稳健,确保安全生产状况稳定好转,确保社会公共安全,确保人民安居乐业。"五个更加""六个确保"的总体目标,凸显了平安浙江建设的整体性部署和系统性路径。其中,"五个更加"涵盖了现代社会的各个主要有机构成部分,它们紧密联系、相互影响。经济发展是现代社会转型发展的基础,是创造社会物质财富的最直接动因;政治是整个社会的上层建筑,它的稳定是整个社会和谐稳定的保障;文化则是社会发展的最根本体现,也是推动社会发展的重要软实力所在;社会和谐是政治与经济发展的重要依靠,也是经济发展、政治稳定与文化繁荣的重要结果;人民生活安康则体现了一个国家政治、经济及文化发展的根本目的所在,是以人为本理念的最直接体现。"六个确保",指明了当前和今后一个时期深化平安浙江建设的工作重点,即浙江的和谐社会建设必须与现阶段浙江的发展实际相结合,直面浙江发展过程中的各种问题和挑战,建立行之有效的工作载体。

6. 平安浙江的基层基础——创新发展"枫桥经验"

习近平同志高度重视平安浙江建设的基层基础工作,强调"一方面要抓基层,确保平安创建工作在基层有人抓、有人管。另一方面要抓基础""尽量把问题解决在萌芽之中,解决在发生之初",要以创新发展"枫桥经验"为总抓手,做好平安浙江建设的基层基础工作。习近平同志科学地概括了"枫桥经验"的五个特点,即坚持统筹发展,治本抓源;坚持依法治省,以德治省;坚持以人为本,执政为民;坚持与时俱进,创新发展;坚持专群结合,群防群治。同时强调创新"枫桥经验"的"四个必须",即必须着眼于工作大局,在统筹发展中丰富新内涵;必须营造法治环境,在依法治省中取得明显成效;必须相信依靠群众,在执政为民中践行根本宗旨;必须建立长效机制,在完善制度中实现长治久安。

7. 平安浙江的实现路径——统筹兼顾、标本兼治

平安建设是一项系统工程、战略工程,平安建设怎么抓这个问题至关重要。习近平同志多次提出要统筹兼顾、标本兼治,要坚持不懈、持之以恒,要突出重点、全面推进。关于统筹兼顾,习近平同志在 2004 年年末的全省经济工作会议上首次提出了"三个统筹"的观点。一是把经济、政治、文化以及社会生活诸因素结合起来统筹兼顾。要强化执政党的社会整合功能,加强社会建设和管理,妥善协调社会利益关系,促进社会公平和正义,最广泛最充分地调动一切积极因素,共同构建社会平安与和谐。二是把服务群众与教育群众结合起来统筹。既要服务群众,又要教育群众,做到在服务中教育,通过教育群众来更好地服务群众。三是把经常性工作与阶段性工作结合起来统筹。这个观点在随后的平安建设工作推进过程中被习近平同志反复提及。关于标本兼治,习近平同志强调,"既从严治标,什么问题突出就有针对性地解决什么问题,又着力治本,充分考虑经济、政治、文化等因素,综合运用行政、法律、教育等方法,坚持依法治理,做到德法相济、打防结合、疏堵并举、上下联动,积极推进体制、机制和制度建设,努力从源头上解决问题"。

8. 平安浙江的工作格局——齐抓共管、协力推进

习近平同志反复强调,各级党委、政府要切实承担平安建设工作责任,加强对平安建设工作的组织领导、指导协调和督促检查;各级党政主要领导要负总责、亲自抓,分管领导要具体抓,班子成员要协力抓;各有关部门、单位要按照"谁主管谁负责"的原则,明确平安建设的责任分工,积极主动地履行职能,尽职尽责抓好所负担的平安创建工作。同时又要加强协调配合、群策群力,形成齐抓共管的平安创建格局。

二、习近平平安建设重要论述的深化发展

党的十八大以来,以习近平同志为核心的党中央面对国内外出现矛盾风险挑战的新形势,顺应人民群众对平安和谐的新期待,提出并部署了全面推进平安中国建设战略。习近平同志站在党和国家事业全局的高度,在多个场合、以多种形式全面系统论述了推进平安中国建设的重大意义、指导思想、目标任务、举措部署和工作要求,从各个层面深化了平安建设的思想。

(一)战略地位深化:从省域实践到国家战略

党的十八届三中全会正式提出了全面推进平安中国建设的战略目标与定位,强调"创新社会治理,必须着眼于维护最广大人民根本利益,最大限度增加和谐因素,增强社会发展活力,提高社会治理水平,全面推进平安中国建设,维护国家安全,确保人民安居乐业、社会安定有序"。从在以"八八战略"为总纲的浙江"四位一体"现代化总布局中谋划推进平安浙江建设,到在"五位一体"总体布局和"四个全面"战略布局中谋划推进平安中国建设,体现了习近平同志关于平安建设战略地位深化的思考。

党的十八大以来,以习近平同志为核心的党中央面对国内外形势变化和我国各项事业发展的新课题,紧紧围绕新时代坚持和发展什么样的中国特色社会主义,怎样坚持和发展中国特色社会主义这一根本问题,坚持辩证唯物主义和历史唯物主义,以全新的视野深化对三大规律的认识,进行了艰辛理论探索,取得了重大理论成果,形成了习近平新时代中国特色社会主义思想。其中,与平安建设直接相关的就是"明确中国特色社会主义事业总体布局是'五位一体'、战略布局是'四个全面',强调坚定道路自信、理论自信、制度自信、文化自信",强调"必须坚持在发展中保障和改善民生。建设平安中国,加强和创新社会治理,维护社会和谐稳定,确保国家长治久安、人民安居乐业"。

习近平关于平安中国建设的重要论述,始终从事关党和国家事业全局的高度,与推进法治中国建设、加强政法工作紧密结合,系统阐明了推进平安中国建设的重大意义、战略目标和重大举措,构成了习近平关于"五位一体"战略布局的重要内容,为我们全面深化政法领域改革、推进社会治理现代化指明了方向。习近平同志反复强调,要把平安中国建设置于中国特色社会主义事业发展全局中

来谋划，紧紧围绕"两个一百年"奋斗目标，把人民群众对平安中国建设的要求作为努力方向，确保人民安居乐业、社会安定有序、国家长治久安。

(二)核心理念深化：从以人为本到以人民为中心

在党的十八届五中全会上，习近平同志提出了以人民为中心的哲学思想，强调"要坚持人民主体地位，顺应人民群众对美好生活的向往，不断实现好、维护好、发展好最广大人民根本利益，做到发展为了人民、发展依靠人民、发展成果由人民共享"，这构成了新时代推进平安中国建设的核心理念。从以人为本到以人民为中心，体现了习近平平安建设重要论述的理念深化。

坚持以人民为中心的思想，首先必须坚持人民立场。习近平同志指出，人民立场是马克思主义政党的根本政治立场，人民是历史进步的真正动力，群众是真正的英雄，人民利益是我们党一切工作的根本出发点和落脚点。坚持以人民为中心的思想，就是要保障人民利益。习近平同志指出，要坚持以人民为中心的发展思想，抓住人民最关心最直接最现实的利益问题，不断实现好、维护好、发展好最广大人民根本利益，努力使全体人民学有所教、劳有所得、病有所医、老有所养、住有所居。坚持以人民为中心的思想，就是要依靠发动人民。习近平同志指出，坚持不忘初心、继续前进，就要坚信党的根基在人民、党的力量在人民，坚持一切为了人民、一切依靠人民，充分发挥广大人民群众积极性、主动性、创造性，不断把为人民造福事业向前推进等。坚持以人民为中心思想，就是要实现发展成果由人民共享。要坚持社会主义基本经济制度和分配制度，调整收入分配格局，完善以税收、社会保障、转移支付等为主要手段的再分配调节机制，维护社会公平正义，解决好收入差距问题，使发展成果更多更公平惠及全体人民。

坚持以人民为中心的思想，推进平安中国建设，就是要在谋划和推进平安建设中，牢固树立平安为了人民、平安依靠人民、平安成效由人民评判的基本理念。习近平总书记强调，要贯彻好党的群众路线，坚持社会治理为了人民，善于把党的优良传统和新技术新手段结合起来，创新组织群众、发动群众的机制，创新为民谋利、为民办事、为民解忧的机制，让群众的聪明才智成为社会治理创新的不竭源泉。要加大关系群众切身利益的重点领域执法司法力度，让天更蓝、水更清、空气更清新、食品更安全、交通更顺畅、社会更和谐有序。

(三)思想内涵深化：从"大平安"到总体国家安全观

2014 年 4 月 15 日，习近平同志在中央国家安全委员会第一次会议上提出并阐述总体国家安全观。党的十九大进一步指出坚持总体国家安全观"必须坚持国家利益至上，以人民安全为宗旨，以政治安全为根本，统筹外部安全和内部安全、国土安全和国民安全、传统安全和非传统安全、自身安全和共同安全，完善国家安全制度体系，加强国家安全能力建设，坚决维护国家主权、安全、发展利益"。这构成了新时代推进平安中国建设的重要内容。从"大平安"到总体国家安全观，体现了习近平平安建设重要论述的思想内涵深化。

习近平总体国家安全观具有丰富的内容，其中关于国家安全的十一大要素和五对关系的界定，与平安浙江建设之"大平安"的内涵形成了内在的逻辑关系。习近平同志指出，贯彻落实总体国家安全观，必须既重视外部安全，又重视内部安全，对内求发展、求变革、求稳定、建设平安中国，对外求和平、求合作、求共赢、建设和谐世界；既重视国土安全，又重视国民安全，坚持以民为本、以人为本，坚持国家安全一切为了人民、一切依靠人民，真正夯实国家安全的群众基础；既重视传统安全，又重视非传统安全，构建集政治安全、国土安全、军事安全、经济安全、文化安全、社会安全、科技安全、信息安全、生态安全、资源安全、核安全等于一体的国家安全体系；既重视发展问题，又重视安全问题，发展是安全的基础，安全是发展的条件，富国才能强兵，强兵才能卫国；既重视自身安全，又重视共同安全，打造命运共同体，推动各方朝着互利互惠、共同安全的目标相向而行。

总体国家安全是平安中国建设思想内涵支撑，它从更宽广的理论视野、更系统的思维方法为平安中国建设指明了方向。推动平安中国建设构成了贯彻落实总体国家安全观的重要内容，平安中国建设战略的深入实施为确保国家安全提供了重要的实践载体和工作保障。

(四)实践主题深化：从维护社会和谐稳定到推进社会治理现代化

党的十八届三中全会提出了全面深化改革，推进国家治理体系和治理能力现代化的新要求。从"管理"到"治理"，一字之差，蕴含着我们党治国理政的深刻思想变革，从维护社会稳定、促进社会和谐到推进社会治理现代化，体现了平安建设实践主题的深化。

习近平关于社会治理现代化的重要论述包含着丰富的思想内容，其中，保障和改善民生、创新社会治理是其两个主要组成部分。关于保障和改善民生，习近平同志指出，要继续按照守住底线、突出重点、完善制度、引导舆论的思路，统筹教育、就业、收入分配、社会保障、医药卫生、住房、食品安全、安全生产等各方面，切实做好改善民生各项工作。关于创新社会治理，习近平同志指出，必须着眼于维护最广大人民根本利益，最大限度增加和谐因素，增强社会发展活力，提高社会治理水平，维护国家安全，确保人民安居乐业、社会安定有序。要改进社会治理方式，激发社会组织活力，创新能够有效预防和化解社会矛盾的体制，健全公共安全体系。上述主题构成了新时代推进社会治理现代化的主要工作内容。

（五）目标任务深化：从"五个更加""六个确保"到"四大任务""四大环境"

党的十八大以来，习近平同志围绕认真做好新时代的政法工作提出了明确的阶段性目标任务，要求全国政法战线强化"四个意识"，坚持党对政法工作的绝对领导，坚持以人民为中心的发展思想，增强工作预见性、主动性，深化司法体制改革，推进平安中国、法治中国建设，加强过硬队伍建设，深化智能化建设，严格执法、公正司法，履行好维护国家政治安全、确保社会大局稳定、促进社会公平正义、保障人民安居乐业的主要任务，努力创造安全的政治环境、稳定的社会环境、公正的法治环境、优质的服务环境，增强人民群众获得感、幸福感、安全感。"四大任务""四大环境"是政法工作的总体目标任务要求，更是推进平安中国建设必须努力实现的目标任务，从"五个更加""六个确保"到"四大任务""四大环境"体现了习近平同志关于平安建设目标任务的深化。

新时代以来，习近平同志关于政法工作目标任务的论述经过了一个发展变化的过程。在党的十九大以前，主要强调通过平安中国、法治中国和过硬队伍三大建设，实现确保社会大局稳定、促进社会公平正义、保障人民安居乐业三大任务，从而为党和国家各项重要工作创造安全稳定的社会环境、公平正义的法治环境、优质高效的服务环境。2017 年中央政法工作会议批示上提出要把"维护国家政治安全特别是政权安全、制度安全放在第一位，提高对各种矛盾问题预测预警预防能力，为党的十九大召开营造安全稳定的社会环境"。党的十九大以来，习近平同志形成了进行"四大建设"、实现"四大任务"、努力营造"四大环境"、增强人民群众"三感"的完整论述，明确了平安中国建设的目标任务

（六）基层基础深化：从创新"枫桥经验"到坚持和发展新时代"枫桥经验"

重视基层基础，始终是习近平平安建设重要论述的鲜明主张，"枫桥经验"则是强化基层基础的有效载体和重要抓手。从强调不断创新"枫桥经验"到坚持和发展"新时代枫桥经验"，体现了习近平同志关于平安建设的基层基础深化。

关于坚持和发展"枫桥经验"，习近平指出，50 年前，浙江枫桥干部群众创造了"依靠群众就地化解矛盾"的"枫桥经验"，并根据形势变化不断赋予其新的内涵，成为全国政法综治战线的一面旗帜。浙江省各级党委和政府高度重视学习

推广"枫桥经验",紧紧抓住做好群众工作这条主线,为经济社会发展提供了重要保障。习近平同志强调,各级党委和政府要充分认识"枫桥经验"的重大意义,发扬优良作风,适应时代要求,创新群众工作方法,善于运用法治思维和法治方式解决涉及群众切身利益的矛盾和问题,把"枫桥经验"坚持好、发展好,把党的群众路线坚持好、贯彻好。

坚持和发展新时代"枫桥经验"的实质是重视社会治理现代化的基层基础问题。习近平同志指出,党的工作最坚实的力量支撑在基层,经济社会发展和民生最突出的矛盾和问题也在基层,必须把抓基层打基础作为长远之计和固本之策,丝毫不能放松。习近平同志强调,要把加强基层党的建设、巩固党的执政基础作为贯穿社会治理和基层建设的一条红线,深入拓展区域化党建。社会治理的重心必须落到城乡社区,社区服务和管理能力强了,社会治理的基础就实了。要深入调研治理体制问题,深化拓展网格化管理,尽可能把资源、服务、管理放到基层,使基层有职有权有物,更好地为群众提供精准有效的服务和管理。

(七)实现路径深化:从"统筹兼顾、标本兼治"到社会治理"四化"要求

党的十八大以来,习近平同志就平安中国建设的实现路径问题提出了新的要求,强调社会治理是一门科学,管得太死,一潭死水不行;管得太松,波涛汹涌也不行。要讲究辩证法,处理好活力和秩序的关系,全面看待社会稳定形势,准确把握维护社会稳定工作,坚持系统治理、依法治理、综合治理、源头治理。习近平同志强调要坚定不移走中国特色社会主义社会治理之路,善于把党的领导和我国社会主义制度优势转化为社会治理优势,着力推进社会治理系统化、科学化、智能化、法治化,不断完善中国特色社会主义社会治理体系,确保人民安居乐业、社会安定有序、国家长治久安。

在党的十九大报告中,习近平同志进一步指出,要完善党委领导、政府负责、社会协同、公众参与、法治保障的社会治理体制,提高社会治理社会化、法治化、智能化、专业化水平。从平安浙江建设强调"标本兼治、综合治理",到提出新时代社会治理社会化、法治化、智能化、专业化的"四化"要求,体现了习近平平安建设实现路径的深化。

(八)工作格局深化:从"齐抓共管"到"共建共治共享"

平安建设怎么抓,这是一个涉及体制机制构建的关键问题。习近平同志始终强调,平安建设必须坚持党的领导,要把党的领导贯穿平安建设的各领域全过

程。党的十八大以来，结合治理现代化的理念，提出了共建共享的全新要求；党的十九大报告，进一步提出要打造共建共治共享的社会治理格局。从平安浙江建设时期强调齐抓共管，到平安中国建设强调共建共治共享，体现了平安建设工作格局的深化。习近平同志指出，一个好的社会，既要充满活力，又要和谐有序。社会建设要以共建共享为基本原则，在体制机制、制度政策上系统谋划，从保障和改善民生做起，坚持群众想什么、我们就干什么，既尽力而为又量力而行，多一些雪中送炭，使各项工作都做到愿望和效果相统一。

习近平同志关于平安中国建设的一系列重要论述，既延续了在浙江工作期间关于平安浙江建设的基本观点、论断和要求，又在各个层面实现了理论的深化和实践的创新，站位更高、立意更远、内涵更深、主题更明、路径更清、方法更新、影响更为全面深刻，它是习近平新时代中国特色社会主义思想的重要组成部分，为全面推进平安中国建设提供了理论指导和行动指南，同时也为全面建成小康社会、实现"两个一百年"奋斗目标、实现中华民族伟大复兴提供了科学的思想指引。

三、习近平平安建设重要论述在浙江的生动实践

2019 年是实施平安浙江战略 15 周年。15 年前，习近平同志亲自擘画了平安浙江建设的宏伟蓝图，带领全省上下同心同德、真抓实干，在思想理论、体制机制、工作网络、制度规则等方面，为平安浙江建设奠定了扎实基础。2007 年以来，历届浙江省委沿着习近平同志开创的平安浙江建设路子，坚持一张蓝图绘到底、一任接着一任干，不断把平安浙江建设引向深入。特别是党的十八大以来，浙江省委认真学习贯彻习近平新时代中国特色社会主义思想，进一步加强平安浙江建设的组织领导、进一步深化理念引领、进一步提炼新的工作目标和工作抓手，推动平安浙江建设继续干在实处、走在前列。

（一）平安浙江战略的部署实施

2004 年 5 月，省委十一届六次全体（扩大）会议通过《中共浙江省委关于建设"平安浙江"促进社会和谐稳定的决定》，明确了平安浙江建设的重大意义、目标任务和工作举措，标志着平安浙江建设的正式起航。这是在习近平同志领导下，浙江省委经过精心谋划、深入调研、充分论证、集体研究，作出的一项重大战

略决策。决策作出之后,习近平同志高度重视,狠抓建章立制和任务落实,推动平安浙江建设在各个领域各方面全面覆盖、迅速展开,产生了巨大的经济、社会、政治效益,更为平安浙江的不断深化发展奠定了坚实基础。从 2004—2007 年,平安浙江建设的主要成就体现在以下几个方面。

1.“大平安”理念深入人心,建设平安浙江的思想认识日益统一、社会氛围日益浓厚

通过认真学习贯彻中央关于构建社会主义和谐社会的重要精神和省委十一届六次全会精神,通过平安创建的具体实践,全省各级党委政府和广大干部对一手抓“八八战略”实施、一手抓“平安浙江”建设的认识越来越深刻,思想越来越统一,行动越来越自觉,平安创建工作有声势、有力度、有特色,形成了各方面工作都统筹考虑平安建设、平安建设有力保障各方面工作的良好局面。同时,还加大对平安浙江的宣传力度,全省各级新闻媒体纷纷开辟专栏,广泛进行有重点、有分量、有深度的宣传报道。坚持深入发动群众、紧紧依靠群众,积极探索市场经济条件下群防群治的新路子,使建设平安浙江扎根于群众之中,逐步成为广大群众的自觉行动,“平安浙江、人人有责”的社会氛围日益浓厚。

2.“两张报表”一起抓,建设平安浙江的领导体制全面确立、工作体系基本形成

2004 年 5 月,省委成立建设“平安浙江”领导小组,省委书记、省人大常委会主任习近平担任领导小组组长,省委副书记、省长吕祖善,省委副书记、政法委书记夏宝龙担任副组长,四名省委常委担任成员。领导小组下设办公室(在省委政法委,简称省平安办)。省平安办由主任、副主任、成员组成。省平安办主任由省委政法委主持工作的副书记担任,副主任由省委、省政府相关部门负责人担任,成员为省级有关部门职能处室负责人。到 2004 年底,全省各级各部门都成立了以党委“一把手”为组长的平安建设领导小组,形成了党委政府统一领导、各部门充分发挥职能作用、社会各方共同参与的平安创建工作格局。同时,以推广建立乡镇(街道)综治工作中心为抓手,加强了基层综治委(办)和政法组织建设,形成了以基层党组织为核心、基层政权组织为基础、基层政法单位为骨干、群防群治组织为依托的工作体系,筑牢了维护社会和谐稳定的第一道防线。2005 年 9 月 23 日,省委办公厅、省政府办公厅转发省综治委《关于加强乡镇(街道)社会治安综合治理工作中心建设的意见》,明确了综治工作中心八项职责任务。

3.“指挥棒”功能充分发挥，建设平安浙江的考评体系基本形成、责任机制层层建立

坚持“重结果、动态性、群众评”的原则，2004 年 8 月省政府出台了《浙江省平安市、县（市、区）考核办法（试行）》，并制订了平安考评条件等一系列配套制度，之后每年根据形势和任务的发展变化进行修订完善，形成了比较完整的平安浙江建设考评体系。同时，以层层签订社会治安综合治理、信访、安全生产等责任书为龙头，把平安建设的目标任务层层分解落实到责任单位、责任人，建立健全了平安创建的责任机制。建立了平安办成员单位联席会议、工作通报、台账统计等制度，健全了部门齐抓共管的协调机制。

4.载体方法不断创新，建设平安浙江的基层基础不断牢固

扎实推进基层平安创建活动，广泛组织开展平安村、平安社区、平安企业、平安校园、平安市场、平安路段等系列创建活动，进一步把平安建设覆盖到全社会。创新发展“枫桥经验”，推进矛盾纠纷的排查调处工作经常化、制度化和规范化。推进基层治理的民主化、法治化，形成了“民主法治村（社区）”、温岭市“民主恳谈”、武义县后陈村务监督委员会等一批在全国有广泛影响的成功经验。加强对信访工作的领导，完善和创新各级领导干部下访约访、包案处理、越级上访劝返等制度。加强社会治安防控体系建设，增强了基层预防和控制违法犯罪的能力。强化安全生产监督管理，深化专项整治，配套健全了公共安全应急体系。加强社会保障体系建设，提高了群众特别是困难群众生产生活水平。

经过全省上下的共同努力，多年来，平安浙江建设从决策部署到全面展开，再到全面落地，取得了显著成效，人民群众安全感、满意度和社会美誉度明显提升。据国家统计局抽样调查表明，2004、2005、2006 年，全省受访群众认为有安全感的分别占 92.33％、96.39％、94.8％，连续三年高于全国平均水平。在 2005 年中央综治委组织开展的群众安全感满意率评估中，有超过 96％的被调查者认为，浙江是全国最具有安全感的省份之一。

（二）平安浙江战略的坚持发展

自 2007 年中共浙江省第十二次代表大会召开以来，省委一以贯之、坚持不懈深化平安浙江建设。全省上下紧紧围绕深入实施“八八战略”，大力推进创业富民、创新强省，紧扣创新社会管理、加强社会服务主题，以维护人民利益为根本，以促进社会和谐稳定为目标，以化解社会矛盾为主线，以创新发展“枫桥经验”为抓手，最大限度地激发社会创造活力，最大限度地增加和谐因素，最大限度地减少不和谐因素,继续推动平安创建工作走在前列,为加快建设惠及全省人民的小康社会提供有力保障。

1.突出理念创新,把社会管理与社会服务结合起来

浙江各级党委政府,牢固树立"管理就是服务""寓管理于服务"的理念,始终坚持"平安不平安,百姓说了算",以服务人民群众需求为工作导向,以人民群众满意不满意作为衡量标准,认真解决人民群众最关切的权益保障问题、最关心的公共安全问题、最关注的社会公正问题,让平安建设工作措施更加合乎人民群众的意愿。健全为民办实事长效机制,实施"惠民富民十大工程",完善流动人口服务管理机制,不断优化流动人口就业、就医、就学、社会保障等公共服务,集中力量解决影响社会和谐稳定的源头性、根本性、基础性问题。

2.突出项目建设,在社会管理重点领域求突破

编制实施《浙江省社会管理重大项目建设"十二五"规划》,大力推进"十二五"项目工程建设,基本形成具有浙江特色的社会管理项目体系。坚持目标任务化、任务项目化、项目具体化,全面推广建设矛盾纠纷调处中心、"81890"式社会公共服务平台、司法行政服务中心、网络舆情研判导控服务平台,建成了一批基层组织载体、关键基础设施、信息化系统网络等重大设施;积极探索创新重大决策社会稳定风险评估、社会治安重点地区整治、社会应急救援联动、社会组织孵化培育等机制建设,构建完善了一批社会管理服务长效机制;加强专业社工、志愿者、应急救援、社会风险专业评估等队伍建设,培养了一批社会管理人才队伍。

3.突出专项治理,着力解决影响平安的重点难点问题

坚持标本兼治、综合治理,针对不同时期、不同阶段的突出矛盾和问题,组织开展"安全生产年""矛盾纠纷化解年""信访积案化解年""走进矛盾、破解难题""县委书记大接访"等一系列活动。部署开展社会治安重点地区整治,食品药品安全、消防安全、道路交通安全、危化物品安全专项整治和打击盗抢犯罪、打黑除恶、集中处理涉法涉诉重信重访等专项行动,深入推进"十小"行业质量安全整治和规范工作,有效回应人民群众对于平安和谐的新期待和新需要。

4.突出重心下移,提升基层基础建设规范化水平

全面开展"基层基础建设年""学枫桥、保平安、促发展"等主题活动,深入实施社区和农村警务战略,大力推进基层政法综治组织建设,特别是强化乡镇(街道)综治工作中心规范化建设。以全面推广"网格化管理、组团式服务"、基层"和谐促进工程"为抓手,不断创新载体、搭建平台,提高社会管理服务的精细化水平。全面实施平安建设"细胞工程"，以乡镇（街道）为区域，深化平安村（社区）、平安家庭、平安校园、平安企业、平安市场等系列基层平安创建活动，通过抓乡镇带村居、抓街道带社区、抓系统带单位，推动基层各领域、各单位扎实开展创建活动，实现城乡互动、整体推进、平安创建全覆盖。

这一阶段，浙江省以平安浙江建设为总抓手，出色完成2008年北京奥运会、2010年上海世博会及广州亚运会等重大活动安保任务，人民群众安全感、满意度持续保持较高水平，全省刑事发案、群体性事件、生产安全事故、信访总量持续下降。

（三）平安浙江战略的深化提升

党的十八大以来，浙江省委认真学习贯彻习近平新时代中国特色社会主义思想，深入贯彻落实中央关于全面推进平安中国建设的决策部署，继续沿着习近平同志开创的平安浙江建设道路砥砺前行，各项工作向着更高要求、更强体系、更新举措、更高水平全面深化提升，平安浙江建设进入了新时代。

1. 提高站位、拉高标杆，确立了建设更高水平平安浙江、打造平安中国示范区的新目标

省委立足于浙江作为革命红船起航地、改革开放先行地、习近平新时代中国特色社会主义思想重要萌发地的政治优势，自觉践行习近平总书记对浙江提出的"干在实处永无止境、走在前列要谋新篇、勇立潮头方显担当"的新期待，坚持以"八八战略"为总纲，把深化平安浙江建设作为"六个浙江"建设的重要组成部分，并提出了建设更高水平平安浙江、打造平安中国示范区的战略目标。制定下发了《高水平建设平安浙江，打造平安中国示范区三年行动计划（2018—2020年）》，实施十大工程，抓好40个重点建设项目，推动平安浙江建设继续走在全国前列。

2. 健全责任机制、完善考评体系，提升了平安浙江建设制度化、规范化、科学化水平

浙江省委切身加强对平安浙江建设的全面领导，进一步完善组织领导机制、责任落实机制、督查考评机制，制定出台了《浙江省平安建设和社会治安综合治理领导责任制实施办法》，形成了包括结果性指标、过程性指标、督查暗访指标、群众安全感测评指标以及创新项目指标在内的"4＋1"平安浙江考评体系，建立了平安暗访项目清单和人才库，公开发布"平安浙江指数"，健全和落实平安月报表制度，为深化和提升平安浙江建设提供了有力制度保障。

3. 全面深化改革、创新社会治理，形成了平安浙江建设的强大动力

浙江省委深入贯彻中央全面深化改革的决策部署，紧紧围绕推进国家治理体系和治理能力现代化的目标，大力推进"最多跑一次"改革、"五水共治"、"三改一拆"、"四张清单一张网"、政法领域改革等一系列重大举措，为深化平安浙江建设提供了重要的政策指引和动力牵引。同时，紧密结合浙江实际，坚持问题导向，谋划和实施了一大批社会治理创新项目，建立健全维护国家安全和社会稳定体系、立体化治安防控体系、社会矛盾多元化解体系、公共安全保障体系和经济领域安全保障体系，初步构建了具有浙江特点的新型社会治理体系。

4. 突出信息化、智能化，强化了平安浙江建设的科技支撑

浙江主动适应信息技术迅猛发展的新趋势，将互联网、物联网及云计算、大数据、人工智能等技术充分应用到社会治理领域，形成新的治理理念、治理内容、治理方式和治理体制机制，从而推动社会治理整体效能提升，以智慧治理充实平安建设的核心战斗力。比如，推进"云上公安、智能防控""智慧法院""智慧检务""智慧监狱"和"雪亮工程"建设，开发应用平安建设信息系统以及平安建设APP、平安检查 APP，建设政法数字化协同工程，为社会治理插上了智慧的翅膀。

5. 善用法治思维、坚持法治方式，充分发挥法治对平安建设的引领和保障作用

省委深入贯彻全面依法治国战略，加强社会治理领域地方立法，大力推进严格执法、公正司法和全民守法，制定或修订《浙江省社会治安综合治理条例》《浙江省信访条例》《浙江省安全生产条例》《浙江省重大行政决策程序规定》《浙江省公共信用信息管理条例》等一大批地方性法规规章，加强社会治理、安全生产、食品药品安全、生态环境安全等重点领域执法司法，认真落实"谁执法谁普法"普法责任制，积极构建大普法格局，善于运用法治思维和法治方式破解平安建设难题，进一步推动平安浙江建设在法治化轨道上行稳致远。

6. 坚持和发展新时代"枫桥经验"，进一步夯实平安建设的基层基础

浙江省委把坚持发展新时代"枫桥经验"作为总抓手，尊重基层和人民群众的首创精神，大力总结推广基层的好做法、好经验，努力变盆景为风景、聚风景为全景，进一步夯实了平安建设的根基。省委全面加强基层党组织和基层政权建设，探索建立乡镇（街道）综治工作、市场监管、综合执法、便民服务"基层治理四平台"，积极构建基层治理"一张网"，大力推进"全科网格"建设，有效提升了基层就地化解矛盾纠纷能力。及时总结推广桐乡市自治、法治、德治"三治融合"基层治理模式，健全完善城乡基层社会治理体系。积极探索建立新形势下平安建设社会动员机制，加强平安志愿者队伍建设，推动社会组织参与社会治理，全面推广平安浙江 logo、充分运用"平安鼎"公众微信号等新媒体，广泛开展平安宣传，大力弘扬平安文化，进一步营造平安建设人人有责、人人参与的浓厚氛围。

党的十八大以来，平安浙江建设枝繁叶茂、硕果累累，促进了浙江经济社会发展与社会稳定同步推进、社会治理与平安建设同步提升，人民群众获得感、幸福感和安全感同步增强。2018 年浙江群众安全感调查满意率达 96.84%，连续 15 年位居全国前列。特别是通过深化平安建设，确保了 G20 杭州峰会、世界互联网大会、联合国世界地理信息大会等一系列重大活动的顺利举行，向全世界人民展现了一个平安和谐、繁荣发展、充满活力的浙江，向习近平同志为核心的党中央和全省人民交出了一张满意的答卷。

第十一章　提高法治思维与依法办事能力①

党的十八大以来,法治思维问题引起了社会各界的高度关注和热烈讨论。当前的讨论,基本上可以分为两类:一类侧重于围绕党的十八届四中全会和习近平总书记系列重要讲话中关于提高领导干部法治思维和依法办事能力的论述进行政治宣讲②;另一类则主要围绕法治思维的概念进行学理分析③。近年来,两者共同推动法治及其相关范畴不断深入主流政治话语体系之内,成为中国特色社会主义理论的核心构成要素之一④。同时,法治思维概念的提出亦标志着我国的社会主义法治建设由前期注重法治理论、法治理念的"观念输入"走向崇尚法治、厉行法治的"实践输出"。然而,当前这种讨论仍然是不能令人满意的:就

---

① 本文原载《中共浙江省委党校学报》(现名《治理研究》)2016 年第 6 期,原题为"论法治思维",收入本书时改为现名。

② 代表性论文包括:汪永清:《法治思维及其养成》,《求是》2014 年第 6 期,第 38—41 页;陈希:《提高领导干部法治思维和依法办事能力》,《人民日报》,2014 年 12 月 17 日第 7 版;李鸿忠:《法治思维是现代治理的首要思维》,《人民日报》,2015 年 1 月 14 日第 7 版;卓泽渊:《运用法治思维和法治方式推动经济社会发展》,《学习时报》,2015 年 12 月 31 日第 4 版;付子堂、陈建华:《运用法治思维和法治方式推动全面深化改革》,《红旗文稿》2013 年第 23 期等,第 1,17—19 页。

③ 代表性论文包括:孙笑侠:《法治思维的基本要领》,《学习月刊》2015 年第 1 期,第 11—13 页;张文显:《运用法治思维和法治方式治国理政》,《社会科学家》2014 年第 1 期,第 8—17 页;韩春晖:《论法治思维》,《行政法学研究》2013 年第 3 期,第 9—14 页;江必新:《法治思维——社会转型时期治国理政的应然向度》,《法学评论》2013 年第 5 期,第 3—9 页;姜明安:《法治、法治思维与法律手段——辩证关系及运用规则》,《人民论坛》2012 年第 14 期,第 6—9 页。陈金钊教授近年来关于法治(律)思维的研究着力最深,已出版相关专著多部,尤其参见其《法治思维及其法律修辞方法》(法律出版社 2013 年版)和《魅力法治的苦恋:法治理论及其思维方式研究》(上海三联书店 2015 年版)。

④ 构建一个具有中国特色的社会主义法治话语体系,使之既能够与西方自由主义的法治理论相区别,又能融入中国特色社会主义理论的话语体系,这是我国法治理论建设走向成熟过程中必须正视的一个重大理论议题。尤其是 2012 年党的十八大以来,中国共产党总书记习近平提出了"四个全面"战略布局和重要思想,将全面依法治国提升到治国理政的核心战略层面,更有必要对该问题加以深入探讨。关于社会主义法治话语体系的研究,参见顾培东:《当代中国法治话语体系的构建》,《法学研究》2012 年第 3 期,第 3—23 页。

实务界而言,存在着把法治思维做泛化理解的倾向,忽略了法治思维的内在规定性,法治思维概念不是"乾坤袋","胡塞海填"只会弱化而非强化官员和民众对于法治的理性认知和价值认同;而学术界则存在着将其与政治思维对立、与法律思维等同、与民主思维混淆的偏向,忽视这一概念在不同行动主体与运用语境中的微妙差异,因此,法治思维问题犹有深入探讨的空间。本章主要将法治思维定位为一种理性政治思维,进而申明其应有的学理规定性与实践指向性。

一、法治思维的实践指向与学理定位

(一)法治思维的实践指向

法治思维作为一个学术概念引入讨论,主要是因为 2012 年党的十八大报告首次提出要"提高领导干部运用法治思维和法治方式深化改革、推动发展、化解矛盾、维护稳定能力",此后这一提法在党的十八届三中、四中全会报告中得到延续,并由中国共产党的总书记习近平进行了系统的阐述①。就其核心主旨而言,主要是强调在推进国家治理现代化的过程中,法治思维与法治方式应具有一种相对于传统人治思维与行政命令方式的价值优先性和实践重要性。在此之前,法学界主要用法律思维这一概念讨论法治实践中的思维方式问题,其侧重点主要在法学方法论上,并且成为新世纪以来法学理论发展的一个新兴领域。2012年以后,学界对于法治思维和法治方式的讨论变得十分热烈,主要集中于法治思维的概念意义、实践应用与养成方式三大问题上,尤其围绕法治思维的概念讨论占比多数②。当前学界对于法治思维的探讨,存在着三种偏向。一是将政治思维与法治思维相对立。将现实实践中公民与政府习惯于从"政治"角度思考和解决社会问题的思维定式与学理上的法治思维概念对立起来③,但这实际上是两个思考层次的问题。二是将法治思维与法律思维等同。事实上,法律思维是一个在学理上讨论的更为成熟的概念,而法治思维则主要由官方最近提出并加以

---

① 参见中共中央文献研究室:《习近平关于全面依法治国论述摘编》,中央文献出版社 2015 年版。
② 以"法治思维"为关键词,在中国知网检索,可查得文献 3387 篇,其中 2012 年 75 篇、2013 年 525篇、2014 年 1103 篇、2015 年 1266 篇、2016 年 341 篇(截至 2016 年 7 月 30 日);在所有文献中,期刊论文有1310 篇,报纸文章 1723 篇。当前研究的文献综述,参见郑齐猛:《论法治思维》,《公民与法(法学版)》2013年第 2 期,第 8—10 页。
③ 张卫平:《法治思维与政治思维》,《浙江社会科学》2013 年第 12 期,第 144—148 页。

倡导,前者更多的是一个法学尤其是法学方法论上的概念①,后者的内涵与外延则更为广泛与宏观。三是将法治思维与民主思维混同。由于党的十一届三中全会以来,我国早期主要从民主的制度化、法制化角度倡导和推行社会主义法治建设,因而国内学界在讨论法治问题时,基本上将民主与法治并称,并未十分注意法治与民主两种治理方式内在的实践理论差异②。

思维方式是历史与现实实践的观念抽象,是引导主体行动的心智程式。笔者认为,在当下的语境下,法治思维包括法治方式、法治能力等概念的提出主要还是在解决法治实践主体(民众、官员、法律专业人士等)的思想认知、行动选择和结果评价问题,要求党员干部尤其是领导干部要学会运用法治思维和法治方式想问题、做决策、办事情,提高依法办事能力,做尊法、学法、守法和用法的模范。因此它仍然属于一般政治思维的范畴,尽管会受到职业法律人思维的影响,但主要是面向政治家、公职人员和普通民众的常人思维,而非专业思维,法治思维所提供的亦主要是一种行动的框架性指引而非具体法律意见。另一方面,法治思维作为支撑国家治理实践的诸种思维方式之一,有其特有的内在品质,体现出它在基本概念、规范价值与实践原理上的鲜明主张,不能将其一概而论,丢失其核心主旨。

(二)法治思维的学理定位

在此脉络下,我们的讨论就必须首先明确法治思维作为一般政治思维的总体内涵与作为法治实践追求的独特意蕴。

就其总体内涵而言,法治思维是一种理性政治思维。法治的核心是公民权利的保障与公共权力的控制,其基本的追求乃是克制公民与政府③在认知与实现自身利益时的情感性因素,通过法律的规范导引提高其行动的确定性与合理性。因此,法治思维总是意味着对于行为与秩序的安定性追求,时刻保持对认知

---

① 国际学界,尤其是德国,传统上将围绕法学思维方式的研究称之为法学认识论、法学方法论或法律思维,参见[德]卡尔·恩吉施:《法律思维导论》,郑永流译,法律出版社2004年版。国内比较早的探讨法律思维的文章,参加郑成良:《论法治理念与法律思维》,《吉林大学社会科学学报》2000年第4期,第3—10,96页。

② 实际上,就近代西方法治发展的历史进程而言,早期健全法制与扩大民主并不存在必然的联系,英国的亨利二世、法国的拿破仑、德国的威廉一世等欧洲君主均大力推动本国法治的发展,但其主要着眼点在于巩固中央集权和发展资本主义,民主只有在资产阶级革命之后,特别是在20世纪西方政治由精英民主转向全民民主后,才与法治形成一个整体。关于民主与法治理论关系的深入探讨,参见[德]哈贝马斯:《包容他者》,曹卫东译,上海人民出版社2002年版,尤其是《论包容——关于民族、法治国家与民主之间的关系》和《论法治国家与民主之间的内在联系》两篇文章。

③ 狭义的政府主要指行政机关,广义的政府指具体实施国家职能的国家机关,包括行政机关、立法机关、司法机关等,本文主要采用广义的概念,特此说明。

与行动上的恣意警惕。同时，此种理性政治思维所指向的乃是一般社会实践领域（尤其是政治实践领域），即它主要是一种面对主体间社会交往的实践理性，解决的是如何合理行动的问题，其中必然涉及价值的选择与权衡，因而其有效性标准不同于理论理性，正当性（或合理的可接受性）而非真理性是其更为核心的要求①。因此，法治思维总是要求公民与政府提供行动的实践性理由，避免行动判断标准上的"科学独断"。再次，就现代政治思维所诉诸的理论资源来看，强调多元主体沟通、追求程序共识的主体间理性（inter-subjective rationality）已经取代带有个体独白性质的主体理性，语言哲学而非意识哲学成为一种主导性的理论模式，哲学解释学、日常语言学、论辩理论、新修辞学、认知心理学等语用分析资源成为主要的思想养料②。因此，法治思维总是要求经由法律文本的意义澄清规制公共权力运行的裁量空间，避免日常政治话语叙述中的"含糊其辞"。

就其独特意蕴而言，法治思维应当在三个层面体现自身的价值。（1）分析范畴的更新。能否为行动者认知社会现象提供新的基本范畴与分析框架是检验法治思维的第一个尺度。行动者总是通过基本概念与分析框架去认识和把握周围的社会世界，使纷繁复杂的现象世界得以变得清晰，法治思维首先通过提供一套核心范畴去影响行动者的社会认知，"框定"行动者的认知视野。（2）核心价值的选择。能否为行动者评价自身和他人行为提供评判标准是检验法治思维的第二个尺度。与认知自然现象不同，人类认知社会世界根本上带有反思性，不仅认知是为行动服务，而且行动总是带有一定的价值取向，为此，行动的评价必须参酌其所处社会的价值体系。法治思维正是通过梳理出一个社会的核心价值清单与序列从，而为行动评价提供权衡标准。（3）治理原理的转换。能否为行动者揭示整个公共制度背后的运转原理是检验法治思维的第三个尺度。制度既是行动者行动的历时结果，反映了一种相对稳定的个体行动与社会交往模式，同时又是行动者行动的现世规范，从而为行动者在错综复杂的问题面向中找到自身行动的常规与成例。法治思维要能够给出法律制度运行的基本原理，方能使行动者的依法行为变得按部就班、习以为常。

在此基础上，笔者认为，所谓法治思维是一种运用法治的基本范畴、价值与原理去认识和解决社会问题的理性政治思维。其中，法治基本范畴是法治思维

---

① 关于当代政治哲学的主题转换，参见[德]哈贝马斯：《后形而上学思想》，曹卫东、付德根译，译林出版社 2001 年版，尤其见其第三章。

② 对 20 世纪政治社会理论的发展整体介绍，参见[美]理查德·J.伯恩斯坦：《社会政治理论的重构》，黄瑞祺译，译林出版社 2008 年版。

的认知性要素,解决的是行动者依法"如何看"的意义认知问题;法治基本价值是法治思维的评价性要素,解决的是行动者依法"能何为"的行动选择问题;法治基本原理是法治思维的体制性要素,解决的是行动者实际"如何办"的问题(行动实现)。法治思维区别于其他实践思维的定义性特征就是它总是直接或间接地依据法律规范想问题、办事情,而把握法治思维的实践要义并非是单纯地熟悉具体法条,而是领会法律规范之构成要件(范畴)、理论基础(价值)与组织语境(体制)。这是本书探讨法治思维的一个基本学理定位①。

二、法治思维的认知性要素及其内在规定性

法治思维基本范畴的确立既立基于一般哲学的认知基础,又脱胎于法律政治发展的历史实践。笔者认为,在现代法治理论上,形式与实质、过程与结果、结构与功能是三个最基本的思维范式,从中可提取出法治思维的六大基本范畴:权利(实质)、规则(形式)、程序(过程)、责任(结果)、职能(功能)、组织(结构)。其中前四大范畴可为认知公民与政府行为所通用,而后两大范畴则主要是认知政府行为的概念。与传统社会的有机国家理论不同,现代国家理论均是以功能界定国家任务与公共权力的范围与组织体系架构,侧重于强调功能与结构的匹配性,此种范畴已为一般社会科学(尤其是政治科学、公共行政学)所通用,笔者在此主要选择权利、规则、程序与责任作为分析法治思维的基本范畴,以此突显法治思维的内在特性。就历史实践基础而言,西方法治的发展模式经历了从形式法治模式到实质法治的发展,再由实质法治的困境走向程序法治模式的推陈出新②,其中,形式与实质的区分构成了近代法治思维的基础,而过程与结果的区分则为确立新的法治思维范式提供了认知框架。

(一)法治思维的四大基本范畴

权利与规则作为法治思维的基本范畴源于传统哲学上对于形式与实质的区

---

① 张立伟教授认为法治思维在不同问题和领域的运用包含了不同的层次,概括而言包括认知判断、逻辑推理、综合决策、建构制度四个层次,参见张立伟:《什么是法治思维和法治方式》,《学习时报》2014 年 3 月 31 日第 5 版。

② 关于西方法治发展的理论范式演变,参见[德]哈贝马斯:《在事实与规范之间》,童世骏译,生活·读书·新知三联书店 2003 年版,第九章。

分,在思维类型上属于实体性思维的范畴。将事物视为一种实体,进而将实体区分为形式的面向与实质的面向,以此来界定法律规则权利构成了其内在实质,规则是其外在形式,权利是法律的质料,规则是法律的外衣,这是近代法治思维的基本理论逻辑。就实践而言,近代形式法治模式构成了其思维的历史基础,它设想并推动以规则体系的建设构造出一个完整的法律秩序,将基本社会问题纳入法律调整的范围,同时以司法独立的体制保障确保规则适用的无差别性,用行为规则的明确性限制了公民和政府主观恣意的空间,而权利的确认、规则的构建又是在实践理性的指导下进行,社会关系通过权利的媒介转化为法律关系,公民的自然权利经由国家确认上升为法律权利,其实际诉求经由诉讼的渠道进入司法体系,在专业法官面前和公正程序当中获得合理的裁决,理性的社会秩序因而确立。

程序与责任作为法治思维的基本范畴源于现代哲学上对于过程与结果区分的重视,在思维类型上属于关系性思维的范畴。近代哲学对于事物的思考受制于主客两分的认知框架与实体认定的反映论困境,尤其受实证主义思潮的影响,以自然科学的认知模式为范本去设定实践问题的解决方案,易陷入盲求客观主义的死胡同。实践问题表面上看是主体对客体的把握,但实质上是主体与主体之间围绕行动方案进行沟通、达成共识的过程,其中必然牵涉价值判断;同时,主体间达成的实践方案又将反作用于既有的制度框架,形成新的行动条件,实践问题的反思性由此可见。正因为如此,过程与结果的区分就显得更具吸引力,思考的重心由实质内容的把握转向合理结果的达成,探究给出合理结果的程序性条件以及结果判断的合理性标准成为关注的焦点,"通过程序的正当化如何可能"上升为主流哲学命题。以此观察,法律就是一个保障公民权利实现的实践过程,通过正当程序建设与结果合理性审查来化解公民与公民权利之间、公民权利与政府权力之间的主体间冲突,降低主体对于实践结果的异议值成为实践重心,法律责任的确定不再单纯是满足既定形式构成要件下的确定性法律结果,而是具有裁量空间,需要同时接受合理性审查,这就是程序法治模式的基本理论要点。同时,"二战"后西方法治历史实践的进程也印证了这一点。[①]

---

① "二战"后,在新社会运动推动下,公民权利主体范围的得以扩展、新兴权利诉求不断被提出;政府的公共服务与社会保障功能得以强化,以行政权的扩张为支点推动原本泾渭分明的政府组织结构发生变化,兼具立法、行政、司法职能的独立管制机构兴起;原本公私两分的法律体系发生了实质性的交叉、融合,出现公法私法化或私法公法化,在法适用上强调立法优位、司法独立的宪法体制被宪法优位所取代,违宪审查制度普遍建立以维持现代政治运行的综合平衡;传统上的那种对于实践理性的自信、乐观被更为谨慎、低调的程序理性所取代,人们普遍相信无法在事前为所有社会问题提供答案,"法秩序无漏洞、法适用无裁量"的神话被打破,只能在既有制度条件下追求过程性调节,尽可能达成各方可接受的结果。

过程与结果范式的确立一方面回应了新的法治实践对于基本范畴更新的需要,另一方面使权利与规则这对已有范畴在新的历史背景下具备了新的内涵。就权利保障的重心而言,近代形式法治主要以个体自由的保障为核心,从而构成一个私人自主的空间,权利的功能更多的是防御政府的不当干预,这与古典自由主义的经济理论、政治哲学共同构成了一套国家治理体系,而现代权利的重心则表现在政治权的普遍化享有与社会权的政府保障义务,公民权利的角色由消极防御转向积极参与。就规则的形式而言,传统的形式规则具备严格的构成要件与法律效果,其适用上体现出最大限度的限制法官的价值评价,而现代法律则将原则条款、公共政策、不确定法律概念纳入其中,赋予行政与司法机关更多的自由裁量空间,确保裁量的合理性而非限制裁量本身成为法学理论的着墨重点。

(二)法治基本范畴的内在规定

基本范畴的确立提供了法治思维的认知框架,但是其内在不是无目的的,法治思维作为一种理性政治思维要发挥其对于传统政治思维的矫正作用,必须尊重其内在的规定性,决不可"胡塞海填"。以西方法治的历史实践为例,运用法治基本范畴分析解答社会问题,其基本规范指向是要求权利的类型化、规则的体系化、程序的正当化与责任的严格化。

1. 权利的类型化

权利反映了一国国民在其法律上的地位与实践上的需求,法治社会的公民必须通过权利来表达自身的主观诉求,要求他人或政府尊重其价值、利益关切,由此构成了政府行动的基本动力,而政府则通过确认和保障公民合理的权利来回应社会的现实需求,不同的国家会有不同的公民权利发展战略,显示出一国政府基于自身历史传统与现实条件考量下的政策选择。权利的类型化意味着必须对公民的各种诉求进行学理上的分门别类,标识出特定时期的社会需求热点焦点,同时寻求回应不同权利诉求的保障方法,从而使社会关系逐步理性化。就西方而言,权利一方面赋予国民平等的法律地位,另一方面则根据其主体特点、诉求内容、保障方式等标准区分出一般主体权利与特殊主体权利、自由权、参政权与社会权、私权利与公权利、实体性权利与程序性权利。

2. 规则的体系化

权利的类型化标识公民诉求的主观取向与社会需求的总体结构,规则的体系化则是在此基础上经由法律的形式将其明确化、具体化、程序化和严密化。经由规则的明确化,公民的主观权利诉求上升为他人与政府必须尊重的一种法律权利；经由规则的具体化，公民的抽象权利诉求具备了法律上的严密逻辑结构，其构成要件与法律效果均被规范；经由规则的程序化，公民行使其权利，维护其利益具备了国家制度上的保障（或通过依法诉讼，或通过集体行动）；经由规则的严密化，不同公民的权利诉求形成一个严密的逻辑体系，它们在内容上力求无矛盾、在效力上追求无冲突。

3. 程序的正当化

经由权利的类型化与规则的体系化，公民的行动方式与选择空间已基本理性化，然而国家的立法难免具有滞后性、法律的语言难免存在模糊性、权利/权力的实现难免目的手段的裁量性，因此，现代法治要求程序在法定化的基础上必须正当化，以一种结构性的要素、条件确保结果的合理可接受性。正当程序一般要求角色分化（具有利益对立的参与方与超然中立的裁判方）、议题控制（双方需聚焦问题，用证据说话、引法律判断）、时空压力（按既定流程、在有限时空完成）、合意强制（无强制达成合意，有合意强制执行）[①]。程序的正当化未必能确保合意的达成，但一定降低了异议的风险。

4. 责任的严格化

责任意味着对行为结果的最终评价，就法律责任而言，它实质上是一种确保行为依法而行的逆向倒逼机制，从而与程序的正向引导机制一同构成了行为理性化的"双保险"，因此，责任必须严格化，没有严格的责任就没有法律的权威。在现代法治条件下，责任的严格化意味着政府的行为不仅要满足形式合法性的要求，同时要遵循合理化原则，就其裁量行为作"目的—手段—结果"的三度评判，从而使其必须具备越来越高的专业素养。

三、法治思维的评价性要素及其基本立场

法治思维作为一种理性的政治思维形式，在运用其认知评价社会现象的过程当中，必然会面临与传统政治思维的矛盾冲突，需要我们守住其背后基本的价值立场，明确其对立面和相对面。就其实践关照而言，实现由人治思维与命令方

---

① 季卫东：《法律程序的意义——对中国法制建设的另一种思考》，《中国社会科学》1993 年第 1 期，第 84—104 页。

式转向法治思维与法治方式是当前提出法治思维命题的基本实践定位。以更为长远的视距观察,当下至少有三种政治思维方式与法治思维共同构成了现实政治实践的多维光谱:即经由两千多年封建社会传承流转所积淀的家长思维方式;经由建党九十多年以来革命、建设和"无产阶级专政条件下的继续革命"所滋养的革命思维方式;经由改革开放四十多年以来强调以经济建设为中心,坚持"效率优先",注重结果考核而形成的绩效思维方式。这三种思维方式均或隐或显地影响着现实行动者对于公民与政府关系、政府功能与行动选择的理解,在此基础上分别构成了贤人、强人和能人三种治理形态[①],法治思维正是要矫正上述思维方式之不足,增强其正向功能。

(一)法治思维的评价性要素

与传统政治思维相比,法治思维的矛盾关系可概括如下。

1. 法治思维以权利作为思维的逻辑起点和价值本位,它的对立面是权力,它的相对面是义务

法治思维要求人们在认识与行动时,以权利作为思考的起点,以义务作为其相对面,权利与义务构成了一切法律关系的核心,一方权利的实现总是以对方义务的履行为条件,每一个人在实现自身权利的同时亦必须履行其相应的义务,无义务的权利或无权利的义务是封建特权时代才有的社会现象;以权力为对立面,法治思维总是思考如何限制公共权力,政府的权力就其本质而言是保障公民权利的义务,就此而言,政府只有明定的职责,没有自由的权利,其行为必须受到权利与法律的控制。

2. 法治思维以规则作为行动的规范指引与合法依据,它的对立面是政策,它的相对面是原则

权利只有在进入法律之后才具有现实的可能性,未经法定化的权利只是公民的主观权利或应然权利,可以主张但并不构成政府的当然义务,法律构成了公民与政府行动的共同依据。法律通过规则的形式提供明确的行动指引,其构成要件与法律效果的结构性约束要求人们提供证据表现自身的行为合法性,规则的对立面是政策,其相对面是原则。政策赋予政府实现权利的裁量空间,反映了

---

① 对于中华人民共和国成立以来我国政治思维范式及其治理模式的利弊,笔者拟另撰文探讨,在此仅说明,以往的政治思维均具有人格化的政府角色想象,在行动认知与选择上,家长思维以德行证成手段,革命思维往往以动机证成手段,改革思维则以结果反证手段,其共同弊端就是均可能导致政治上的不择手段。

公共目的与其合理政策手段、结果之间的工具性考量，原则则是证成规则的实践理由，法律正是通过原则将公民的主观诉求与法律的客观规定关联起来，同时为规则证立提供了有益的价值导向。一个社会的基本冲突均可以转化为特定政策、一般原则与其规则表现之间的规范冲突，其根本考验在于须在个体与集体、利益与价值、工具理性与价值理性之间做出痛苦的抉择。

3. 法治思维以程序作为行为的正向引导与实践理由，它的对立面是流程，它的相对面是修辞

程序一般构成了行动的步骤与次序，然而现代法律程序更精准的含义是一种制度化的说理机制，其核心是通过结构性的角色安排、议题控制和合意推动确保结果的合理可接受性，因而与强调工作时间节点与结果绩效考核的流程思维构成了对立面，后者总是强调效率，而前者更在意公正。法律程序的存在并非是提供了一种绝对的结果合理担保，而是尽可能地降低了当事人对于结果的异议可能，它鼓励人说理并为其提供有效的制度保障，强调合意本身是平等、开放与无强制的，但是要求当事人必须执行其达成的合意结果（无强制的合意与可强制的执行），与此同时，它正视多元价值条件下的共识困境，注意发挥修辞在促成合意当中的作用，将其视为自身的相对面，使结果不仅合乎理智，亦顺乎情理。

4. 法治思维以责任作为行为的反向倒逼与硬性约束，它的对立面是绩效，它的相对面是豁免

程序引导着合法的行为方式、促成合理的沟通结果，责任则标识出违法的不利后果，倒逼行动依法合规，两者一正一反构成了法律上的行为约束机制。与责任不同，绩效一般要求实现积极的预期结果，并且其质量是可量化评估的，"只有更好没有最好"，而责任总是要求人们避免消极的法律评价，代价严重时足以使人们丧失基本的人身自由或政治权利，"一失足成千古恨"。与责任相对的则是豁免，后者构成了普遍责任的例外，体现出法律作用的自我限制。法治的例外并非是出于"法律不外乎人情"的德治理由，而是法治所欲调整的对象为常人（成年、具备正常心智），所欲处理之问题为常规（通常所见，可成定例），因而对于不具备行为能力之主体，存在除却违法事由或非常政治因素等所致的责任给予豁免，从而使普遍责任的适用更具理性基础。

（二）法治思维的基本立场

强调以法治思维认识与处理社会问题，并非意味着一个社会仅凭法律就可以建立一种理想的公共秩序，实际上，任何一个国家在现实中均会综合采纳多种治理方式以实现其治理目标。在此，对立面的设置主要在于明确法治思维的核心特征,揭示其相互之间可能的张力关系,防止其走向法治的反面(比如当权力为保障权利而行使时,它是正当的,反之,当其无视、倾轧权利时,则走向其反面,成为一种特权);而相对面的设置则意在指出"徒法不足以自治",必须与其相对面相互促进、相辅相成(比如,欲实现特定权利必设定相对之义务,如无义务配合,权利则孤掌难鸣)。然而,现实的生活往往体现出人性薄弱的一面,制度的存在无非是矫正其任性,就此而言,我们必须申明现代法治思维基本的价值立场。

与传统的政治思维不同,法治思维内在的要求它坚持如下基本立场。(1)实践理性论。法治所面对的是日常实践问题,旨在促进公民与政府行动的理性化,防止其恣意。法治所体现的理性,来源于实践本身,必须反映社会主体的价值共识,因而不能将法治问题还原为单纯地利益调节问题,用经济的思维解决社会问题,更不能将自然科学上的认知模式强套于社会问题,用技术和工具理性取代价值理性。(2)权利本位论。法治的目的在于保障公民权利,公共权力因公民权利而存在,权利是目的,权力是手段。任何一种公共权力,无论其出于何种理由或动机,无论其许诺将带来何种有益的结果,当其运用时无法体现出对于权利的应有敬畏时,我们均应当毫无保留的选择支持权利,反对权力的滥用。(3)规则至上论。明确规则的存在代表着一种稳定的行为预期,无论是公民行使其权利还是政府履行其职责,均必须遵守其既定规则的行动边界,无论手头的规则看上去如何令人不满意,在其没有被修改之前,我们仍然必须遵守,这是法治获得其权威性的不二法门。(4)程序优先论。法律程序的价值不能再仅仅以目的与手段的关系来界定,而是必须放在过程与结果的框架内审视,法律程序之所以必须优先保障,是因为在价值多元的前提下,我们已很难就"什么是对所有人最好的结果"这一问题达成共识,只能追求通过正当的程序确保公正的结果。(5)责任严格论。责任严格是落实"法律面前人人平等"这一法治箴言的最好注脚,没有严格的责任,尤其是做不到政府责任的无可逃避性,法治的承诺就会变成一种空头支票,沦为治人之法。

四、法治思维的体制性要素及其治理原理

(一)法治思维的体制性要素

现实的实践既是主体发挥其主观能动性进行理性认知与审慎选择的结果,

同时又是仰仗现行制度为其提供的背景知识与可能条件，使其具备现实可能性的结果。运用法治思维认识和解决社会问题，不仅要掌握法治的基本范畴和基本立场，同时还必须理解法律制度和法治体制的运转原理及其背后所蕴藏的现实社会需求，从而使主观的理性选择符合现代化的基本趋势。笔者认为，中国所欲实现的治理现代化，尽管必须由自己的国情（包括历史传统、发展阶段、政治体系等）出发，选择合适自己的发展道路，然而它仍然会面临与西方的现代化过程中已经遭遇的共通性问题，其中，顺应现代社会的分化趋势与整合要求，实现国家治理的法治化就是一个基本趋势。

与传统社会结构的简单、同质不同，现代社会是多元和复杂的。无论西方现代化的真实进程是韦伯所说的"新教伦理"作用的结果，还是涂尔干所说的"劳动分工"亦或是马克思强调的"工业资本主义生产方式"推动的结果，实践领域及其知识形态的分化是现代社会发展过程中无可争辩的事实，社会秩序的整合是现代治理中无可回避的难题。就分化趋势而言，社会日益分化为经济、政治、文化等行动亚系统，其内部形成了独立的行动逻辑与知识储备，就整合的要求而言，如何在价值与利益多元的条件下寻求共识成为社会秩序构建的关键，其中，系统内部的专业整合与社会整体的一般整合成为两种最基本的社会整合机制。反映在理论上，经典社会学家中，涂尔干最早系统地研究了社会整合问题，而洛克伍德区分的系统整合与社会整合为此奠定了基本的分析框架，而以帕森斯为代表的结构功能主义、以卢曼为代表的系统功能主义相对比较偏重社会系统内在的整合功能分析（系统整合），而符号互动论、哈贝马斯的交往行动理论则更为关注社会的一般整合机制（社会整合）。在笔者看来，现代治理最终采用法治这一基本方式不是偶然的：一方面，法治通过规则体系的建设设定了各个系统的自主地位与行动边界，既尊重了其内在的专业治理要求，同时又防止其行动逻辑越界搅乱其他亚系统的行动秩序；另一方面又通过公正的法律程序为整个社会提供了基本的价值共识，实现了整个社会的有限整合（但是总体上现代社会的整合力度不如传统社会紧密），法治在现代社会中发挥着控制与整合的双重功能。

（二）法治思维的基本原理

现代治理采用法治这一基本方式顺应了现代化进程的发展趋势，而法治自身的运转原理亦是遵循前述趋势的结果。在笔者看来，形式法治背后的基本的运作原理有三个。（1）转化原理。即通过规则体系的创设尽可能将社会问题转化为法律问题，以求社会问题的合理解决。就西方历史发展看，各国普遍经历过一个大规模的法律体系建设过程，所不同的是，英国法律体系的形成早期主要依靠普通法院的努力逐渐形成普通法和衡平法体系,而资产阶级革命之后议会立法的作用更为突出,大陆法系的代表国家法国和德国则先后经历了一个国家立法的法典化运动,但是其结果都是形成了一个能够涵盖基本社会关系领域的法律体系。(2)阻隔原理。即在依法处理社会问题时,尽可能阻隔政治意志的影响,尊重司法机关的独立裁判,以求社会问题的公正解决。这一原理的历史实现就是各个国家逐步确立司法独立的制度保障的过程。在此之前,法官不是依附于教会,就是依附于国王或者其他具有政治优势者,随着资产阶级革命的深入,法官应免于物质匮乏和恐惧而公正独立裁判的理念深入人心,进而在制度上确立了法官身份、薪酬等保障。(3)优位原理。即在处理社会问题时,以理性、公正的法律作为判断是非曲直的主要标准,法律的效力优位于人的意志。在西方的传统历史语境里,法律作为公平正义或理性的化身具有宗教或习俗上的神圣渊源,近代以来,法律又作为人民主权的普遍意志而具有相对于公共权力的优位性和自身的正当性。将近代法治建设背后的这三个原理结合起来看,因为解决了制度体系的完备性、制度执行的平等性与制度本身的正当性,一种全体社会成员服从形式规则的治理模式成为可能。

现代法治相对于近代法治而言,由于社会情势的发展,国家、政府的功能定位发生变化(由警察国家向福利国家、由秩序行政向服务行政转变),导致行政权力迅猛扩张,从而引发国家治理结构与治理方式的总体变化,治理原理亦随之调整。就转化原理而言,政府制定的公共政策在制度供给中的地位和作用日益突出,公共权力的控制模式由严格的规则模式转向综合的权衡模式,不仅讲求形式的合法性,更要求符合目的、手段和结果之间的合理匹配。就阻隔原理而言,形式法治体制的要害在于区分政治和法律问题(要求司法机关必须奉行消极、中立原则处理社会问题),而现代法治则进一步区分政治与行政,要求行政机关内部的公务员奉行行政中立的原则,以此增加行政行为的专业技术性,以化解日益复杂的社会问题。就优位原理而言,由于吸取了20世纪以来法西斯主义等极权主义利用民主的手段侵害人权、破坏法治的惨痛教训,传统的人民(议会)主权和立法至上观念得到反思,利用宪法控制政治机关滥用权力的体制得以普遍建立,形成了美国的司法审查、德国的宪法法院和法国的宪法委员会等制度实践模式,宪法的优位性取代了法律的优位性。尽管如此,诸如以理性限制恣意、以权利限制权力、法的权威高于人的权威等法治核心理念依然没有改变。

五、结论

诚如上文所分析的，运用法治思维分析和解决社会问题，在行为认知、行动选择、行动实现的各个层次上均有其深刻的理论意蕴。法治思维作为一种理性的政治思维，其运作要害在于必须始终秉持一种实践理性立场，运用法治的基本范畴将纷繁复杂的社会问题转化为法律问题，在既定的规则体系之内和正当程序之中合理地解决社会问题，从而最终实现公民权利的保障和公共权力的控制。在当下的中国现实政治运行中，运用法治思维和法治方式解决问题可能不是最高效的，但它一定的相对最为理性和贻害最小的。尤其是随着全面依法治国的深入推进，在社会主义法治体系的制度完备程度和实施监督力度不断增强的背景下，法治思维和法治方式正日益成为我们党和政府治国理政的基本方式。

浙江实践篇

第十二章　法治浙江建设的发展
历程与基本经验①

依法治国是党领导人民治理国家的基本方略,法治是治国理政的基本方式。法治兴则国家兴,法治强则国家强。浙江是我国改革开放和市场经济的先发之地,在区域发展中走在全国前列,也较早遇到发展带来的新情况、新问题。面对这些问题和挑战,浙江省委立足本省实际,探索运用法治思维和法治方式深化改革、推动发展、化解矛盾、维护稳定的方式,较早谋划并积极推进法治浙江建设,走出了一条经济发达地区法治先行先试的新路子,为坚持中国特色社会主义政治发展和法治建设道路、推进法治中国建设,积累了鲜活生动的实践经验。

一、法治浙江建设的发展历程

(一)法治浙江建设的酝酿与形成

1996 年,浙江省委根据发展实际,提出了依法治省的目标要求,省人大常委会作出了依法治省的决议。1997 年 9 月,党的十五大明确提出了"依法治国,建设社会主义法治国家"的治国方略,标志着我国民主法制建设进入了新的历史阶段,也对浙江法治建设提出了新的要求。2000 年,省委作出了《关于进一步推进依法治省工作的决定》。党的十六大以来,省委进一步抓好贯彻落实,把法治建设贯穿于改革和发展的各项工作之中。

"十一五"时期前后,浙江发展站在了新的历史起点上,进入了全面建设小康社会的攻坚阶段、加快社会主义现代化建设的关键时期。社会主义先进生产力

---

① 本文原载《全面深化法治浙江建设读本》(浙江工商大学出版 2016 年版)第一章,收入本书时作了删减。

的发展和市场经济体制的不断完善,对生产关系和上层建筑的调整提出了新的要求;社会主义民主政治的不断发展和人民参与政治积极性的不断提高,对进一步落实依法治国基本方略提出了新的要求;改革的深化和各种利益关系的不断调整,对从法律和制度上统筹兼顾各方面利益提出了新的要求;社会结构和社会组织形式发生的深刻变化,对正确处理人民内部矛盾、依法加强社会建设和管理提出了新的要求;人们思想活动的独立性、选择性、多变性、差异性的增强,对强化马克思主义在意识形态领域的指导地位、树立社会主义法治理念和社会主义荣辱观提出了新的要求。所有这一切,都对党的执政能力特别是科学执政、民主执政、依法执政提出了新的要求。

面对新形势新要求,早在 2005 年,浙江省委就把建设法治浙江作为年度重点调研课题,由时任省委书记的习近平同志亲自主持,并专门成立了由省委分管领导牵头的建设法治浙江工作筹备小组,进行了深入系统的调查研究工作。省人大、省政协和各民族党派、无党派人士以及理论工作者也积极建言献策。2006年 2 月 5 日,省委召开理论学习中心组学习会,专题学习和研究有关法治建设的理论问题和实践问题,进一步谋划和理清法治浙江建设的思路。在这次学习会上,习近平同志明确指出,根据党中央的总体部署,浙江现在提出的法治浙江建设,与之前的“八八战略”、平安浙江、文化大省等战略部署,共同构成了浙江全面建设小康社会、提前基本实现现代化的总体布局。

2006 年 4 月,浙江省委十一届十次全会审议通过了《关于建设“法治浙江”的决定》,标志着浙江在“十一五”开局之年,率先吹响了法治建设的号角。建设法治浙江是浙江省委根据中央的决策部署,对依法治省的进一步深化和发展,是对浙江现代化建设总体布局的进一步完善。会议明确了推进“法治浙江”建设的总体要求:高举邓小平理论和“三个代表”重要思想伟大旗帜,全面落实科学发展观,致力于构建社会主义和谐社会,牢固树立社会主义法治理念,坚持社会主义法治的正确方向,以依法治国为核心内容,以执法为民为本质要求,以公平正义为价值追求,以服务大局为重要使命,以党的领导为根本保证,在浙江全面建设小康社会和社会主义现代化建设进程中,通过扎实有效的工作,不断提高经济、政治、文化和社会各个领域的法治化水平,加快建设社会主义民主更加完善,社会主义法制更加完备,依法治国基本方略得到全面落实,人民的政治、经济和文化权益得到切实尊重和保障的法治社会,使我省法治建设工作整体上走在全国前列。同时,会议明确,把坚持和改善党的领导,坚持和完善人民代表大会,坚持和完善共产党领导的多党合作和政治协商制度,加强地方性法规规章建设,加强法治政府建设,加强司法体制和工作机制建设,加强法制宣传教育,确保人民的政治、经济和文化权益得到切实尊重和保障八个方面作为建设法治浙江的主要任务。省委十一届十次全会科学地回答了为什么要建设法治浙江、建设什么样的法治浙江、怎样建设法治浙江等重大问题。

为贯彻省委十一届十次全会精神,扎实推进法治浙江建设,2006年5月,省人大常委会通过《浙江省人民代表大会常务委员会关于建设"法治浙江"的决议》;6月,省政府出台了《浙江省人民政府关于推进法治政府建设的意见》,省政协自2005年以来持续开展为推进建设"法治浙江"建言献策的活动。与此同时,省委成立了建设"法治浙江"工作领导小组及其办公室。2006年12月18日召开了省委建设"法治浙江"工作领导小组第一次会议。时任浙江省委书记的习近平在会上指出,法治是构建社会主义和谐社会的重要内容、重要保证和重要途径。要从构建社会主义和谐社会的高度深化对建设"法治浙江"的认识,全面理解和把握构建社会主义和谐社会的指导思想、目标任务、工作原则和重大部署,把构建和谐社会的理念和措施贯彻到经济、政治、文化和社会建设的各项工作中去,贯彻到建设"法治浙江"的各项工作中去,使建设"法治浙江"为构建和谐社会提供服务、提供支撑、提供保障。在省委的领导下,全省各地、各部门按照省委第十一届十次全会的要求,迅速行动起来、积极落实,全面部署、细化措施,建章立制、加强指导,精心组织、落实责任,讲法治、重法治、求法治的良好氛围逐步形成。

(二)法治浙江建设的丰富和发展

2007年3月,中共中央决定,赵洪祝同志任浙江省委委员、常委、书记,法治浙江建设进入新的发展时期。6月12日至16日,中共浙江省委第十二次代表大会在杭州召开,时任省委书记的赵洪祝代表中共浙江省委作题为《坚持科学发展促进社会和谐 全面建设惠及全省人民的小康社会》的工作报告。大会指出,今后5年全省工作的总体要求是:高举邓小平理论和"三个代表"重要思想伟大旗帜,全面贯彻落实科学发展观,深入实施"八八战略",加快建设"平安浙江"、文化大省、"法治浙江",坚持以又好又快发展、全面改善民生为主线,以改革开放、自主创新为动力,以加强党的执政能力建设和先进性建设为保证,坚定不移地走创业富民、创新强省之路,扎实推进我省社会主义经济、政治、文化和社会建设,不断开创党的建设新局面,全面建设惠及全省人民的小康社会,为加快构建和谐浙江、率先基本实现社会主义现代化打下坚实基础。2007年11月5日至6日,中共浙江省委十二届二次全体(扩大)会议深入学习贯彻党的十七大精神,听取和讨论了赵洪祝代表省委常委会所作的工作报告,审议通过了《中共浙江省委关于认真贯彻党的十七大精神,扎实推进创业富民创新强省的决定》。12月25日下午,省委建设"法治浙江"工作领导小组举行会议,会议系统总结了过去一年建设"法治浙江"的工作情况,研究部署推进"法治浙江"建设的下一步工作。在这次会议上,时任浙江省委书记的赵洪祝要求坚持以党的十七大精神为指导,从坚持依法治国、发展社会主义民主政治的高度,深化对建设"法治浙江"的认识;要求建设"法治浙江"必须始终突出推动党的领导和各项工作法治化这一工作主题;要求建设"法治浙江"必须全面服务于"创业富民、创新强省"这一总战略;要求切实加强各级党委对法治工作的领导,形成建设"法治浙江"的强大合力。在省委的号召和带动下,全省上上下下进一步增强了建设"法治浙江"工作责任感和使命感,形成了一些有效的具体工作载体,提高了各个领域的法治化水平,推动了科学发展,促进了社会和谐。

2008年以来,法治浙江建设紧紧围绕全面贯彻落实党的十七大和省第十二次党代会精神,着力完善发展理念和体制机制,不断创新工作平台和载体,推动我省法治事业不断丰富和发展。2008年4月,省委召开十二届三次全体(扩大)会议,审议通过了《中共浙江省委关于全面改善民生促进社会和谐的决定》,强调要深入贯彻党的十七大精神和省第十二次党代会精神,全面落实科学发展观,着眼于扎实推进"创业富民、创新强省"总战略,研究部署全面改善民生工作。9月,省委十二届四次全会召开,审议通过了《中共浙江省委关于深入学习实践科学发展观,加快转变经济发展方式、推进经济转型升级的决定》。2009年5月,省委十二届五次全体(扩大)会议在杭州举行,审议通过了《中共浙江省委关于深化改革开放推动科学发展的决定》。这一时期,省委关于法治浙江建设的理念和思路进一步明确,就是要通过法治建设"促增长、促民生、促和谐",围绕着转型升级以法治的思路和办法来化解难题、提供服务、助推发展。在此基础上,2008年1月,在浙江省十一届人大一次会议上,省长吕祖善郑重承诺,今后五年,浙江要充分运用和优化配置公共资源,研究采取有力举措,部署实施"全面小康六大行动计划",其中,贯彻落实公民权益依法保障行动计划成为我省"十一五"时期法治建设新的重要抓手。7月,省政府印发《公民权益依法保障行动计划》,提出到2012年,建设法治政府的工作任务和要求得到全面落实,土地征收、房屋拆迁、社会保障、食品药品、安全生产、环境保护、劳动就业、教育事业等领域的突出问题得到有效解决,公民权益保护和实现程度得到明显提高。

2009年下半年,省委又把基层基础工作作为法治浙江建设的一个重要环节和突破口来抓。在当年8月举行的省委建设"法治浙江"领导小组会议上,时任省委书记的赵洪祝指出,面对新的形势和任务,我们一定要充分认识做好"法治浙江"基层基础工作的重要性和紧迫性,切实增强忧患意识、责任意识、发展意识,真正把基层基础工作放在法治建设的基础性、战略性地位来思考和谋划,坚持重基层、打基础、强基本,在新的起点上推进"法治浙江"建设。2011 年 6 月,为贯彻落实党中央加强和创新社会管理的重要决策,省委十二届九次全会审议通过了《中共浙江省委关于加强和创新社会管理的决定》,对加强和创新社会管理作了专题部署,提出要实现社会管理工作的"五个转变",提高全社会管理法治化水平。2011 年下半年,省委印发《关于加强"法治浙江"基层基础建设的意见》,总结提炼了近年来我省法治浙江建设取得的六个方面的经验,提出了到 2015 年要力争实现的七个方面的目标:基层党务政务公开工作不断深化、法律法规规章在基层的实施机制不断健全、行政执法便民服务逐步健全完善、基层司法保障能力显著提升、群众法律素质和企业经营管理人员守法意识普遍提高、城乡居民自治机制不断健全、群众利益诉求得到妥善解决。这是我国关于加强基层法治建设的首个系统性、规范性文件,对于推进基层依法治理、提高基层社会管理法治化水平具有重要意义。

2012 年 6 月 6—10 日,中共浙江省第十三次代表大会在杭州召开。时任省委书记的赵洪祝代表中国共产党浙江省第十二届委员会向大会作题为《坚持科学发展深化创业创新,为建设物质富裕精神富有的现代化浙江而奋斗》的报告。8 月 5 日上午,省委建设"法治浙江"工作领导小组召开会议,时任省委书记、省人大常委会主任的赵洪祝主持会议并强调,我们要认真学习胡锦涛总书记在省部级主要领导干部专题研讨班上的重要讲话精神,以省第十三次党代会精神为指导,把建设"法治浙江"作为全面落实依法治国基本方略、推进我省社会主义民主法治建设的总载体,紧紧围绕坚持依法执政、建设法治政府、推进公正司法、深化法制教育、发展基层民主五方面的内容,细化举措,落实责任,确保省党代会精神落实到法治创建的各项工作中,为建设"两富"现代化浙江提供法治保障和制度支撑。12 月 5 日至 6 日,中共浙江省委十三届二次全体(扩大)会议在杭州举行。全会认真学习贯彻党的十八大精神,由省委常委会向全会报告工作,审议通过了《中共浙江省委关于认真学习贯彻党的十八大精神,扎实推进物质富裕精神富有现代化浙江建设的决定》。

(三)法治浙江建设的全面深化

2012 年 11 月 8—14 日,举世瞩目的中国共产党第十八次全国代表大会在北京胜利召开,习近平在之后的十八届一中全会上当选为中共中央总书记。12

月,中共中央决定,夏宝龙任浙江省委书记。党的十八大以来,浙江省委深入学习贯彻习近平总书记系列重要讲话精神,全面贯彻党的十八大和十八届三中、四中、五中全会精神,深入实施"八八战略",坚持一张蓝图绘到底、一任接着一任干,全面深化法治浙江建设,为干好"一三五",实现"四翻番",建设"两富""两美"浙江提供了有力的保障。

2013 年 11 月,省委十三届四次全会议审议通过《中共浙江省委关于认真学习贯彻党的十八届三中全会精神,全面深化改革再创体制机制新优势的决定》,提出要着眼于促进社会公平正义,完善建设法治浙江和平安浙江体制机制,加快推进社会主义民主政治制度化、规范化、程序化,提高全社会法治化水平。2014 年 5 月,省委十三届五次全会深入学习贯彻党的十八大、十八届三中全会和习近平总书记关于建设"美丽中国"和"人民对美好生活的向往,就是我们的奋斗目标"等系列重要讲话精神,围绕干好"一三五"、实现"四翻番"目标,认真总结我省生态文明建设的实践,研究部署建设美丽浙江、创造美好生活工作,审议通过《中共浙江省委关于建设美丽浙江创造美好生活的决定》。2014 年 12 月,省委十三届六次全会作出了《中共浙江省委关于全面深化法治浙江建设的决定》,提出要认真贯彻落实党的十八大和十八届三中、四中全会精神,高举中国特色社会主义伟大旗帜,以马克思列宁主义、毛泽东思想、邓小平理论、"三个代表"重要思想、科学发展观为指导,深入贯彻习近平总书记系列重要讲话精神,坚持党的领导、人民当家作主、依法治国有机统一,坚定不移走中国特色社会主义法治道路,坚持依法治国、依法执政、依法行政共同推进,坚持法治国家、法治政府、法治社会一体建设,实现科学立法、严格执法、公正司法、全民守法,促进治理体系和治理能力现代化,为深入实施"八八战略",干好"一三五",实现"四翻番",建设物质富裕精神富有的现代化浙江和建设美丽浙江、创造美好生活提供有力法治保障。会后,省委制定出台了《省委十三届六次全会〈决定〉重要工作任务分工方案》和《省委十三届六次全会重要工作任务实施规划(2015—2020 年)》,梳理了 188 项重要工作任务,进一步明确了责任单位、改革目标路径、工作抓手、成果形式和时间进度。2015 年 6 月,省委十三届七次全会深入学习习近平在浙江考察时的重要讲话精神,对贯彻落实习近平重要讲话精神进行研究部署,审议通过了《中共浙江省委关于全面加强基层党组织和基层政权建设的决定》,提出要引领推动"四个全面"战略布局在基层落实,充分发挥基层党组织在全面深化法治浙江建设中的重要作用,教育引导基层党员干部带头尊法学法守法用法,推动基层工作依法开展、基层事务依法办理、基层问题依法解决。

二、"法治浙江"建设的主要经验

法治浙江建设以来，全省人民在党中央、国务院和浙江省委省政府领导下，始终立足于浙江实际，按照建设"法治浙江"的总体要求，积极进取，开拓创新，不断提高政治、经济、文化和社会生活的法治化水平。多年来，几届省委坚持一张蓝图绘到底、一任接着一任干，一以贯之地落实习近平同志关于法治浙江建设的重要精神，坚持不懈地推进法治浙江建设，取得了一系列的制度成果、理论成果与实践成果。法治浙江建设的实践表明，法治已成为浙江省各级党委和行政机关治省理政的基本方式，成为各级领导干部手中破解难题、防范风险、化解矛盾、构建社会主义和谐社会的有力武器。法治浙江建设已经走过了很长的一段路程，也已经积淀了足够多的经验启示，我们应当全面总结、深入思考、认真提炼。

（一）毫不动摇地坚持党的领导，建立"一把手"负总责的法治浙江建设领导体制机制

法治浙江建设的经验启示我们，必须毫不动摇将党的领导体现在法治浙江建设的各个方面、贯穿于各个环节、落实到各项工作中。按照党委总揽全局、协调各方的原则，大力推进依法执政，健全党内民主制度，完善依法决策机制，加强和改进人大和政协工作，支持各级政府依法行政，加强对政法工作的领导，把党的领导贯彻到法治浙江建设的全过程和各方面。建立以省委书记为组长的省委建设法治浙江工作领导小组，形成党委统一领导，人大、政府、政协各负其责，部门协同推进，人民群众广泛参与的法治建设工作格局。坚持"一把手抓、抓一把手"，明确工作重点，落实工作责任，开展法治创建活动，统筹推进法治浙江建设各项工作。

建设"法治浙江"，必须旗帜鲜明地坚持党的领导，在党的领导下发展社会主义民主、建设社会主义法治，把党依法执政的过程作为实现人民当家作主和实行依法治国的过程，作为巩固党的执政地位的过程，作为建设社会主义政治文明的过程，把加强党的政治、思想和组织领导贯穿于"法治浙江"建设的全过程。诚如习近平总书记所强调的，我们要按照法治国家对执政党的要求，把依法执政作为党执政的一个基本方式。我们党依法执政，就是要把党的执政活动纳入法治轨

道，依法掌权、依法用权并依法接受监督，在法制轨道上推动各项工作的开展，在治国理政的实践中贯彻党的执政宗旨。法治建设绝不是要削弱党的领导，要从理念上更好地强化党的意识、执政意识、政权意识，从制度上、法律上保证党的执政地位，通过改善党的领导来更有效地坚持党的领导、加强党的领导，通过完善党的执政方式来更有效地提高党的执政能力、保持党的先进性。法治浙江建设十年的实践探索也为十八届四中全会所强调的"必须坚持党领导立法、保证执法、支持司法、带头守法"提供了浙江地方的成功实践与佐证。

（二）坚持法治为民，切实维护社会公平正义

法治为民是社会主义法治的本质要求，也是我们党全心全意为人民服务的根本宗旨和立党为公、执政为民的本质要求在法治领域的具体体现。在法治浙江建设过程中，历届省委始终把实现好、维护好和发展好广大人民群众最根本的利益作为出发点和落脚点，坚持以人为本的理念，在立法、执法、司法等法治的各个环节上体现尊重和保障人权。

把维护公平正义、保障人民根本权益作为制度安排、法规制定和各项工作的出发点和落脚点。围绕维护人民群众根本利益，把解决人民群众最关心的问题，作为推进法治浙江建设的切入点与着力点，使法治浙江建设一开始就惠及群众，让群众感受到法治建设直接带来的实惠。围绕推进基本公共服务均等化，大力实施公民权益依法保障行动计划，强化法治便民利民惠民措施，健全覆盖城乡居民的公共法律服务体系。

在法治浙江建设的长期实践中，把公平正义作为制定法律和进行制度安排的重要依据，从源头上防止社会不公正现象的出现与扩大，并在执法和司法活动中坚持合理合法、及时高效、程序公正的法治原则，建立保障公平正义的防线；把公平正义作为协调社会各个阶层相互关系的基本准则，依法逐步建立了以权利公平、机会公平、规则公平、分配公平为主要内容的社会公平保障体系；把公平正义贯穿于法治浙江建设的各个环节、各项工作中。

坚持司法公正，充分认识司法工作是保障社会正义的最后一道防线。坚持公平正义和保护人权的司法理念，坚持法律面前人人平等，确立依法办案、无罪推定的司法原则，做到实体公正与程序公正并重。进一步加强司法体制和工作机制创新建设，认真落实中央推进司法体制改革的各项举措，健全权责明确、相互配合、相互制约、高效运用的司法体制，从制度上保证审判机关和监察依法独立地行使审判权和检察权，规范审判行为和检察执法行为，增强司法的权威性和社会公信力。实施"阳光司法"工程，强化法律监督，坚决纠正冤假错案，建立健

全防止错案制度机制,以司法公正促进社会公正。切实保障司法公正,让司法过程成为当事人感受民主、客观、公平的过程,在群众中树立司法机关的良好形象,进一步提升司法公信力,努力"让人民群众在每一起司法案件中感受到公平正义"。

法治浙江建设的实践表明,坚持社会公平正义还要注重妥善协调各方面的利益关系,拓宽利益诉求表达渠道,建立健全领导干部下访接访制度,加强法律服务、法律援助和司法救助,切实维护群众合法权益。

(三)坚持服务中心工作,为市场取向改革和经济转型升级提供法治保障

法治建设是一个系统工程,需要全面推进,但在阶段内又必须重点突破。为此,在法治浙江建设进程中,应充分发挥法治服务党委中心工作、引领经济发展、破解社会难题的制度功能。具体来看,浙江省人大坚持立法决策与改革发展的重大决策相结合,按照全面深化改革的要求和"根据需要与可能、突出重点、统筹兼顾、急需先立"的立法原则,结合浙江实际,提出了一个届期的人大及其常委会立法工作的重点项目,集中立法资源确保事关浙江发展和民生改善的重要地方性法规如期颁布。比如省十二届人大围绕推动经济转型发展,重点加强开发区、舟山群岛新区、温州民间融资等方面的立法;围绕加强社会民生保障,重点加强食品安全、平安建设、社会救助、养老服务、社会保险、特殊群体权益保护等方面的立法;围绕发展教育文化事业,重点加强民办教育、学前教育、公共文化服务保障方面的立法;围绕保护生态资源环境,重点加强机动车排气污染防治、水污染防治、海洋环境保护、生态补偿等方面的立法;围绕促进民主政治建设,重点加强预算审查监督、政府信息公开、行政程序、乡镇人大工作等方面的立法。省政府也紧紧围绕省委中心工作,及时向人大提出政府行政管理方面的立法建议,或者在法律授权范围内及时制定急需的政府规章,为政府管理行为提供法律依据和规则约束。在政府管理实践中,各级政府把法治建设的重点放在着力提高制度质量、着力促进严格规范公正文明执法、着力化解社会矛盾纠纷、着力提升法律服务能力上。司法机关在做好常规司法工作、为社会提供公平正义的同时,也努力围绕中心,自觉服务工作大局。在企业转型升级的大潮中,坚持涉困企业的差异化处置;依法保障金融改革,推进民间金融体制创新;依法妥善处理"三改一拆"和重点工程建设涉案问题,为中心工作提供司法推力;支持"四大国家战略举措"和创新驱动发展战略全面实施;切实参与社会管理创新,提高社会管理的法治化水平。各级司法行政机关也紧扣"转型升级""三改一拆""五水共治"这些中

心工作,搭建服务平台,努力为促进经济社会发展提供优质高效的法律服务。

十年来,浙江法治建设的实践经验表明,要把法治建设与深化改革、推动发展紧密结合起来,统筹推进立法、执法、司法、普法工作,充分发挥法治的调节、促进、规范作用。要坚持市场取向改革,转变政府职能,深化行政审批制度改革,推进行政执法规范化,率先开展"四张清单一张网"建设,更多地运用法律手段调节经济关系、规范经济行为,依法维护各类市场主体的合法权益,为多种所有制经济共同发展营造良好法治环境。

(四)坚持发挥法治创新、引领和保障作用,不断提升平安浙江建设水平

法治是平安建设的重要保障,平安是法治建设的重要目标。在法治浙江建设实践中,各级政府自觉运用法治思维和法治方式破解各类早发先发的矛盾和问题,强化法治在化解社会矛盾、维护和谐稳定中的重要作用,以法治引领和保障平安浙江建设。全面推行重大决策社会稳定风险评估及责任追究制度,落实安全生产责任制,依法防范和处置公共安全重大突发事件。构建立体化社会治安防控体系,加强社会治安重点地区和突出问题排查整治,深化社会治安综合治理。落实平安建设主体责任,强化考核督查,统筹推进经济、政治、文化、社会、生态等领域"大平安",持续提高群众安全感和满意度。

法治创新是引领、推动和保障浙江各项事业发展的重要法宝。具体来看,包括以法治创新服务党委中心工作、以法治创新引领经济社会发展、以法治创新破解地方发展难题、以法治创新推动社会基层法治建设。法治浙江建设历程中,不断探索出的并经过实践检验、行之有效的经验做法层出不穷,例如"枫桥经验"的创新发展、民主法治村与村务监督体制机制创新、阳光司法指数、法治政府建设标准与评价指标体系、公共法律服务体系建设、行政审批制度改革创新、综合行政联动执法改革、"四张清单一张网"、"五水共治"、"三改一拆"等。这些法治实践创新,为法治中国建设提供了重要的法治实践样本。党中央的一系列重大战略决策和习近平总书记的系列重要讲话也充分肯定了法治浙江十年建设的成功实践,其为法治中国建设贡献了浙江经验与地方智慧。

法治浙江建设十年来,在坚持国家法治原则精神统一的前提下,从浙江实际出发,创造性地进行法治建设的实践。在法治的框架、原则和精神统一的前提下,浙江法治建设从地方实际情况出发,因地制宜地进行立法、执法和司法的体制机制、方式方法创新。这既有利于国家法制在各地方的落实,也有助于丰富法治生活的具体形式,更为国家层面的法制建设和法治创新提供有价值的地方性

经验。浙江省委、省人大和省政府以及其他公权部门始终注重紧贴地方实际,突出地方特色。在深入调查研究的基础上,在维护国家法制统一的前提下,出台带有地方特色性、实施性的制度,以推进和保障地方改革发展。比如浙江省人大根据《中华人民共和国行政处罚法》的有关规定和精神,从浙江经济社会发展状况和依法行政的实际需要出发,取消了为经营性违法行为和非经营性违法行为分别设定罚款限额的模式,代之以按照违法行为的社会危害程度来设置罚款限额的模式,提高了设定罚款的限额上限;再比如在企业破产问题上,浙江基层司法机关从实际出发,探索出了"市场导向、司法主导、简易审理、执破结合"的具有浙江特点的市场化简易破产新路子,倒逼经济转型升级、消除泡沫,尽可能实现有效资产的重整与再分配。

(五)坚持法治和德治相结合,发挥法律的规范作用和道德的教化作用

一手抓法治、一手抓德治,浙江省倡导社会主义核心价值观,弘扬与时俱进的浙江精神,践行当代浙江人共同价值观。开展精神文明创建活动,开展"最美"现象系列活动,树立道德模范,传承优秀传统文化,增强法治建设的道德底蕴。深入开展"法律六进"等法治宣传教育活动,推动领导干部学法用法,弘扬法治精神,建设法治文化,培育公民的法治意识和法治信仰,促进法治和德治相得益彰。

法治浙江建设历程中始终坚持法治与德治并举。社会主义道德是社会主义法治具有合理性、正当性和合法性的内在依据,社会主义法治的价值、精神、原则、法理等大多建立在社会主义道德的基础上,其诸多制度和规范本身又是社会主义道德的制度化和法律化。习近平总书记指出,法律与道德历来是建立公序良俗、和谐稳定社会的两个保障。法治和德治,如车之双轮、鸟之两翼,一个靠国家机器的强制和威严,一个靠人们的内心信念和社会舆论,各自起着不可替代的相辅相成、相得益彰的作用,其目的都是要达到调节社会关系、维护社会稳定的作用,保障社会的健康和正常运行。

从一定意义上说,依法治国是维护社会秩序的刚性手段,而以德治国是维护社会秩序的柔性手段,只有把二者有机结合起来,才能有效地维护社会的和谐,保障社会健康协调地发展。建设"法治浙江",必须把握法治与德治的互补性、兼容性和一致性,坚持一手抓法治建设,一手抓德治建设,把法律制裁的强制力量和德治教育的感化力量紧密地结合起来,把硬性的律令和柔性的规范有机地融合在一起。法治浙江建设法、德并举的成功实践充分体现在党的十八届四中全

会中,会议将"坚持依法治国与以德治国相结合"作为依法治国的基本原则加以肯定,指出国家和社会治理需要法律和道德共同发挥作用。既重视发挥法律的规范作用,又重视发挥道德的教化作用,以道德滋养法治精神,强化道德对法治文化的支撑作用,实现法律和道德相辅相成、法治与德治相得益彰。

(六)坚持创新发展"枫桥经验",夯实法治建设的基层基础

数十年来,浙江枫桥坚持"小事不出村、大事不出镇、矛盾不上交"的基本理念,紧紧围绕为了群众、依靠群众、发动群众的主题,根据形势发展变化,不断丰富和发展"枫桥经验"的内涵,在当前全面建成小康社会新的时代背景下,彰显出更加强大的生命力。习近平总书记在浙江工作期间,强调要充分珍惜"枫桥经验",大力推广"枫桥经验"、不断创新"枫桥经验",作出了建设平安浙江、法治浙江等一系列重大战略部署。浙江省各级党委和政府高度重视学习推广"枫桥经验",把"枫桥经验"的基本精神贯穿于经济、政治、文化、社会、生态文明和党的建设各个领域,紧紧抓住群众工作这条主线,牢固树立大平安的理念,大力实施和谐促进工程,确保了社会大局持续和谐稳定;牢固树立改革创新的理念,全面实施创业富民、创新强省战略,形成了干部创事业、能人创企业、百姓创家业的生动局面;牢固树立依法治理的理念,把群众路线与法治方式有机结合起来,支持群众依法实现自我管理、自我服务;牢固树立共同富裕的理念,形成了城乡居民收入与经济发展同步增长的长效机制,走出了一条经济社会又好又快发展的新路子。

2013 年 10 月 23 日,全省召开坚持和发展"枫桥经验"视频会议,省委书记夏宝龙在诸暨考察并在主会场中强调,要认真学习、深刻领会习近平总书记最近就坚持和发展"枫桥经验"作出的重要指示和在浙江省召开的纪念毛泽东同志批示"枫桥经验"50 周年大会精神,统一思想,乘势而上,切实把"枫桥经验"坚持好、发展好,把党的群众路线坚持好、贯彻好,进一步加强基层、打牢基础,凝聚起强大力量,推动浙江省各项工作再上新台阶。

浙江把新时期的"枫桥经验"作为法治浙江建设的重要载体,以法治精神丰富和发展"枫桥经验",不断放大"枫桥经验"效应。加强基层社会治理创新,深化基层组织和部门、行业依法治理,推广村(居)务监督委员会制度、"网格化管理、组团式服务"、和谐劳动关系构建、民主恳谈等基层治理形式。健全"大调解"工作体系,构建基层多元化纠纷解决机制,把矛盾化解在基层、在当地。积极探索基层法治建设载体,深入开展民主法治村(社区)、诚信守法企业等创建活动,发挥群众在法治建设中的主体作用。在基层社会治理上,浙江各地继承发扬"枫桥

经验"，并加以法治化的改革创新，从而形成"调诉结合，以调为先，不同类型调解相互衔接的多元复合联动大调解体系"。应该说，"法治浙江"既坚持了国家法治的原则精神，又具有鲜明的浙江地域特色。

数十年的实践充分证明，"枫桥经验"是实践党的群众路线的生动体现，是政法综治战线的一面旗帜，也是依靠群众促进经济社会又好又快发展的一面旗帜，在全面建成小康社会的历史进程中彰显了独特优势，发挥了积极作用。在新的历史时期，"枫桥经验"不断更新工作理念、完善工作机制，充分注重与法治浙江建设的紧密结合，大力弘扬法治精神，努力培育法治文化，积极营造良性的法治环境，为浙江法治建设始终走在全国前列、继续发挥先行和示范作用提供了重要的保障与支撑。

(七)坚持一张蓝图绘到底,一以贯之抓落实

习近平总书记在浙江工作时高度重视法治建设,针对浙江经济社会发展中出现的早发先发问题,比较早地从省域层面对法治建设进行了系统谋划和部署。2006 年 4 月,在习近平同志提议下,省委召开了十一届十次全会,对建设法治浙江进行了全面部署。从那时起,建设法治浙江就成为全省上下的共同使命和责任担当。

十多年来,几届省委秉承习近平同志提出的法治浙江建设理念、思路和方法,按照省委十一届十次全会决定的部署,坚持把建设法治浙江作为一项重大战略任务,咬定青山不放松,一任接着一任干。十多年来,几届省委坚持一张蓝图绘到底,一以贯之、一贯到底地落实习近平同志关于法治浙江建设的重要精神,坚持不懈地推进法治浙江建设,取得了丰富的理论成果、制度成果和实践成果。同时,坚持问题导向,从解决群众反映强烈的突出问题入手,明确法治建设主攻方向,拓展法治实践平台,丰富法治建设抓手,蹄疾步稳,善作善成。把长远目标与阶段性目标、重点任务与年度工作结合起来,从具体工作抓起,从群众关心的实事做起,积小胜为大胜,不断取得法治建设新进展。

一分部署,九分落实。法治浙江建设历程中,坚持不懈狠抓落实是其中的一大重要法宝。从浙江近十年的发展历程中可以看出,坚持一张蓝图绘到底、一以贯之抓落实不仅是法治浙江建设的重要经验,也是推动浙江经济、政治、社会、文化、生态文明等各项事业发展的重要保障。十多年来,几届省委班子在党中央的坚强领导下,团结带领全省各级党组织和广大干部群众,坚定不移地将法治浙江建设的一系列理念、思路和方法,贯彻落实到浙江经济社会发展的各项具体工作中,尤其为时任省委书记习近平同志开创的"八八战略"的生动实践提供了有力

的法治保障。2014 年 12 月，中共浙江省委十三届六次全会作出《中共浙江省委关于全面深化法治浙江建设的决定》，将习近平同志开创的法治浙江事业推向新的光辉征程。

时任浙江省委书记的夏宝龙在讲话中指出，"法治浙江是习近平总书记留给浙江的一笔宝贵财富"。同时强调"省委建设法治浙江工作领导小组及办公室制度是习近平总书记在浙江工作时创建的重要制度，在推动工作落实中发挥了积极作用"。在全面深化法治浙江建设的文件中，对浙江法治建设取得的成绩与经验作了充分的肯定，同时对未来法治浙江建设的着力点作了科学的判断与回答，是未来一段时期内指导法治浙江建设的总纲领。具体来说，省委建设法治浙江工作领导小组在推动法治浙江建设实践过程中，要充分发挥领导协调作用，定期研究解决重大问题，加强工作指导、统筹协调和督促检查。省人大常委会要加强对法律法规实施的监督，推进重点领域地方立法，发挥国家权力机关在法治建设中的重要作用。省政府要以深化"四张清单一张网"建设为抓手，推进政府职能转变，建立权责统一、权威高效的依法行政体制，加快法治政府建设。省政协要创新协商民主的途径渠道和方式方法，围绕全面深化法治浙江建设积极建言献策、加强民主监督。省高级人民法院和省人民检察院要深入推进司法体制机制改革，规范司法行为，促进司法公正，努力让人民群众在每一个司法案件中都感受到公平正义。

第十三章　全面深化法治浙江建设的思路与对策①

一、深化法治浙江建设必须准确理解法治中国重要思想

(一)必须把握法治中国重要思想的理论内涵与精神实质

法治中国重要思想是以习近平同志为总书记的党中央新的领导集体在全面深化改革的新时期,站在执政兴国的高度上,提出的关于社会主义法治国家建设的新观点、新论断和新要求。它紧紧围绕新时期我们党如何更好地执政,国家政权机关如何更好地履职,人民群众如何更好地参与管理国家、社会和自身事务三个基本问题,紧扣推进国家治理体系和治理能力现代化这一新的时代要求,系统阐述了新时期我们党依据党章从严治党、依据宪法治国理政、坚持依法治国基本方略和依法执政基本方式的总体思路,明确了今后一个时期推进社会主义法治国家建设的总布局、总要求和总目标,部署了当前推进法治中国建设的若干重要工作,是对中国共产党执政理论和社会主义法治理论的丰富和发展。

法治中国重要思想是关于中国的法治理论,而不是关于别的什么国家的法治理论,体现了党中央新的领导集体在深化法治建设的认识上具有鲜明的国情意识和发展导向;法治中国建设是在中国共产党领导下坚持走社会主义的法治发展道路,而不是照抄照搬西方资本主义国家的法治发展道路,体现了党中央新的领导集体在谋划法治发展的布局上具有鲜明的政权意识和政治导向;法治中国建设是为了全体人民、依靠全体人民、由全体人民共同参与的社会主义法治建

---

① 本文是 2014 年笔者承担省委主要领导年度调研课题子课题的成果,相关提法与当下权威提法并未一致,为保持原貌,收入本书时未做修改,敬请留意。

设事业，不是为了赢得哪个国家或哪个人群的喝彩或者褒奖，体现了党中央新的领导集体在推进法治实践的举措上具有鲜明的主体意识和问题导向。

法治中国重要思想的精神实质就是要在中国共产党领导的社会主义现代化事业的伟大进程中，进一步树立宪法和法律的权威，进一步发挥法治在国家治理和社会管理中的重要作用，维护国家法制统一、尊严、权威，保证人民依法享有广泛权利和自由，进一步促进社会主义法律制度的完善与实施，坚持法律面前人人平等，把党、国家、社会各项事务纳入法制轨道，不断提高党科学执政、民主执政、依法执政水平，不断提高国家政权机关运用中国特色社会主义制度有效治理国家的能力，不断提高人民群众依法管理国家事务、经济社会文化事务、自身事务的能力，最终实现中国特色社会主义制度的成熟和定型。

（二）必须把握法治中国重要思想的理论体系与创新意义

法治中国重要思想是一个严谨而科学的理论体系，包含着丰富的理论层次。它既包含关于社会主义法治的价值与功能的新思维、新认识，又包括推进社会主义法治建设的新思路、新方略，同时对践行社会主义法治亦提出了新要求、新目标，是一个集社会主义法治理念、法治建设与法治实践三维于一体的创新理论成果。其中，树立社会主义法治理念是先导，完善社会主义法制是关键，践行社会主义法治是核心，法治中国重要思想尤其把践行法治作为推进社会主义法治国家建设的突出重点和严格要求。

法治中国重要思想既延续了改革开放以来我们党关于社会主义法治国家建设的基本主张和推进思路，又结合当前全面深化改革任务与法治实践现实提出了许多新的观点和论断。择要而言，法治中国重要思想的创新意义主要体现为：(1)在理论论述上，党的十八届三中全会首次将法治建设单独成章、集中阐述，首次将法治作为一种现代治理方式来加以定位，更加凸显了"法治中国"的独特理论价值与实践重要性；(2)在法治理念上，首次将法治与自由、平等、公正一起，作为践行和倡导社会主义核心价值观的主体内容加以明确宣示，首次提出"促进社会公平正义是政法工作的核心价值追求"，认为"公平正义是政法工作的生命线，司法机关是维护社会公平正义的最后一道防线"，"法治不仅要求完备的法律体系、完善的执法机制、普遍的法律遵守，更要求公平正义得到维护和实现"，更加凸显了法治发展的内在价值追求与社会整合功能；(3)在法治建设上，首次提出建设法治中国，必须坚持依法治国、依法执政、依法行政共同推进，坚持法治国家、法治政府、法治社会一体建设，同时又突出强调了要深化司法体制改革，加快建设公正高效权威的社会主义司法制度，维护人民权益，让人民群众在每一个司法案件中都感受到公平正义,更加凸显了推进法治建设的系统协调性与现实针对性;(4)在法治实践上,首次提出全面推进依法治国,必须不断提高各级领导干部运用法治思维和法治方式的能力,要求把遵宪守法作为衡量领导干部德才的硬标准、硬功夫、硬约束,推动领导干部带头学法、带头知法、带头用法、带头守法,凸显了法治实践在法治中国建设中的优先性要求和关键性作用。

(三)必须把握法治中国重要思想的逻辑主线与理论命题

依法治国是我们党领导人民治理国家的基本方略,法治是我们党治国理政的基本方式,而贯穿法治中国重要思想始终的逻辑主线就是坚持党的领导、人民当家作主和依法治国的有机统一(坚持党领导人民依法治国),在这条逻辑主线上展现出以下三个核心的理论命题。

1. 改进党的执政方式与推进依法执政

社会主义的本质是坚持党的领导。坚持党的领导,就是要支持人民当家作主,实施好依法治国这个党领导人民治理国家的基本方略,把党的领导贯彻到依法治国的全过程;坚持党的领导必须要加强和改进党的执政方式,提高党的科学执政、民主执政和依法执政水平,坚持依法治国的基本方略和依法执政的基本方式。

依法执政首先是依宪执政。党领导人民制定宪法和法律,党领导人民执行宪法和法律,党自身必须在宪法和法律的范围内活动。宪法以最高法和根本法的形式确立了党的领导地位,确立了中国特色的社会主义理论、制度和道路以及人民的基本权利和义务,是党和人民共同意志的体现。推进依法执政必须尊重宪法的权威、恪守宪法原则、弘扬宪法精神、履行宪法使命,把全面贯彻实施宪法提高到一个新水平。

推进依法执政的关键是坚持"三个善于":要"善于使党的主张通过法定程序成为国家意志,善于使党组织推荐的人选成为国家政权机关的领导人员,善于通过国家政权机关实施党对国家和社会的领导,支持国家权力机关、行政机关、审判机关、检察机关依照宪法和法律独立负责、协调一致地开展工作",既发挥党的总揽全局、协调各方的政治优势,又发挥政权机关依法履职的专门优势。

2. 建设法治政府与推进依法行政

执掌政权机关、决定政策走向是党的领导地位的最重要体现和最坚强保证,党的领导主要通过对于国家政权机关的思想、政治和组织领导来实现,同时又通过法定程序将党的主张和人民的意志上升为国家意志,成为政权机关必须履行的法定职责来实现,因此,推进依法治国、建设法治国家,首先必须依宪治国,就是要在宪法规定的国家政权组织体系之下、各政权机关(广义的政府)的职权范围之内推进政策落实与法律实施,必然要求不断提高国家政权机关依法履职能力和水平。推进依法治国,关键是依法行政。行政机关(狭义的政府)肩负着执行国家法律法规、履行公共管理与服务职责的重要使命,在现代国家治理中发挥着主体作用、承担了主要责任,依法行政既是依法执政的必然要求和天然依托,又是转变政府职能、深化行政改革的基本途径和主要抓手。因此,推进依法治国、建设法治国家必然把推进依法行政、建设法治政府作为实践重点。

3. 建设法治社会与推进依法治理

政府是国家的组织载体,社会是国家的组织基石,党领导人民治国理政,实施依法治国战略,就必须既要推进依法行政、加强法治政府建设、提高国家机关的履职能力,又要推进依法治理、加强法治社会建设、夯实法治国家的社会基础。党的十六大以来,加强社会建设、推进社会事业改革、创新社会管理日益成为党和政府的一项重要工作。党的十八届三中全会指出,创新社会治理,必须着眼于维护最广大人民根本利益,最大限度增加和谐因素,增强社会发展活力。改进社会治理必须坚持系统治理、依法治理、综合治理、源头治理,加强法治保障,运用法治思维和法治方式化解社会矛盾,提高依法治理能力和水平已经成为我们党和政府维护社会和谐稳定、促进人民安居乐业的现实要求和紧迫任务。

总之,准确理解法治中国重要思想必须牢牢抓住党领导人民依法治国这一逻辑主线,始终坚持党在推进依法治国、建设法治国家过程中领导地位和人民的主体地位,坚持依法治国的基本方略和依法执政的基本方式。准确理解法治中国重要思想必须牢牢把握依法执政、依法行政和依法治理三大理论命题,既要深入实施法治中国的总体布局,坚持依法治国、依法执政、依法行政共同推进,坚持法治国家、法治政府、法治社会一体建设,又必须顺应推进国家治理体系和治理能力现代化的最新要求,在全面深化改革进程中不断提高依法执政、依法行政和依法治理水平。

(四)必须把握推进法治中国建设的总体要求与关键环节

1. 全面推进依法治国,必须坚持科学立法

要完善立法规划、突出立法重点,坚持立改废并举,提高立法科学化、民主化水平,提高法律的针对性、及时性、系统性。要完善立法工作机制和程序,扩大公众有序参与,充分听取各方面意见,使法律准确反映社会经济发展要求,更要协

调利益关系,发挥立法的引领和推动作用。

2. 全面推进依法治国,必须坚持严格执法

我们必须加强宪法和法律实施,维护社会主义法制的统一、尊严、权威,形成人们不愿违法、不能违法、不敢违法的法治环境,做到有法必依、执法必严、违法必究。行政机关是实施法律法规的重要主体,要带头严格执法,维护公共利益、人民权益和社会秩序。执法者必须忠于法律,既不能以权压法、以身试法,也不能法外开恩、徇情枉法。

3. 全面推进依法治国,必须坚持公正司法

公正司法是维护社会公平正义的最后一道防线,要努力让人民群众在每一个司法案件中都感受到公平正义。要坚持司法为民,改进司法工作作风,通过热情服务,切实解决好老百姓打官司难的问题。要优化司法职权配置,规范司法行为,加大司法公开力度,回应人民群众对司法公正公开的关注和期待。要确保审判机关、检察机关依法独立公正行使审判权、检察权,提高司法公正能力。

4. 全面推进依法治国,必须坚持全民守法

要深入开展法制宣传教育,在全社会弘扬社会主义法治精神,传播法律知识、培养法律意识,在全社会形成宪法至上、守法光荣的良好氛围。要坚持法治教育与法治实践相结合,广泛开展依法治理活动,提高社会管理法治化水平。要引导全体社会成员遵守法律,有问题依靠法律来解决,确立全社会的法律信仰。要坚持依法治国和以德治国相结合,把法治建设和道德建设紧密结合起来,把他律和自律紧密结合起来,做到法治与德治相辅相成、相互促进。

全面推进法治中国建设的关键在党。"我们党是执政党,能不能坚持依法执政,能不能正确领导立法、带头守法、保证执法,对全面推进依法治国具有重大作用。"准确理解法治中国重要思想,必须全面认识我们党在推进依法治国过程当中的领导地位,在决定法治建设成败上的关键性作用,必须深刻领会法治中国建设对于我们各级党组织、党员干部,特别是领导干部的严格要求。习近平总书记关于法治中国的重要论述中,突出强调的一点就是要保障法律的实施,要求各级党组织和党员领导干部要带头厉行法治,不断提高依法执政水平和能力,不断推进各项治国理政活动的制度化、法律化。全面推进法治中国建设的关键要求就是要提高各级领导干部的法治思维和法治方式能力。要努力提高领导干部运用法治思维和法治方式深化改革、推动发展、化解矛盾、维护稳定的能力,努力推动形成办事依法、遇事找法、解决问题用法、化解矛盾靠法的良好法治环境,在法制

轨道上推动各项工作。

二、深化法治浙江建设，需要注意总体方案设计

（一）发展定位：创建法治中国示范区

浙江是法治中国重要思想的发源地。习近平总书记在浙江工作期间就提出了"市场经济必然是法治经济""和谐社会本质上是法治社会""法治精神是法治的灵魂""坚持法治与德治并举""党的领导是法治的根本保证"等重要论断，领导浙江省委、省政府做出了"建设法治浙江"的重大决策，提出必须按照建设社会主义法治国家的要求，积极建设法治浙江，逐步把经济、政治、文化和社会生活纳入法制轨道，法治浙江建设与实施"八八战略"、建设"平安浙江"、加快文化大省建设一起，构成浙江加快全面建设小康社会、提前基本实现现代化的"四位一体"的总体布局。

浙江是法治中国实践探索的先行者。习近平之后的历届省委、省政府都高度重视法治浙江建设，把法治浙江建设作为深入实施"八八战略"、"两创战略"，建设"两富""两美"现代化浙江的重要内容来推进，在推进依法执政、依法行政、公正司法和基层社会治理、提高全社会法治化水平上做出有益的探索，形成了一批广为人知、广受称道的实践典型和先进经验。比如嘉善推进县委权力清单，富阳探索县级政府权力清单，省法院推进阳光司法，绍兴继承和创新"枫桥经验"，舟山探索网格化管理、组团式服务，杭州上城区探索大数据党建、信息化公共服务。

浙江更应力争成为法治中国的示范区。推进法治中国建设，要求我们在法治的框架内全面深化改革，把我们的各项工作纳入法治的轨道，但是更为关键的是我们能不能把改革推进过程中的好的经验和做法上升为系统而成熟的制度，不断促进社会主义制度的完善和定型。因此，法治浙江的成功经验和有益探索，不仅具有地方法治建设的先行意义，同时也应当具有法治中国建设的示范价值。在此，笔者建议将创建法治中国示范区作为深化法治浙江的发展定位，同时做好相关的理论论证与经验总结。

（二）基本依循：深化法治浙江建设的"六个坚持"

法治浙江建设是一项系统工程、长期工程，浙江的法治建设能否继续走在前

列,关键在于能否以法治中国的重要思想为基本依循,在突出法治建设的系统性、协同性和整体性下工夫,在创新法治理论、法治制度和法治实践上做文章。

以法治中国重要思想为基本依循,必须在思想宣传上和制度建设上突出六个坚持:(1)把坚持党的领导、法治发展的方向作为全面推进法治浙江建设的根本保证;(2)把坚持尊重和保障人民的合法权益、促进社会公平正义作为推进法治浙江建设的出发点和落脚点;(3)把坚持尊重宪法和法律的权威、深化行政执法体制改革与司法体制改革作为推进法治浙江建设的工作重点;(4)把坚持强化权力运行的监督制约体系、"把权力关键制度的笼子"作为推进法治浙江建设的工作主线;(5)把坚持提高各级党组织和领导干部运用法治思维和法治方式的能力作为推进法治浙江建设的主要着力点;(6)把坚持弘扬法治精神、形成法治风尚、优化法治环境作为推进法治浙江建设的重要努力方向。

(三)创新思路:深化法治浙江建设的三个着力点

深化法治浙江建设,既要坚持正确的政治导向,围绕大局、服务中心,又要遵循法治发展的内在规律,在立法、执法、司法和全民各个环节上确立合理的工作着力点。

1.创新立法决策机制

要加强各级党委对于地方立法工作的统一领导,将立法决策纳入党委和政府重大决策事项,严格对地方性法规和地方政府规章以外的规范性法律文件立项管理,严肃党内法规与规范性文件事项管理,进一步扩大公众和专家的立法参与度,研究做好立法事项的事前合法性评价和社会影响预估。

2.创新法律实施机制

要根据中央的统一部署,加快推进我省行政执法体制改革和司法体制改革各项工作,在推进权力清单建设、综合执法改革的基础上,进一步完善以规范指引、流程控制和信息公开为基本要求的行政裁量控制体系,严格行政执法;紧盯上海等地的司法体制改革试点工作,结合浙江实际,研究推进我省司法机关人、财、物省级统筹和司法人员分类管理改革工作,以推进涉法涉诉法治化解决为切入口,以调解组织和司法机关为主轴,积极构建多元社会矛盾化解机制;以企业、社区、学校为重点区域,以公共治安、公共交通、公共环境卫生、公民维权为重点内容,加强全社会法制宣传教育和法治软环境建设,努力营造领导干部带头守法、全体公民自觉守法的良好守法氛围。

3.创新法治评价机制

科学设计评价指标体系,合理确定各项指标权重,普遍建立政府法治评价制度,完善评价结果的公开、反馈和倒查机制,研究引入法治第三方评价机制,确保法治评价的公正性与权威性。以正向激励为主,研究将法治能力纳入领导干部评价考核体系,与平安浙江一起,构建一正一反两种考核机制。

三、深化法治浙江建设,重在提高依法治理水平

古语云:郡县治,天下安。所以,基层治,则全省安!深化法治浙江建设,重点在依法治理,提高依法治理水平,难点在基层治理。因此,必须顺应现代治理的多主体、多中心、协商合作的总体要求,以法治思维和法治方式认识和推进社会治理,坚持把问题解决在基层,积极构建"三治合一"的基层社会治理新机制,坚持把"好钢用在刀刃上",着力完善社会矛盾化解机制,努力打造社会矛盾化解的法治支撑平台,不断提高全省依法治理水平,保障人民安居乐业、社会长治久安。

(一)坚持"三治合一",积极构建基层社会治理新机制

创新社会治理,机制构建是关键,目的是处理好社会发展、社会稳定和社会和谐之间的关系,建立科学有效的现代治理体系。新的历史时期,我们必须研究在坚持有序的民主、必要的专政前提下,更加注意运用法治思维和法治方式创新社会治理,更加重视发挥法治在价值利益多元条件下的社会整合功能。在构建基层社会治理机制的过程中,浙江省各地已有很好的探索,比如桐乡市提出的自治、法治和德治"三治合一"机制。从现代法治和治理的基本理论着眼,坚持"社会自治、政府善治与法治主治"可能是一个更具理论支撑和创新意义的新提法。

1.坚持社会自治原则

现代治理的基础和前提是社会自治,同时,坚持人民主体地位、转变政府职能也要求更好地加强社会自治。政府必须真诚相信群众、放手发动群众、紧密联系群众,凡是法无明文禁止的事项,应注意不要主动介入、积极干预,让公民逐步学会自我管理、自我教育和自我发展。同时,要积极鼓励、引导、规范工会、共青团、妇联等人民团体,行会、商会、同乡会等社会组织及志愿者组织、企事业单位参与社会治理,促进社会矛盾化解。要积极利用市场机制,推进基层公共服务外

包。建议制定相关法规,明确各类社会组织参与社会治理的基本政策并积极构建政府信息平台。

2.坚持政府善治原则

坚持社会自治,不是不要政府管制,相反,善治是现代政府治理的核心要求。政府行政不仅要合法,而且要合理,以此来实现其宏观调控、市场监管、公共服务、环境保护等多元功能。善治原则在现代行政法上的体现就是要求行政行为必须满足合法性、合理性、程序正当原则。坚持政府善治原则要求我们在转变政府职能、推进行政体制改革时,既要做加法又要做减法:一方面要强化简政放权,进一步完善权力清单建设,尽可能减少行政审批事项、简化行政审批流程,明确权力边界和责任范围,建设有限政府;另一方面又必须顺应工业化、城市化快速发展带来的公民公共服务需求增长趋势,不断强化政府在基本公共服务、社会保障、环境保护方面的职能,积极构建服务型政府和现代公共政策体系,研究和加强公共安全与风险防范和应急处置机制。坚持政府善治原则亦要求我们在转变政府行政方式、推进行政执法体制改革时,适度集中行政执法权,持续推进行政执法重心向基层位移,减少行政强制命令,积极推进柔性执法能力建设。

3.坚持法律主治原则

现代社会治理既要求综合采用国家法律、社会道德、村规民约、行业规定等实施多元规范治理,又要坚持法律至上、法制统一原则,发挥法律的主治作用。深化法治浙江建设、提升依法治理水平,必须确立法律主治原则。一方面,必须在社会自治领域(公民私人关系领域)划定公民法律行为上限,"法无明确禁止即自由",积极培养公民自我规范、自发调节能力;另一方面,在政府管理领域(公民与政府关系领域)划定政府法律行为下限,"法无明确授权即非法",严格限制政府自我设权、自我扩权。坚持法律主治,才能更好地促进法治与德治的结合,我们既要发挥法律的令行禁止作用,又要发挥道德的润物无声效应,注重发挥法治的底线道德功能和培育公民的自觉守法美德,积极教育引导公民行为合乎社会主义道德规范的要求,提升社会整体道德水平。

(二)打造法治支撑平台(体系),着力构建多元社会矛盾化解体系

深化法治浙江建设、提升依法治理水平,必须把促进矛盾化解、增加社会团结作为核心工作。要积极转变观念,树立维权和维稳相统一、预防和处理相结合、政治手段和法治方式相促进的基本理念。此外,十分关键的是要加大公共财政投入,积极推进促进社会矛盾化解的法治支撑平台(体系)建设,构建具有浙江

特色的多元社会矛盾化解体系。

1. 加强人民调解体系建设

构建多元社会矛盾化解机制必须继续发挥人民调解的优势，加强人民调解组织体系建设，在实现社区（村级）人民调解组织全覆盖的基础上，着力加强企业、行业调解组织建设，积极发挥群团组织调解的界别优势、行业组织调解的专业优势、宗族和同乡会组织调解的地缘亲缘优势。加强各类调解组织的业务沟通、统一管理，建议建立民间调解组织的评级认证制度，对自我管理规范、作用发挥明显、群众满意度较高的民间调解组织给予一定的资金支持或奖励。

2. 加快公共法律服务平台建设

构建多元社会矛盾化解机制必须注意加强对公民维权行为的法律引导和法律援助，加强包括律师、企业法律人员在内的法律服务队伍建设，以司法所为基本组织依托，加快推进覆盖城乡的公共法律服务平台建设，积极教育引导人民群众就近维权、协商维权和合理维权，支持和保障人民群众依法维护自身权益。

3. 加快打造政法信息大数据平台

构建多元社会矛盾化解机制，必须加快推进信息化建设，要按照统一扎口、规范流程、动态呈现、全面覆盖的原则，整合现有公安、法院、检察、法制、信访等各部门数据，同时根据现有诉讼流程和非诉对接机制合理设计数据节点，加快打造政法信息大数据平台，实现使每一件进入政府解决程序的案件流程可控、结果可查，使每一时间节点的整体社会矛盾情况和总体发展趋势可分析、可干预。

4. 加强干部法治教育，提高各级干部运用法治思维和法治方式能力

深化法治浙江建设，提高依法治理水平，必须重视干部法治教育，提高各级干部，特别是市县一级领导干部运用法治思维和法治方式的能力。建议在全省范围内开展社会主义法治思维和法治方式宣传教育活动，同时在各级党校中青班、专题班教学中增加法治教育的内容。

第十四章 "十三五"时期深化法治浙江建设的思路与对策①

一、"十二五"时期法治浙江建设的主要做法和成效

(一)坚持依宪执政、依法执政,社会主义民主政治建设迈上新台阶

"十二五"期间,浙江省委及各级党委始终把依宪执政、依法执政作为法治浙江建设的重要内容摆在突出位置重点推进。中共浙江省委始终坚持"把依法治国基本方略同依法执政的基本方式统一起来,把党总揽全局、协调各方同人大、政府、政协、审判机关、检察机关依法依章程履行职能、开展工作统一起来,把党领导人民制定和实施宪法法律同党坚持在宪法法律范围内活动统一起来"的原则,进一步健全完善总揽全局、协调各方的领导体制和工作机制,先后出台了加强和改进人大工作的意见、加强和改善人民政协民主监督的意见、加强政法工作的意见等,在不断加强对同级人大、政府、政协、法院、检察院以及工会、共青团、妇联等人民团体的领导同时,支持其依照法律和各自章程独立负责、协调一致地开展工作,提高了省委和各级党委科学执政、民主执政、依法执政的能力与艺术。通过多年坚持不懈的努力,浙江初步形成了党委统一领导,人大、政府、政协分口负责,各部门分工实施,一级抓一级、层层抓落实的法治浙江建设工作格局。

在党内政治生活与民主监督的法治化方面,省委一直把规范化与制度化建设作为依法执政的重要内容来抓。为推进决策的民主化与科学化,省委先后制

---

① 本文是笔者主持 2015 年浙江省委办公厅委托课题《"十三五"时期深化法治浙江建设的思路与对策研究》的结题成果,课题组成员包括浙江省委党校法学部王晓杰教授、陈婴虹副教授、曹顺宏副教授,是课题组成员的共同成果,特此说明。

定了《关于省委常委会坚持和健全民主集中制的意见》《省委议事规则》等制度，建立健全党委、政府依法决策的各项规则程序，完善党内民主决策机制，推行和完善地方党委讨论决定重大问题和任用重要干部票决制，加大对决策失误的问责力度。以各级领导机关和领导干部权力行使为监督重点，进一步加大了党务公开力度，并建立健全了监督保障机制。按照中央部署出台了《省委党内法规制定工作五年规划纲要（2013—2017 年）》，着力抓工作网络、工作体系和前端纠错、备案审查、督促落实"五大建设"，有序推进了党内法规和规范性文件制定、备案、清理等各项工作，形成了富有浙江特色的做法经验。

（二）坚持科学立法、民主立法，健全地方法规规章实现新突破

法律是治国之重器，良法是善治之前提。要使法律和地方性法规得到全省人民的信从和遵守，必须坚持科学立法与民主立法，注重提高立法质量。省人大及有地方立法权的市人大，在省委和当地市委正确领导下，从省情市情出发，努力把省委市委表达与综合的民意以及提出的重大政策经过法定程序转变为地方性法规或国家法律的具体实施细则，从而把党委的意志变成区域共同体内人民的共同意志，把推进改革与完善法制有机结合起来，实现立法决策与改革决策的同步前进，从而在法制轨道上引领、推进和保障全省的改革发展。至"十二五"末，浙江基本形成了与国家法律法规相配套、与浙江经济社会发展要求相适应、比较系统的地方性法规体系。

为了提高立法的整体系统性和现实针对性，省人大十分注重立法项目调研，通过发函书面征求省有关部门、市县区人大常委会、省人大代表、立法专家库成员对未来立法工作的意见，或者通过媒体向社会发出公告征集未来 5 年立法建议项目，在充分调研基础上，编制"立法调研项目库"。除了坚持立法建议项目公开征集意见外，省人大在立法过程的各个环节都注重社会力量的民主参与，实行开门立法，鼓励社会机构参与立法，委托高校对报送批准的杭州宁波两市地方性法规进行合法性审查，提高合法性审查的工作质量；还采取座谈会、论证会、咨询会、网络互动、网上调查、专家审阅、媒体讨论等形式，征求不同群体尤其是利益相关群体对法规草案的意见。一些比较专业性的法规草案甚至在部门或行业的专业网站上公布，让专业人士提出专业意见。有时会把一些与老百姓关系特别密切的条款单独提出来，交由公众讨论。此外，建立立法基层联系点制度，依托立法基层联系点，直接听取最基层人民对立法工作的意见。通过多方面、多层次、多视角、多环节、多渠道的征求意见、民主磋商，把社会各界的意见都充分整合进来，达到最大程度的意见共识，使地方性法规真正成为全省人民公意的

体现。

（三）坚持依法行政、严格执法，法治政府建设释放新活力

政府行政直接涉及公民的权利与义务、切身利益的受益与损害，最为百姓关注。因此，政府依法行政是依法治国的中心环节和具体落实。2011年省委省政府在总结前些年推进法治政府建设实践经验的基础上，出台了《关于加强法治政府建设的实施意见》和《浙江省全面推进依法行政"十二五规划"》；2012年，又组织起草了法治政府建设标准；至2014年，全省建设"职权法定、依法行政、有效监督、运转高效"的法治政府进程一直稳步推进。各级政府通过深化行政审批制度改革，制定政府权力清单、责任清单、企业投资负面清单和财政专项清单，构建政府政务信息网，依法稳步推进政府职能转变；建立和完善了行政决策规则与程序，健全对涉及经济社会发展全局的重大事项决策的协商和协调机制，健全了对专业性、技术性较强的重大事项决策的专家论证、技术咨询、决策评估制度，健全了对与群众利益密切相关的重大事项决策的公示、听证制度，健全了对涉及法律问题的重大事项决策的合法性审查制度；推行了行政决策事项跟踪、绩效评价、责任追究等制度，建立健全了决策实施信息反馈系统，逐步实现行政决策的科学化、民主化与规范化。

针对行政执法活动中存在的不作为、乱作为现象，浙江各地从完善行政执法体制和加强队伍建设入手，狠抓行政执法行为尤其是自由裁量行为的规范化建设。各地大力推进综合执法体制改革，大力推进执法程序建设，大力推进行政执法公开和执法方式转变，健全完善行政执法过错追究制度和错案追究制度，行政执法的行为规范度和公众认可度显著提高。

针对这些年来社会矛盾冲突的多发和复杂难解，浙江各地加强行政复议、行政调解、人民调解、信访投诉处理的体制机制建设，构建起一个类型多元、功能细分、相互衔接、卓有成效的矛盾纠纷化解体系，把矛盾纠纷化解在基层、消解在萌芽状态，为和谐社会建设夯实了基础。

（四）坚持公正司法、规范司法，司法公信力得到新提升

司法是维护公平正义的最后一道防线。司法不仅有扬善抑恶、除暴安良、维护权利、促进稳定的功能，还有重拾人心、重建道德的力量。"十二五"期间，浙江不断深化司法体制改革，全面推进司法公正、司法公开、司法为民，在切实维护每一个当事人的合法权益中树立和彰显司法公信力。全省各级法院严格贯彻宽严相济刑事政策，坚持惩罚犯罪与保障人权并重，严格落实证据裁判原则；依法稳

妥做好有关重大冤错案件的复查、再审和善后工作；坚持调判结合以调为先，预防化解各种涉法涉诉矛盾纠纷；加大判决执行力度，化解长期存在的执行难问题。紧紧围绕省委省政府中心工作，在产业转型升级、企业资产重组、民间金融改革等领域发挥司法的支持保障作用。积极改革内部管理体制，构建司法公开的机制和平台，积极推进阳光司法，以公开促公正公平；大力加强法院检察院自身建设，强化基层司法条件保障，强化信息化建设，强化司法作风建设，提升了全省司法的水平线和公信力。

（五）坚持阳光行权、依法治权，形成制约和监督权力运行新机制

阳光行权是最好的防腐剂，监督制约是最可靠的防护墙。浙江的各级党政机关坚持阳光行权、依法治权，形成了制约和监督权力运行的新机制。在人大系统，各级人大积极采取措施开放立法过程，拓宽立法参与渠道，创新立法参与形式，提高立法参与质量，增进全省人民对国家法律和地方性法规的心理认同；在政府系统，各政府部位借助政务信息网，实现政务处理的信息公开和过程公开，让权力运行于阳光之下；在司法系统，自 2010 年开始，实施了以提高司法公信力为指导思想和行动主轴的"阳光司法工程"，通过完善相关的体制机制如司法机关基本信息公开制度、公民旁听制度、庭审直播制度、司法文书上网公开制度进一步深化司法公开，越来越多的侦查、检察、审判司法权力被"晒"到阳光下。由此，形成基于公开的全过程、全方位社会监督体系，有效地保障了权力运行的规范性与有效性。

（六）坚持全民普法、全民守法，浓厚全社会尊法学法守法用法新氛围

"十二五"期间，为了夯实"法治浙江"建设的社会基础，各级党政机关注重法制宣传教育，针对不同群体、根据实际需要，有选择、有侧重进行普法宣传，不断加大对法律法规尤其是新颁布的规范性文件的宣传力度，积极宣传政府法制和依法行政工作的好经验、好做法，运用以案说理的方式方法，或者通过编写图文并茂的法律通俗读物把法律知识、法治道理传播给人民群众，努力营造办事依法、遇事找法、解决问题用法、化解矛盾靠法的良好法治环境。更重要的是通过构建覆盖城乡的基本公共法律服务体系，通过为老百姓提供有偿或无偿的法律服务，让老百姓在每一个案件当中都感受到司法的公平与正义，从而更坚定地树立法治的信仰。在法制宣传教育中，我们始终把党政机关特别是领导干部的依法执政、依法行政、公正司法的意识和能力作为法制宣传教育的着力点，切实提高领导干部运用法治思维和法治方式深化改革、推动发展、化解矛盾、维护稳定

的能力,让党政干部以身作则、率身垂范,给人民群众以"依法办事、依法维权、依法提出合理诉求"的强烈环境暗示,从而形成党政机关和社会公众在信守法律、推进法治上的良性互动。

(七)坚持党管干部、党管人才,法治工作队伍建设取得新进展

徒法不足以自行。一支信仰法律、恪守公正、专业敬业的法治工作队伍,是法治浙江建设的重要力量。省委和各地党委十分关心重视法治工作队伍建设,坚持党管干部、党管人才的原则,为法治工作队伍建设提供政治支持、指导和保障。党委抓住立法、执法、司法机关各级领导班子这个关键,把理想信念坚定、法治意识强、善于运用法治思维和法治方式解决问题的人才选拔推荐到领导岗位;各级行政机关和司法机关以提高队伍正规化、专业化、职业化为重点,通过强化教育培训、强化实践锻炼,着力提高广大执法人员和司法人员的政治素质、职业素养,增强他们恪守公正、追求正义拒腐防变的意识与能力。司法行政部门注重加强基层司法员队伍、律师队伍、法律志愿服务队伍的思想政治建设和业务技能考核培训,通过律师协会加强对执业律师的行业管理。一支信仰法治、恪守公正、敬业专业的法治工作队伍,已经成为法治浙江建设的生力军。

二、深刻理解准确把握习近平总书记关于法治建设的新思想新要求

党的十八大以来,习近平总书记就法治建设提出了一系列新思想新要求,为我省在"十三五"时期全面深化法治浙江建设提供了重要遵循。

习近平总书记坚持问题导向,冷静分析了当前我国依法治国领域存在的突出问题和主要矛盾,形成了关于法治建设总体形势的新的判断,为明确新时期全面依法治国的目标和任务提供了科学依据。总书记在多个场合、多次讲话中指出,同党和国家事业发展要求相比,同人民群众期待相比,同推进国家治理体系和治理能力现代化目标相比,法治建设还存在许多不适应、不符合的问题,主要表现为:有的法律法规未能全面反映客观规律和人民意愿,针对性、可操作性不强,立法工作中部门化倾向、争权诿责现象较为突出;有法不依、执法不严、违法不究现象比较严重,执法体制权责脱节、多头执法、选择性执法现象仍然存在,执法司法不规范、不严格、不透明、不文明现象较为突出,群众对执法司法不公和腐

败问题反映强烈；部分社会成员尊法信法守法用法、依法维权意识不强，一些国家工作人员特别是领导干部依法办事观念不强、能力不足，知法犯法、以言代法、以权压法、徇私枉法现象依然存在。总书记要求，"这些问题，违背社会主义法治原则，损害人民群众利益，妨碍党和国家事业发展，必须下大气力加以解决"。

习近平总书记站在全局高度，深刻阐明了当前全面推进依法治国在中国特色社会主义事业全局当中的地位和作用，提出了以"四个全面"战略布局为引领，推进法治中国建设的新思路，为落实新时期全面依法治国的各项任务和举措提供了总目标总抓手。总书记指出，"我国正处于社会主义初级阶段，全面建成小康社会进入决定性阶段，改革进入攻坚期和深水区，国际形势复杂多变，我们党面对的改革发展稳定任务之重前所未有、矛盾风险挑战之多前所未有，依法治国在党和国家工作全局中的地位更加突出、作用更加重大"。总书记要求，"要把全面依法治国放在'四个全面'的战略布局中来把握，深刻认识全面依法治国同其他三个'全面'的关系，努力做到'四个全面'相辅相成、相互促进、相得益彰"，"全面推进依法治国，总目标是建设中国特色社会主义法治体系，建设社会主义法治国家。这就是，在中国共产党领导下，坚持中国特色社会主义制度，贯彻中国特色社会主义法治理论，形成完备的法律规范体系、高效的法治实施体系、严密的法治监督体系、有力的法治保障体系，形成完善的党内法规体系，坚持依法治国、依法执政、依法行政共同推进，坚持法治国家、法治政府、法治社会一体建设，实现科学立法、严格执法、公正司法、全民守法，促进国家治理体系和治理能力现代化"。

习近平总书记强调使命担当，严肃指出了各级党组织和党员干部在全面推进依法治国、建设社会主义法治国家当中肩负的历史重任，为新时期党员干部提高法治思维和依法办事能力、做尊法学法用法守法的模范提供了行动指南。总书记指出，"党员干部是全面推进依法治国的重要组织者、推动者、实践者，要自觉提高运用法治思维和法治方式深化改革、推动发展、化解矛盾、维护稳定能力，高级干部尤其要以身作则、以上率下"。总书记要求，"谋划工作要运用法治思维，处理问题要运用法治方式，说话做事要先考虑一下是不是合法"，"领导干部要把对法治的尊崇、对法律的敬畏转化成思维方式和行为方式，做到在法治之下、而不是法治之外、更不是法治之上想问题、作决策、办事情"，"要把能不能遵守法律、依法办事作为考察识别干部的重要标准"，"要抓紧对领导干部推进法治建设实绩的考核制度进行设计，对考核结果运用作出规定"。

当前，全面推进依法治国的"路线图""时间表"已经明确，中央提出 190 项改革举措必须在 2017 年明显见成效,在 2020 年全面落实完成,摆在各级党组织和全体党员干部面前的紧迫任务就是狠抓落实、细化要求,把纸上的蓝图变成现实的实践。为此,我们必须更加深入地学习贯彻习近平总书记系列重要讲话精神,更加自觉地把思想和行动统一到中央的各项举措部署中来,把握好全面依法治国的总体思路和关键要求。深入学习贯彻习近平总书记系列重要讲话精神,全面推进依法治国必须抓住三个基本依循:即坚持一个根本立场、贯彻一个核心理念、实现一个根本追求。

第一,全面依法治国必须坚持"党的领导"这一根本立场。党的领导与依法治国的关系是社会主义法治的根本问题。党的十八届四中全会的重大贡献之一就是回答了这一理论命题,提出了"党的领导与依法治国是统一的"这个鲜明论断,强调"党的领导是社会主义法治的本质特征","党的领导是社会主义法治的根本保障",必须把党的领导贯穿社会主义法治的全过程、各方面。总书记指出,"我国宪法以根本法的形式反映了党带领人民进行革命、建设、改革取得的成果,确立了在历史和人民选择中形成的中国共产党的领导地位。对这一点,要理直气壮讲、大张旗鼓讲。要向干部群众讲清楚我国社会主义法治的本质特征,做到正本清源、以正视听"。当前,我们坚持党的领导这一根本立场,不仅要重申党的领导是历史的选择、人民的选择,要强调党的领导是宪法的规定、根本法的要求,更加要突出加强和改进党的领导,坚持依法执政基本方式,自觉做到"党领导人民制定宪法和法律,党自身必须在宪法和法律范围内活动",努力实现"三个统一""四个善于"。

第二,全面依法治国必须贯彻"治理现代化"这一核心理念。国家治理体系和治理能力现代化既是党的十八大报告的核心字眼,是理论创新所在,亦是贯穿"四个全面"三大举措的思想主线。全面深化改革,目的是推进国家治理体系和治理能力现代化、促进社会主义制度的发展和完善,全面依法治国实质是不断提高运用社会主义制度治国理政的能力和水平,全面从严治党的关键是推进党的制度建设科学化水平,运用党纪党规治党管党。总书记指出,"国家治理体系和治理能力是一个国家的制度和制度执行能力的集中体现,两者相辅相成","必须适应国家现代化总进程,提高党科学执政、民主执政、依法执政水平,提高国家机构履职能力,提高人民群众依法管理国家事务、经济社会文化事务、自身事务的能力,实现党、国家、社会各项事务治理制度化、规范化、程序化,不断提高运用中国特色社会主义制度有效治理国家的能力"。当前,我们贯彻治理现代化这一核心理念,必须抓住树立制度权威、完善制度体系、强化制度实施三个基本环节,树立制度权威，首要的是树立党章和宪法的权威；完善制度体系关键是完善以宪法为统率的社会主义法律体系、以党章为纲领的党内法规体系；强化制度实施根本的是建立权力运行和监督体系，按照中央的统一部署，全面落实司法改革的各项改革试点举措，不断强化党风廉政建设和反腐败斗争，进一步落实各级党委的主体责任和纪委的监督责任。

第三，全面依法治国必须沿着"推动中国特色社会主义制度更加成熟更加定型"这一基本方向。问题是时代的声音，改革是前进的动力，制度是实践的总成。全面建成小康社会必然包含着、体现在社会主义制度层面的发展与完善，全面深化改革的各项成果必然要转化为、整合进中国特色社会主义的制度体系，全面依法治国、全面从严治党只有在"推动中国特色社会主义制度更加成熟更加定型"的方向上不断向前推进，才能确保国家安定团结、社会长治久安、人民安居乐业。总书记指出："今天，摆在我们面前的一项重大历史任务，就是推动中国特色社会主义制度更加成熟更加定型，为党和国家事业发展、为人民幸福安康、为社会和谐稳定、为国家长治久安提供一整套更完备、更稳定、更管用的制度体系。这项工程极为宏大，必须是全面的系统的改革和改进，是各领域改革和改进的联动和集成，在国家治理体系和治理能力现代化上形成总体效应、取得总体效果"。当前，我们实现"推动中国特色社会主义制度更加成熟更加定型"这一根本追求，必须要科学谋划制度，加强制度供给，不断为经济转型升级提供新的动力来源；必须要全面深化改革，加快制度转化，不断为制度发展完善提供活的实践支撑；必须要建立配套衔接，加深系统整合，不断为社会和谐稳定提供强的制度纽带。

三、"十三五"时期深化法治浙江建设面临的新形势新任务

"十三五"时期是我省积极深入实施"八八战略"、认真贯彻习近平视察浙江重要讲话精神、主动适应和引领新常态、继续发挥先行和示范作用、确保率先建成小康社会的关键时期，需要我们进一步发挥法治的领导、推动和保障作用，坚持法治决策与改革决策同步推进、伟大工程和伟大事业协调发展，不断深化法治浙江建设。

（一）习近平总书记视察浙江重要讲话赋予浙江发展新使命新要求

习近平总书记在视察浙江讲话中开宗明义地提出"干在实处永无止境，走在

前列要谋新篇",希望浙江再接再厉,继续发挥先行和示范作用。这是以习近平同志为总书记的新一届党中央着眼新的时代背景和全国发展大局,为浙江发展确立的新坐标、明确的新要求,是总书记对浙江工作赋予的新使命、对浙江干部群众发出的新动员令。未来五年,我们要牢牢把握新使命、新要求,保持战略定力,追求更大作为,完善路径举措,提升发展水平,一步一个脚印地把总书记为我们勾画的美好蓝图变为现实。

习近平总书记在视察浙江重要讲话中明确要求,要在适应和引领新常态中做出新作为、发挥全面深化改革牵引作用、加快推进城乡发展一体化、培育和践行社会主义核心价值观、不断提高社会建设水平、全面提高生态文明建设水平、认真落实全面依法治国、坚持伟大工程和伟大事业协同推进。这八个方面重点任务,是"四个全面"和"八八战略"中的具体任务,抓住了浙江各项事业发展的"牛鼻子",是当前和今后一个时期浙江工作的要义所在、重点所在、关键所在,是"十三五"时期浙江经济社会发展必须着力回答好的核心课题。

浙江是法治中国建设的先行地和示范区,"十二五"时期,浙江省委、省政府沿着习近平总书记开创的法治浙江建设道路接力前行、锐意创新,形成了坚持党的领导、建立"一把手"负总责的法治浙江建设领导体制机制;坚持法治为民,切实维护社会公平正义,把维护公平正义、保障人民根本权益作为制度安排、法规制定和各项工作的出发点和落脚点;坚持服务中心,为市场取向改革和经济转型升级提供法治保障;坚持发挥法治引领和保障作用,不断提升平安浙江建设水平;坚持法治和德治相结合,发挥法律的规范作用和道德的教化作用;坚持一张蓝图绘到底、一以贯之抓落实等有益经验。"十三五"时期,我们深化法治浙江建设,必须把这些经验继承好、维护好、发展好。

(二)深入推进"四个全面"战略布局在浙江的实践提出了新课题

党的十八大以来,以习近平同志为总书记的党中央围绕推进中国特色社会主义的伟大事业和党的建设科学化的伟大工程,统筹国内国外两个大局,提出了一系列新思想、新观点、新论断、新要求,形成了全面建成小康社会、全面深化改革、全面依法治国、全面从严治党的"四个全面"战略布局,带领全党全国各族人民,励精图治、攻坚克难,在改革发展稳定、内政外交国防、治党治国治军各个方面取得新成就、形成新风气、开创新局面。

"十三五"时期,浙江肩负着率先建成小康社会的光荣使命,面临的转型升级压力之大、全面深化改革任务之重、全面依法治国和全面从严治党挑战之多,为我们深化法治浙江建设提出了诸多新课题。为此,我们必须坚持战略定力,增强创新勇气,坚定不移地推进"四个全面"在浙江的率先实践和"八八战略"在浙江的持续深入。其中,核心的课题包括以下四个。

第一,如何紧紧围绕"干好'一三五',实现'四翻番'"的浙江现代化总目标,以民主法治的发展推动"八八战略"的实现;如何以"法治浙江"建设的体制机制创新推进"两富""两美"浙江建设,为浙江在全国率先实现全面建成小康社会奠定扎实的制度基础;如何系统地梳理和总结浙江在全面建成小康社会进程中的法治探索与实践,以丰富多彩的制度成果全面呈现浙江现代化建设的巨大成就。

第二,如何正确处理改革与法治的关系问题,发挥法治的引领、推动和保障作用,确保所有重大改革于法有据,坚持在法治的轨道上推进改革,确保改革成果为浙江最广大人民群众所享,不断增强人民群众的获得感与幸福感,不断通过法治建设增强制度供给,为经济转型升级提供新的动力来源。

第三,如何进一步贯彻中国特色社会主义法治理论,发展和完善中国特色社会主义制度,建设中国特色社会主义法治体系的总目标、总抓手,围绕用制度管事管人管权,真正"把权力关进制度的笼子",通过法治领域的改革创新推进浙江治理现代化,积极促进科学立法、严格执法、公正司法和全民守法,真正使浙江在认真贯彻落实全面依法治国上走在前列。

第四,如何按照党要管党、从严治党和坚持依法执政基本方式的要求,进一步发挥党总揽全局、协调各方的作用,不断加强和改进党领导法治工作的能力和水平,进一步发挥各级党组织的战斗堡垒作用和全体党员干部的先锋模范作用,深入推进科学执政、民主执政、依法执政,形成完善的党内法规体系,提高党运用科学的制度治党管党的水平。

(三)对破解当前法治浙江工作领域存在的突出问题提出了新考验

必须清醒地看到,浙江民主法治建设还存在许多与新形势新要求不适应、不符合的问题。主要表现为:(1)各级党委存在着对法治工作思想重视不够、体制机制不畅、机构建制不全、人员配备不足、工作载体不多等问题,党委法治建设第一责任人制度尚未落实,各级党政班子和领导干部法治绩效考核机制尚未建立;(2)地方立法尚不能充分回应地方法治创新实践对合法性的需求,新《立法法》赋予的地方立法权有效行使的方案有待探索,深化改革与制度保障的关系需不断协调一致,地方立法体系有待进一步完备,一些领域的立法还滞后于经济社会的发展,不同部门法之间存在"打架"现象,一些不适应发展需要的法律法规没有得到及时清理,一定程度上存在立法受部门利益束缚的现象,存在"立法缺位"和"立法破碎"的现象。地方立法的民主参与的途径有待拓展,地方立法的科学化、民主化水平有待提升;(3)以法治实施推进中心工作的战略方案仍需不断探索,社会关系法治化的程度有待深化,触碰法律底线、红线的现象时有发生,执法司法领域有法不依、执法不严、违法不究现象还比较严重;领导干部运用法治思维与法治方式深化改革、推动发展、化解矛盾、维护稳定能力有待提高,高效与公正相统一的法治实施理念有待强化,法治实施体系的力度、效度有待进一步提升;(4)法治监督体系有待进一步完善,权力机关、行政机关、司法机关之间国家监督权的分工合作机制有待发展,社会舆论监督、新闻媒体监督、群众监督等社会监督权的协调配合功能有待发挥,对于执法司法领域玩忽职守、不作为、滥用职权等违法的行为的问责力度有待加强,法治监督体系的科学性有待提高;(5)"法治为民""法治惠民"的法治保障体系有待建设,已经发展了的法律制度福利如何让群众享有、法治红利如何让群众分享有待探索,目前部分社会成员尊法信法守法用法意识淡薄,依法维权与守法尊法的意识不强;(6)有的单位开展法治创建的积极性不高,法治专门队伍正规化、专业化、职业化程度有待进一步提升。党内法规体系有待进一步完善,不依法决策、不按照民主集中制议事的现象在有的地方党委和部门党委中时有存在,党内法规制度还不健全,部分党员干部法治思维和依法办事能力与时代脱节,党委领导地方立法、保证执法、支持司法、带头守法的机制有待探索,地方党委依法办事的程序机制有待完善。

解决上述问题需要我们在"十三五"时期继续深化法治浙江建设,着力在强化体制机制保障和工作载体创新上做文章,不断提升党委领导法治工作的能力和水平,不断提高各级领导干部法治思维与依法办事能力,为"十三五"时期浙江经济社会健康发展提供坚强的法治保障。

四、全面深化法治浙江建设的总体思路和重点举措

(一)总体思路

1.指导思想

认真贯彻落实党的十八大和十八届三中、四中全会精神,高举中国特色社会主义伟大旗帜,以马克思列宁主义、毛泽东思想、邓小平理论、"三个代表"重要思想、科学发展观为指导,深入贯彻习近平总书记系列重要讲话精神,按照全面建成小康社会、全面深化改革、全面依法治国、全面从严治党的战略布局,坚定不移

走中国特色社会主义法治道路，坚持依法治国、依法执政、依法行政共同推进，坚持法治国家、法治政府、法治社会一体建设，实现科学立法、严格执法、公正司法、全民守法，促进治理体系和治理能力现代化，为深入实施"八八战略"，干好"一三五"、实现"四翻番"，建设物质富裕精神富有现代化浙江和建设美丽浙江、创造美好生活提供有力法治保障。

2. 发展目标

按照习近平总书记视察浙江时提出的"干在实处永无止境，走在前列要谋新篇"和省委十三届六次全会的确定的"力争在六个方面走在前列"的要求，积极发挥法治的引领、推动和保障作用，继续发挥法治浙江建设的先行和示范作用，全面提升全省经济建设、政治建设、文化建设、社会建设、生态文明建设以及党的建设的法治化水平。力争通过五年的努力，到 2020 年，率先形成完备的法律规范体系、高效的法治实施体系、严密的法治监督体系、有力的法治保障体系和形成完善的党内法规体系，在认真落实全面依法治国上走在全国前列。

（二）重点举措

经初步梳理研究，拟重点从十个方面入手，深入推进法治浙江建设。

1. 健全法治浙江建设的领导体制和工作机制

牢固树立党委抓法治理念，明确党委书记是法治建设第一责任人。坚持党的领导，是社会主义法治的根本要求，是全面深化法治浙江建设最根本的保证。必须坚持党委领导立法、保证执法、支持司法、带头守法，统筹推进法治建设各领域工作。要善于使省委的重大决策经过法定程序成为全省人民的意志，善于使党组织推荐的人选经过法定程序成为地方各级国家政权机关的领导人员，善于通过地方各级国家政权机关实施党委对经济社会发展各项事业的领导，善于运用民主集中制原则维护中央权威、推动中央和省委决策部署贯彻落实、维护全省安定团结的良好局面。要把加强党的领导同人大、政府、政协、审判机关、检察机关依法依章程履行职能、开展工作统一起来，充分发挥这些组织中党组的领导核心作用。领导和支持工会、共青团、妇联等人民团体和社会组织在全面深化法治浙江建设中发挥作用。

深化党的建设制度改革。完善民主集中制各项制度，加快推进党内民主制度建设，完善党员民主权利保障制度。健全党委依法决策的程序和机制，强化全委会的决策和监督作用。科学配置党委部门及内设机构权力职能，继续开展地方党委权力公开透明运行试点。规范各级党委主要领导干部职责权限。全面实行党代表任期制,继续深化地方党代会常任制试点。围绕推进好班长好班子好梯队建设,深化干部人事制度改革。

加强和改进党对政法工作的领导。政法委员会是党委领导政法工作的组织形式,必须长期坚持。进一步健全党委定期听取政法机关工作汇报制度。各级党委政法委员会要把工作着力点放在把握政治方向、协调各方职能、统筹政法工作、建设政法队伍、督促依法履职、创造公正司法环境上。建立健全政法机关党组织重大事项向党委报告制度、党组(党委)成员依照工作程序参与重要决策和重要业务制度。加强政法机关党的建设,在法治建设中充分发挥党组织政治保障作用和党员先锋模范作用。落实依法治军要求,支持和加强国防、军队和后备力量建设,推动军民融合深度发展。贯彻落实保障"一国两制"实践和推进祖国统一的法律法规。

着力加强党委领导法治工作的体制机制建设。坚持党总揽全局、协调各方,发挥党委法治工作领导小组的中心作用,定期研究推进法治工作,建立健全党委听取各政权机关、人民团体和社会组织党组法治工作报告制度。健全党委领导法治工作机制,推进党委法治办机构设置、人员配置、工作职能标准化建设,创新党委法治工作载体,积极开展各类法治创建活动,定时召开省委年度法治工作会议,探索建立党委领导下的各级领导班子和党员干部法治绩效考核机制。

2. 提高依法执政能力和水平

严格遵守和维护宪法法律。坚持依法治国首先要坚持依宪治国,坚持依法执政首先要坚持依宪执政。全省各级党政机关、基层组织和社会团体、企事业单位都必须以宪法为根本活动准则,维护宪法法律权威,捍卫宪法法律尊严,追究一切违反宪法法律的责任,纠正一切违反宪法法制的行为,保证宪法法律实施。依法撤销和纠正违宪违法的规范性文件。落实宪法宣誓制度,开展宪法日活动。

支持和推动人民代表大会制度与时俱进。坚持和完善人民代表大会制度,推动人大工作理论与实践创新。健全党委领导人大工作制度,支持和保障人大及其常委会依法行使立法、监督、决定、任免等职权。加强党委对人大选举工作的领导。推进全省各级人大"两个联系、一个发挥"工作,深化代表联络站和代表履职平台建设。加强议案和建议处理工作。加强各级人大及其常委会自身建设,优化代表、常委会组成人员和专门委员会组成人员结构,提高专职委员比例。加强对乡镇人大工作的指导。

支持和推动协商民主广泛多层制度化发展。坚持和完善中国共产党领导的多党合作和政治协商制度,构建程序合理、环节完整的协商民主体系。加强政党协商,依法开展人大立法协商,深入推进政府协商,认真做好人民团体协商,扎实开展基层组织协商和社会组织协商,探索创新协商途径渠道,丰富协商方式方法,增强协商实效。发挥人民政协在发展协商民主中的重要渠道作用,开展专题协商、对口协商、界别协商、提案办理协商。建立健全协商议题提出、活动组织、成果采纳落实和反馈机制。完善民主党派直接向党委提出建议制度。

加强党内法规制度和工作体系建设。党章是最根本的党内法规,必须严格遵行。落实省委党内法规制定工作五年规划纲要,加快构建内容科学、程序严密、配套完备、运行有效、富有浙江特点的党内法规制度体系。完善党内法规制定体制机制。加大党内法规和规范性文件备案审查和解释力度。探索建立党内规范性文件备案审查与地方性法规、政府规章和行政规范性文件备案审查衔接联动机制。探索开展党内法规执行情况和实施效果评估。建立健全党内法规和规范性文件定期集中清理制度和即时清理机制。

3. 健全地方法规规章

主动适应全面建设小康社会、全面深化改革、全面推进依法治国、全面深化法治浙江建设的新需要,切实转变立法理念,推动立法工作由"立权"向"立责"转变,从注重维护公权向重视规范公权、保障私权转变,努力使每一项立法都符合宪法精神、反映人民意愿、得到人民拥护。围绕中心、服务大局,在深化改革、"三改一拆"、"五水共治"、浙商回归、"四换三名"、创新驱动等重点工作中,提供立法保障。进一步加强地方立法工作,强化立法工作组织协调,在新的起点上谋划和推进地方立法工作,发挥立法的引领和推动作用,发挥人大及其常委会的主导作用,深入推进科学立法、民主立法,着力提高立法质量。

科学编制立法计划。要按民主立法的要求制定立法计划。既要重视人大代表提出的立法议案或建议,从中选择可行的法规项目,又要广开言路,公开向社会征集立法项目,并使公开征集立法项目制度化、长期化。建立立法计划的听证制度,广泛地听取民意、反映民情,真正做到立法为民。要制定突出我省特点的立法计划。在参考全国人大常委会及国务院五年立法规划和年度立法工作计划的基础上,坚持地方特色,结合我省经济社会发展实际和重要改革实施方案,选择时机成熟的立法项目,制定符合我省特点的立法计划。要以"良法"为标准制定立法计划,坚持"求质量不求数量"的原则。既要考虑我省社会治理的需要,又要考虑对社会主体合法权益的保护,充分权衡社会主体的接受能力和认可程度,还要考虑法规规章的实施成本。推行立法计划项目专家论证制度。确保能按既定计划进行法规规章制定,按计划制定的法规规章又是"良法"。

提高立法质量。增强地方法规规章的针对性。从浙江省实际出发,抓住改革的重点领域和关键环节,积极推进重点领域立法,以法规规章规定的内容科学合理协调利益关系,真正解决我省改革发展实际问题。注重地方法规规章的实用性。坚持立法的问题导向,推进单项立法,根据实际需要,避免简单重复上位法律法规的规定,不求大而全,力求法规规章能有效调整、平衡利益关系,规范和引导行为。增强地方法规规章的时效性。既要前瞻性地对社会发展趋势进行分析判断,对我省改革发展中可能出现的问题通过立法进行预设和引导,又要积极回应社会主体关切的问题,针对我省改革发展实践对地方立法提出的迫切需要,及时启动立法程序。增强地方性法规规章的可操作性。对所规范的事项尽可能进行细化、量化,在立法中突出程序性规定。同时,注重法规规章的配套性规范的制定,加强对实施法规规章的配套规范性文件的备案审查工作。

推进立改废工作。要密切关注全国人大及其常委会、国务院及其部委落实改革任务需要制定、修改或者废止的立法项目计划,逐项学习每一次全国人大常委会及国务院常务会议通过的立法计划项目,并结合全国人大及其常委会、国务院及其部委立法,对所涉及的本省地方性法规、规章做针对性分析研究。对新颁布的上位法,及时围绕需要根据本行政区域的实际情况作具体规定的事项,制定执行法律、行政法规的地方法规和规章,及时补充细化,增加更具可操作性的规定和程序,确保法律、行政法规、部委规章在我省的实施。对国家尚未制定的法律或者行政法规、规章,要从本省和人民根本的、长远的利益出发,权衡全省工作全局,在宪法和法律的基础上,坚持先行先试和制度创新,继续加强先行性立法、自主性立法,及时将经过实践检验证明已经成熟的做法与经验上升为法规规章,解决好本省经济社会发展中的实际问题,为完善法律体系做出新的贡献。将法规规章的改、废纳入立法工作常规,对需要修改和废止的地方性法规规章及时启动立法程序,在规定时限内集中进行修改或废止。

4.加快建设法治政府

推进政府职能转变。推进机构、职能、权限、程序、责任法定化,坚持法定职责必须为、法无授权不可为。以深化“四张清单一张网”建设为抓手,大力推进政府自身改革,加大简政放权力度,建立权力清单、责任清单、财政专项资金管理清单动态调整机制,探索推进企业投资负面清单管理方式,完善浙江政务服务网,促进政府治理现代化。深化行政审批制度改革,全面清理行政审批前置环节,全面取消非行政许可审批事项,加强行政许可事项动态管理,加强事中事后监管。完善集阳光政务、行政审批、便民服务等功能于一体的省市县联动的网上政务服务体系，推动各级政府权力事项集中进驻、网上服务集中提供、数据资源集中共享，加强政府精细化、标准化管理，提高行政效能。推进各级政府事权规范化、法律化，强化省政府统筹推进全省基本公共服务均等化职责，强化市县政府执行职责，推动各级政府依法全面履行职能。

完善行政决策机制。把公众参与、专家论证、风险评估、合法性审查、集体讨论决定确定为重大行政决策法定程序。制定重大行政决策出台前向人大报告制度。建立行政机关内部重大决策合法性审查机制。全面推行政府法律顾问制度，发挥法律顾问在制定重大行政决策、推进依法行政中的积极作用。对涉及民生的重大决策事项，在作出决策前实施社会稳定风险评估。建立决策后评估和纠错制度。健全行政规范性文件合法性审查制度。

改革和完善行政执法体制。合理配置执法力量，相对集中执法权，推进综合执法。理顺城市管理、市场监管、安全生产、海洋和资源环境等执法监管体制，整合执法主体，大幅减少市县两级政府执法队伍种类，加强综合执法队伍建设。完善执法协作配合机制，推动跨部门、跨领域基层综合行政执法，探索多种形式的部门联合执法。完善市县两级行政执法管理。理顺行政强制执行体制。实行行政执法案件主办人制度和案件审核制度，建立案件质量跟踪评判机制。严格执行罚缴分离和收支两条线管理制度。健全行政执法和刑事司法衔接机制，建立信息共享、案情通报、案件移送制度。

规范行政执法行为。依法惩处各类违法行为，加大关系群众切身利益的重点领域执法力度。严格执行重大执法决定法制审核制度。健全行政执法裁量权基准制度，建立执法依据定期梳理和公布制度。全面落实行政执法责任制，加强执法监督，防止和克服地方和部门保护主义，惩治执法腐败现象。建立执法全过程记录制度，加强日常执法监督检查，规范辅助执法人员管理。加强行政执法信息化建设。探索开展行政复议体制改革试点，加强行政复议能力建设。切实保护行政相关人的知情权、参与权、监督权和寻求救济的权利。支持法院受理行政案件，落实行政机关出庭应诉制度，健全尊重并执行法院生效裁判的制度。健全行政机关对司法建议的反馈制度。

创新和完善政府管理服务方式。推动公共资源市场化配置，建立统一规范、上下衔接的公共资源交易平台。创新公共服务模式，探索公共服务供给主体多元化，积极推进政府向社会力量购买服务，建立健全政府购买服务、招标投标和监督评估等制度。进一步规范行政给付、行政奖励等授益性政府行为。全面规范各级政府和部门行政机关合同管理工作。

5. 扎实推进司法体制改革

按照中央批准的浙江深化司法体制改革试点方案,扎实推进各项试点改革工作。确保司法机关依法独立公正行使审判权和检察权。各级党政机关和领导干部要支持法院、检察院依法独立公正行使职权。建立健全领导干部干预司法活动、插手具体案件处理的记录、通报和责任追究制度。优化司法资源配置,实行地方法院、检察院人财物省级统一管理,探索实行法院、检察院司法行政事务管理权和审判权、检察权相分离。建立健全司法人员履行法定职责保护机制。非因法定事由、非经法定程序,不得将法官、检察官调离、辞退或者作出免职、降级等处分。探索建立与行政区划适当分离的司法管辖制度。

优化司法职权配置。健全公安机关、检察机关、审判机关、司法行政机关各司其职,侦查权、检察权、审判权、执行权互相配合、互相制约的体制机制。推动实行审判权和执行权相分离的体制改革试点。统一刑罚执行体制。完善审判委员会、检察委员会制度,完善检察长列席审委会制度。改革法院案件受理制度,变立案审查制为立案登记制。加大对虚假诉讼、恶意诉讼、无理缠诉的惩治力度。完善刑事诉讼中认罪认罚从宽制度。完善审级制度。完善对涉及公民人身、财产权益的行政强制措施实行司法监督制度。推行检察机关提起公益诉讼制度,建立检察机关与行政执法部门的监督与协同合作机制。明确司法机关内部各层级权限,建立司法机关内部人员过问案件的记录制度和责任追究制度。完善主审法官、合议庭、主任检察官、主办侦查员办案责任制。加强职务犯罪线索管理,健全受理、分流、查办、信息反馈机制,明确纪检监察和刑事司法办案标准和程序衔接,正确履行分工职责。

规范司法行为。推进以审判为中心的诉讼制度改革,全面贯彻证据裁判规则,严格依法收集、固定、保存、审查、运用证据,完善落实证人、鉴定人出庭制度。规范司法机关自由裁量权行使,全面推行量刑规范化改革、案例指导制度。围绕提高办案质量的目标,完善司法机关内部管理机制,明确各类司法人员工作职责、工作流程、工作标准,建立健全办案质量终身负责制和错案责任倒查问责制度。严格规范减刑、假释、保外就医、暂予监外执行程序和要求。严控案件办理期限,推行繁简分流和速裁机制,完善案件流程监控、质量评查、考核评价体系。加快政法系统信息化共享平台建设,推动实现跨部门网上协同执法办案业务。

保障人民群众参与司法。完善人民陪审员制度,提高人民陪审员履职意识和能力,逐步实行人民陪审员不再审理法律适用问题、只参与审理事实认定问题。探索建立专家陪审机制。推进法院"一站式"诉讼服务、检察院综合性受理接待中心等窗口建设。完善当事人权利义务告知、群众旁听庭审、司法听证、网络司法拍卖等制度。落实实名举报答复和举报人保护机制。

加强人权司法保障。坚决防止和纠正冤假错案，健全冤假错案及时纠正机制。保障诉讼过程中当事人和其他诉讼参与人的知情权、陈述权、辩护辩论权、申请权、申诉权。健全落实坚持罪刑法定、疑罪从无、非法证据排除等法律原则的工作制度。严格落实我省防止冤假错案的各项制度，严禁违反司法程序办案，严禁刑讯逼供、体罚虐待和非法取证。深入推进刑事案件侦查讯问同步录音录像制度，完善对限制人身自由司法措施和侦查手段的司法监督。完善国家赔偿制度。完善社区矫正工作机制。

严格查封、扣押、冻结、处理涉案财物的司法程序，探索建立司法涉案财物集中管理平台，完善涉案财物处理信息公开机制。加快建立失信被执行人信用监督、威慑和惩戒机制，依法保障胜诉当事人及时实现权益。落实终审和诉讼终结制度，实行诉访分离。严格落实涉法涉诉信访执法错误纠正和瑕疵补正机制。对不服司法机关生效裁判、决定的申诉，逐步实行由律师代理申诉制度。对无法承担律师费用的申诉人，纳入法律援助范围。

6.扎紧织密权力的笼子

坚持用制度管权管事管人，让人民监督权力，让权力在阳光下运行，是把权力关进制度笼子的根本之策。在全面深化法治浙江建设的总体规划中，既要注重将利用制度将权力关进笼子，又要积极探索利用好法治手段去扎紧织密权力的笼子。

明确各级权力边界。在符合现行法律法规规定的条件下，探索对党委、人大、政府、司法等机关权力进行科学分解，使各级各类权力机关和各级领导的权力都有明确的边界，在横向和纵向形成界限清晰、互相制约、统一协调的权力结构和运行机制。明确权力职责、划清权力界线是对权力进行有效制约和监督的前提。全面梳理出各类各项公共权力，理清其规范依据、法律依据、运行程序、行使效力及各项权力所对应的责任。从横向上对同级党委、政府等党政机关所享有各项公共权力进行整理，对一些缺乏依据的或是不利于社会发展的权力事项予以取消、调整或修改；对一些交叉、混合的权力内容做整合或重新区分界定，保证每个党政机关及其部门的权力边界清晰，同时保证每一项权力又都是有限的；对于依法转移给其他机关行使更利于发展的权力事项，予以转移。从纵向上对上下级权力事项进行梳理，对于由下级行使更方便有效的公共权力，一律下放给下级。

推进权力公开运行。落实党务公开、政务公开、司法公开和各领域办事公开制度。从以三个方面着手推进权力运行公开。第一，全方位公开权力运行信息。对所有涉及公权运行的信息，如权力内容、权力运行程序、权力运行过程、权力运行结果都要及时公开；把公开透明贯穿到决策、执行、监督等权力运行的各个环节；绩效要公开，问题也要公开。第二，形成高效便捷的公开机制。利用灵活多样的方式和渠道，及时向社会公开权力运行的相关信息，使人民群众能够方便地获取权力运行信息，切实保障公民的知情权、参与权、监督权、表达权。第三，加强权力运行公开的刚性约束。在条件成熟的情况下，制定专门法规，对权力运行信息公开的主体职责、内容要求、程序要求、法律责任做出明确具体的规定，使权力运行公开有法可依、有规可循。

强化权力运行监督。加强权力运行同体监督，完善权力运行异体监督。增强专门监督机构的独立性，由双重管理逐步转变为垂直管理，使得专门监督机构能够顺利有效地开展监督；增加各行各业人士和普通民众代表的数量，有效发挥人大代表、广大人民群众监督权力的重要作用，有效发挥新闻媒体、人民团体对权力的监督作用，有效发挥政协、司法机关对权力的监督作用。建立事前、事中、事后监督并重的监督机制。全面梳理权力运行流程，将权力运行流程和审批环节、监管环节进行规范化操作和管理，加强对权力运行的实时监控，构建覆盖权力运行全过程的监督机制。

健全权力问责体系。完善权责一致的制度体系，做到有权即有责、责随权走、权责对等。完善问责主体体系，增强人大问责实效性，完善公民问责程序，健全民主党派、无党派爱国人士、人民团体参与问责的制度。完善问责范围体系，将决策错误、用人失察、领导不力、不作为等纳入问责范围，建立公务人员的终身问责制。完善责任体系，明确责任范围，厘清政治责任、法律责任、道德责任的不同适用范围。完善问责程序体系，细化明确问责程序规范，对问责实施过程、被问责人员的救济保障和救济权也应制定明确规定。

7. 围绕中心工作拓展法治实践平台

始终围绕中心工作全面深化法治浙江建设，做到中心工作推进到哪里，法治建设的实践平台就建在哪里。坚持把"三改一拆""五水共治"等转型升级"组合拳"，作为全面深化法治浙江建设的大平台、试验田、试金石和活教材。坚持立法先行，加强对相关领域法规规章的制定、修改、解释，使立法更具有针对性，更好地服务中心、解决问题。强化执法司法保障，严格依法办事，保护合法、打击非法，推动法律有效实施。利用正反典型，善于以案释法，推动形成全民守法良好氛围,发挥法治对中心工作的保障和推动作用。

紧紧围绕各项改革试点全面深化法治建设,加快改革成果的制度转化,不断增强制度整合力度。坚持改革决策与法治决策同步,加快推进"四大国家战略举措"改革和杭州市、湖州市、丽水市生态文明先行示范区建设等国家改革试点,认真研究制定好相关配套制度,争取在行政审批制度改革、新型贸易合同管理、民间融资管理、省委权力清单等领域形成一批改革制度成果。认真做好各类省级改革试点项目,努力在推进政府权力清单制度、综合行政执法改革、市场监管体制和商事制度改革及经济社会领域相关改革中形成可复制、可推广的工作经验和实践制度。

8. 促进全社会尊法学法守法用法

党员干部是全面深化法治浙江建设的重要组织者、推动者、实践者,必须带头遵守宪法法律、带头依法办事,切实提高运用法治思维和法治方式深化改革、推动发展、化解矛盾、维护稳定的能力。要把宪法法律列入各级党委(党组)中心组学习内容,列为各级党校、行政学院、社会主义学院必修课。健全领导干部任前法律知识考试、领导干部下访律师随同等制度。健全依法决策机制,把公众参与、专家论证、风险评估、合法性审查、集体讨论决定确定为重大行政决策法定程序,建立重大决策终身责任追究制度及责任倒查机制,推动领导干部养成依法决策、依法办事的习惯。把法治建设成效作为衡量各级领导班子和领导干部工作实绩重要内容,纳入政绩考核指标体系。把能不能遵守法律、依法办事作为考察干部重要内容,在相同条件下,优先提拔使用法治素养好、依法办事能力强的干部。

要在全社会牢固树立宪法和法律的权威,让广大人民群众充分相信法律、自觉运用法律,使广大人民群众认识到宪法和法律不仅是全体公民必须遵循的行为规范,而且是保障公民权利的武器。把法治教育纳入国民教育体系,在中小学设立法治知识课程,全面落实学校法治教育计划、教材、课时、师资。健全普法宣传教育机制,各级党委和政府要加强对普法工作的领导,宣传、文化、教育部门和人民团体要在普法教育中发挥职能作用。实行国家机关"谁执法谁普法"的普法责任制,建立法官、检察官、行政执法人员、律师等以案释法制度,加强普法讲师团、普法志愿者队伍建设。完善公共场所公民行为准则,健全公民守法体系。大力宣传模范守法公民的先进事迹,提倡见义勇为和敢于同违法犯罪行为作斗争的奉献精神和公民护法意识。积极开展群众性法治文化活动,健全扶持法治文化发展的制度,加强法治教育展馆等法治文化设施建设,组织开展法治人物和事件评选等活动。推动法治文化产品创作,着力打造一大批思想性、艺术性和观赏性有机统一、深受群众喜爱的法治文化精品力作。健全媒体公益普法制度,加强新媒体新技术在普法工作中的运用。健全守法义务与守法责任相统一的公民守法体系。依法建立自然人、法人和其他组织共同参与的社会信用体系。建立以公民身份号码为基础的公民统一社会信用代码制度。建立社会信用评价体系,构建全省统一的"失信名单"制度。规范信用服务行业发展。

围绕践行社会主义核心价值观和当代浙江人共同价值观,加强公民道德建设,弘扬中华传统美德。加强社会公德、职业道德、家庭美德、个人品德教育,组织道德论坛、道德讲堂、道德修身等活动。强化法律对道德建设的促进作用,发挥法治在解决道德领域突出问题中的作用。

9. 推进基层依法治理

推进基层多层次各领域依法治理。坚持系统治理、依法治理、综合治理、源头治理,提高社会治理法治化水平。要健全党组织领导下的充满活力的基层群众自治机制,坚持和发展新时期"枫桥经验",推广"网格化管理、组团式服务",完善村民自治、社区居民自治和企事业单位民主管理制度,扎实推行民主恳谈会、民主听证会、民情议事会和民情沟通日等制度,推进村级便民服务中心和村务监督委员会规范化建设,进一步探索党务公开、政务公开、村(居)务公开、厂务公开的新途径、新方法。进一步加强城乡社区建设,为创新社会管理搭建基础平台。进一步健全以社区(村)党组织为核心、以基层群众自治组织为主体、以社区社会组织为补充、社区居民和驻区单位广泛参与的社区治理结构。构建社区党委(党支部)、社区居委会、公共服务中心、"邻里中心"一体的社区共治平台。突出发挥社区党组织的领导核心作用,因地制宜地推广决策听证会、民主恳谈会、矛盾协调会、居务监督会等决策、议事、协商平台,推动社区民主协商、合作治理,促进居民之间的情感交流和关系和谐。要推动市民公约、村规民约、行业规章、团体章程等社会规范的广泛运用,发挥其在社会治理中的积极作用。

提升基层干部法治思维和依法办事能力。要增强基层干部的学法用法、依法办事、法治宣传意识,增强法治为民的意识,提高基层干部依法治理能力,切实为全面推进依法治国作出积极贡献。要发挥基层党组织在全面深化法治浙江建设中的战斗堡垒作用和党员的先锋模范作用。以深化党员干部直接联系群众为重点,建立健全经常性服务基层、服务群众机制。

发挥社会组织对其成员的行为导引、规则约束、权益维护作用。研究制定指导、规范各类社会组织发展的法规政策,进一步加大建立各类社会组织和规范管理的力度,为社会组织参与社会事务、维护公共利益、救助困难群众等构建制度化渠道。加大对社会组织的政策扶持和分类指导力度。支持行业协会商会类社会组织发挥行业自律和专业服务功能。要重点发挥"枢纽型"社会组织的积极作用,扩大政府购买公共服务力度,规范购买服务的范围和责任。

推进覆盖城乡居民的公共法律服务体系建设,加强民生领域法律服务。实行法律服务的基层社区全覆盖,建立和完善法律服务顾问团,依靠法律服务职业化团体,送法下乡、下村、下街道、下小区,构建有效的法律服务社会化网络体系。要建立健全公共法律服务标准和质量评价机制,完善法律援助制度,扩大援助范围,健全司法救助体系,保证人民群众在遇到法律问题或者权利受到侵害时能够获得及时有效法律帮助。

10.加强法治工作队伍建设

推进法治专门队伍正规化、专业化、职业化,提高其职业素养和专业水平。严格法律职业准入制度,建立法律职业人员统一职前培训制度。建立从符合条件的律师、法学专家中招录立法工作者、法官、检察官制度。加强立法工作队伍建设,增加有法治实践经验的人大常委会专职委员比例。建立法官、检察官逐级遴选制度。初任法官、检察官由省高级人民法院、省人民检察院统一招录,一律在基层法院、检察院任职。畅通立法、执法、司法部门干部和人才内部以及与其他部门具备条件的干部和人才交流渠道。建立符合职业特点的法治工作人员管理制度,建立法官、检察官、人民警察专业职务序列及工资制度,加快完善职业保障体系。加强基层法治建设工作机构和人员队伍建设,推动执法、司法力量向基层倾斜。推广建立基层法治促进员制度,推进法治干部下基层活动。

加强律师队伍思想政治建设,加强律师执业操守和道德建设,完善律师执业保障机制和违法违规执业惩戒制度。加强律师事务所管理,发挥律师协会自律作用。构建社会律师、公职律师、公司律师等优势互补、结构合理的律师队伍。各级党政机关和人民团体普遍设立公职律师,企业可设立公司律师,参与决策论证,提供法律意见,促进依法办事,防范法律风险。明确公职律师、公司律师法律地位及权利义务,理顺公职律师、公司律师管理体制机制。

加强公证员、基层法律服务工作者、人民调解员队伍建设。推动法律服务志愿者队伍建设。建立激励法律服务人才跨区域流动机制。重视法治人才培养。坚持用马克思主义法学思想和中国特色社会主义法治理论全方位占领党校、高校、科研机构、法学教育和法学研究阵地。加强法学教育和研究,强化法学学科和专业建设,发挥法学研究机构和法学人才在全面深化法治浙江建设中的作用。

重视法治人才和后备力量的教育培养。健全政法部门和法学院校、法学研究机构人员双向交流机制,推动高校和法治工作部门人员互聘。建设高素质法治领域学术带头人、骨干教师、专兼职教师队伍。

第十五章 发挥软环境优势，建设法治浙江[①]

进入新世纪以来，浙江改革发展步入新的历史阶段，面临着新的机遇和挑战，省委审时度势，根据中央的部署，紧密结合浙江实际，作出了"八八战略"的重大战略决策，将之作为我省"加快全面建设小康社会，提前基本实现现代化"的总战略，并在扎实推进过程中逐步形成了经济、政治、文化、社会建设"四位一体"的现代化总布局。法治浙江建设既是"八八战略"的重要内容和实践载体，着眼于"进一步发挥环境优势"，突出了发展社会主义民主政治、提升全社会法治化水平的要求，同时也为"八八战略"的贯彻落实和深化推进提供了重要的规范引领和制度保障。习近平同志在浙江工作的五年多时间里，浙江省持续深入推进依法治省，全面开启建设法治浙江新征程，推动浙江省法治建设在各个层面、各个领域取得了一系列的理论成果、制度成果和实践成果。

一、从"八八战略"到建设"法治浙江"

（一）"八八战略"的重大意义

浙江作为我国市场经济的先发地区和改革开放的前沿阵地，在社会主义现代化事业向前推进的过程中锐意进取，率先实现了发展，各项工作走在了全国前列。与此同时，浙江也比其他省份更早面临着"成长的烦恼"，面临着提高党的执政能力、破解发展瓶颈、创新社会治理、发展民主政治、繁荣先进文化等诸多挑战。按照 20 世纪 90 年代初国家统计局制定的《全国人民小康生活水平的基本标准》，到 1999 年时，我省全部 16 个指标均达到了小康标准值，小康实现程度达

[①] 本文原系《八八战略》（陆发桃主编，浙江人民出版社 2018 年版）第十章的初稿，后由省委党校研究室主任陈晓雄同志修改扩展成文，收入本书时保持了初稿的原貌。

到 100％,浙江在全国率先实现了总体小康生活的目标。2002 年,浙江省人均国民生产总值突破 2000 美元。另据 2006 年浙江省"十一五"规划纲要的权威数据,"十五"时期,全省生产总值迈上万亿元台阶,人均生产总值突破 3000 美元,地方财政收入超过 1000 亿元,进出口总额达到 1000 亿美元,浙江的城市化加快推进,改革开放持续深化,各项重点建设成效显著,社会发展水平居全国前列,城乡居民人均收入居各省之首,浙江的发展进入了一个新的历史阶段。正如习近平同志当时指出的:"浙江处于人均 GDP 接近 3000 美元这样一个'门槛',既是战略机遇期,又是矛盾凸显期,有很多别的地方没有遇到的问题。要解决这些问题,书本上没有答案,前人没有经验,只能依靠深入的调查研究,问计于基层,问计于群众,问计于实践。"

"八八战略"是习近平同志领导省委一班人科学分析新的发展阶段浙江面临的新形势、出现的新情况和需要解决的新问题之后,作出的一项重大战略举措。"八八战略"之于浙江的重大意义,不仅在于它明确了当时浙江科学发展的指导思想和行动纲领,为全国探索全面建设小康社会、构建社会主义和谐社会路径贡献了浙江智慧、浙江方案,同时亦为浙江的后续发展提供了科学的认识论指引和行动总纲。"八八战略"的思想认识论精髓就是"优势论",就是要正确把握浙江经济社会发展的现实基础,"跳出浙江看浙江,进一步认识和把握自身的优势,强化现有优势,发掘潜在优势,努力把原有的劣势转化为新的优势"[1]。"八八战略"的行动实践论精髓就是要"走在前列、干在实处",就是要历史地、辩证地、全面地理解"走在前列"的要求,始终保持良好的精神状态,具备宽广的发展视野,创造一流的工作业绩,真正干出有益于党和人民事业发展的实事,真正建立经得起历史检验的实绩[2]。在经过了前期充分深入的调研研究、科学严谨的论证规划之后,2003 年 7 月,省委十一届四次全会作出了"发挥八个方面优势""推进八个方面举措"的重大战略决策,明确了新的历史时期浙江科学发展的指导思想、目标任务和关键举措。2004 年 5 月,省委十一届六次会议对"平安浙江"建设作出了全面部署,首次引入了"大平安"的理念,以此来统领整个社会管理和建设工作;同年省委十一届七次全会作出的关于加强党的执政能力建设的意见,提出要致力于"巩固八个基础,不断增强八种能力"。2005 年 7 月,省委十一届八次全会通过的关于加快建设文化大省的决定,提出要大力实施文化建设"八项工程",

---

① 习近平:《干在实处,走在前列》,中央党校出版社 2006 年版,第 73 页。
② 习近平:《深刻理解"走在前列"》,《今日浙江》2005 年第 10 期,第 4—5 页。

"八八战略"得到了有效的实施。

(二)建设"法治浙江"的重大决策

省委始终高度重视法治工作,1996 年即作出了"依法治省"的决定。2002 年习近平同志担任浙江省委书记以来,法治建设始终是"八八战略"的重要内容和实践载体,浙江现代化"四位一体"总布局的形成过程就是一个省委不断深化依法治省、推进浙江法治建设的过程。2003 年省委十一届四次全会作出了"发挥八个方面优势""推进八个方面举措"的决策部署,法治建设与信用浙江建设、机关效能建设一起被确定为进一步发挥浙江软环境优势的主要举措,要点是"进一步加强立法和法律监督工作,营造依法行政、严格执法、公正司法的法治环境"。2004 年省委十一届六次会议作出的关于"平安浙江"建设的决定,提出了创造"四个环境"的重点内容和维护"六个安全"的工作要求①,民主法制建设、推进依法治省是维护"政治安全"的重要内容。同年,省委十一届七次全会作出的关于加强党的执政能力建设的意见,"致力于巩固党执政的政治基础,全面推进法治社会建设,不断增强发展社会主义民主政治的本领"是其中的重要内容。2005年 7 月,省委十一届八次全会通过关于加快建设文化大省的决定,提出要大力实施文化建设"八项工程",加快建设教育、科技、卫生、体育"四个强省",要求开展以普及科学知识、普及法律知识为主要内容的"双普"活动,增强法制意识,弘扬科学精神等。

2006 年 4 月,浙江省委十一届十次全会审议通过了《关于建设"法治浙江"的决定》,标志着浙江在"十一五"开局之年,率先吹响了法治建设的号角。会议明确提出要高举邓小平理论和"三个代表"重要思想伟大旗帜,全面落实科学发展观,致力于构建社会主义和谐社会,牢固树立社会主义法治理念,坚持社会主义法治的正确方向,以依法治国为核心内容,以执法为民为本质要求,以公平正义为价值追求,以服务大局为重要使命,以党的领导为根本保证,在浙江全面建设小康社会和社会主义现代化建设进程中,通过扎实有效的工作,不断提高经济、政治、文化和社会各个领域的法治化水平,加快建设社会主义民主更加完善、社会主义法制更加完备,依法治国基本方略得到全面落实,人民的政治、经济和文化权益得到切实尊重和保障的法治社会,使我省法治建设工作整体上走在全国前列。从"八八战略"的重大战略决策到建设法治浙江的重大政治决定,是省

---

① 为对"平安浙江"建设作出全面部署,浙江省委提出了确保社会政治稳定、确保治安状况良好、确保经济运行稳健、确保安全生产状况稳定好转、确保社会公共安全、确保人民安居乐业"六个确保"的目标。

委坚持以"八八战略"为引领,不断发展和完善浙江现代化总体布局的逻辑必然,体现了我省推动法治建设的认识深化、战略强化和落实优化过程。

就法治浙江的认识深化而言,省委充分认识到,浙江已进入了全面建设小康社会的攻坚阶段、加快社会主义现代化建设的关键时期。社会主义先进生产力的发展和市场经济体制的不断完善,对生产关系和上层建筑的调整提出了新的要求;社会主义民主政治的不断发展和人民政治参与积极性的不断提高,对进一步落实依法治国基本方略提出了新的要求;改革的深化和各种利益关系的不断调整,对从法律和制度上统筹兼顾各方面利益提出了新的要求;社会结构和社会组织形式发生的深刻变化,对正确处理人民内部矛盾、依法加强社会建设和管理提出了新的要求;人们思想活动的独立性、选择性、多变性、差异性的增强,对强化马克思主义在意识形态领域的指导地位、树立社会主义法治理念和社会主义荣辱观提出了新的要求;所有这一切,都要求我们从事关事业全局的高度重新认识和定位浙江法治建设。

就法治建设的战略强化而言,省委建设法治浙江决定的出台不仅标志着一个以"八八战略"为总纲,涵盖经济、政治、文化、社会建设内容的"四位一体"现代化总体布局的正式形成,同时也表明了法治浙江建设与平安浙江建设、文化大省建设、党的执政能力和先进性建设共同构成了新的历史阶段中浙江科学发展的战略支撑体系,具有同等重要的政治地位和极为深远的历史意义,它们内在统一、有机联系、相辅相成、互相促进。其中,"八八战略"着眼于推进经济社会全面协调可持续发展、加快推进全面建设小康社会、提前基本实现现代化,这既是一个总的战略部署,又相对侧重于科学发展;"平安浙江"着眼于解决新的发展阶段日益凸显的矛盾和问题,全面促进社会和谐稳定、保持经济社会协调发展;"文化大省"着眼于发展先进文化,为现代化建设提供思想基础、智力支持和精神动力;"法治浙江"着眼于发展社会主义民主政治、建设社会主义政治文明,从法律制度的层面上完善党的领导方式和执政方式、推进社会生活的法治化。

就法治浙江的落实优化而言,为贯彻省委十一届十次全会精神,扎实推进法治浙江建设,2006年5月,省人大常委会通过《浙江省人民代表大会常务委员会关于建设"法治浙江"的决议》;6月,省政府出台了《浙江省人民政府关于推进法治政府建设的意见》,省政协自2005年以来持续开展为推进建设"法治浙江"建言献策的活动。与此同时,省委成立了建设"法治浙江"工作领导小组及其办公室。2006年12月18日召开了省委建设"法治浙江"工作领导小组第一次会议,习近平同志在会上强调,各级党委要加强对法治建设工作的领导,立足当前,着眼长远，扎实推进建设"法治浙江"各项工作。要突出抓重点，突出抓机制，要突出抓合力。这一系列的实践举措表明，建设法治浙江在工作格局、领导体制、工作机制、领导方法等各个方面都得到了有效优化。全省11个市都召开了市委全会或法治建设工作会议，明确任务，制定措施，成立领导小组，形成了党委领导，人大、政府、政协分口负责，各部门共同实施的工作格局。

二、建设"法治浙江"的实践基础、理论支撑与关键举措

（一）建设"法治浙江"的实践基础

建设"法治浙江"的决定不是一个"拍脑瓜的产物"，是省委面对新形势新要求，站在浙江现代现代化事业全局的高度上，在继承我省前十年不断推进依法治省的扎实基础上，经过了广泛深入的调查研究之后作出的一项"立足当前、谋划长远"的战略决策。早在2005年，浙江省委就把建设法治浙江作为年度重点调研课题，由时任省委书记的习近平同志亲自主持，并专门成立了由省委分管领导牵头的建设法治浙江工作筹备小组，习近平同志本人先后深入40多个基层乡村、社区和单位，就建设"法治浙江"开展专题调研。省人大、省政协和各民族党派、无党派人士以及理论工作者也积极建言献策。2006年2月5日，省委理论学习中心组专题学习研究有关法治建设的理论和实践问题。习近平在会上强调，必须根据中国特色社会主义法治的要求，正确把握建设"法治浙江"的方向。建设"法治浙江"，应当作为建设社会主义法治国家的有机组成部分，在国家统一的框架下加以推进；应当作为一个长期的、渐进的过程，既要防止脱离实际、好高骛远，又要避免不思进取、无所作为；应当成为全社会的共同行动，实现社会生活的法治化。习近平还积极地撰写理论文章，系统阐述法治浙江建设的政治、经济、文化基础，提出了"市场经济必然是法治经济""和谐社会本质上是法治社会""法治精神是法治的灵魂""坚持法治与德治并举""党的领导是法治的根本保证"等重要论断，奠定了法治浙江建设的思想理论基础。

（二）建设"法治浙江"的理论支撑

将建设法治浙江纳入浙江现代化"四位一体"的总体布局，充分体现了省委对法治建设的高度重视，体现出一种谋划长远的战略考量，这与省委当时提出要转变发展方式，促进转型升级，尤其是明确提出要由要素驱动转型创新驱动具有

密切的关联。与此同时,习近平同志在谋划和推进建设法治浙江的过程中,围绕浙江法治建设重大问题作出了一系列重要论述,为建设法治浙江这一战略部署提供了坚实的理论基础。

习近平同志关于法治浙江建设一系列重要论述的基本观点包括:(1)法治为民论,强调法治浙江的出发点和落脚点就是为了维护好、实现好、发展好人民群众的根本利益;(2)环境优势论,强调法治浙江建设是进一步营造和发挥浙江科学发展软环节的重要举措;(3)一体统筹论,强调法治浙江建设必须与经济、政治、社会、文化、生态建设统筹考虑、一体谋划;(4)系统工程论,强调法治浙江建设前提是有法可依,基础是提高全社会的法律意识和法制观念关键是依法行政、公正司法、依法办事,载体是基层依法治理;(5)制度权威论,强调法治浙江建设必须树立制度权威,尤其是树立宪法的权威,要牢固树立宪法权威,全面贯彻实施宪法;(6)法治领导论,强调法治浙江建设必须坚持党的领导,党的领导是社会主义法治的根本保障,要从地方党委实际出发,改革和完善党的领导方式和执政方式,要坚持党领导立法、带头守法、保证执法;(7)法治能力论,强调法治浙江建设必须着力提高领导干部和广大公务员依法办事、依法行使公共权力的能力;(8)依法维权论,强调法治浙江建设要提高人民群众、社会各方面依法维权能力、依法处置矛盾纠纷的能力;(9)法治文化论,强调法治浙江建设必须弘扬法治文化,提出弘扬法治文化,重在树立社会主义法治理念,重在培养公民的法治精神,重在提高全社会的法治化水平,重在全社会的共同参与;(10)法治方法论,强调法治浙江建设必须立足当前、着眼长远,要突出抓重点、突出抓机制、突出抓合力等。

习近平同志关于法治浙江建设的一系列重要论述在思想认识上自觉运用了马克思主义基本立法、观点和方法科学地分析了浙江法治建设面临的新形势、新问题,提出了推进法治浙江建设的新任务、新要求;在理论品格上具有鲜明的问题导向和严谨的逻辑关联,系统地阐明了法治建设与浙江现代化战略总布局之间的辩证关系和法治系统工程内部各个层面、各项工具之间的内在联系;在实践影响上有力地推动法治浙江建设的各项决策部署落实到位,确保我省法治建设始终走在全国前列,为党的十八大以来习近平中国特色社会主义法治思想的形成和发展提供了重要的思想养料和理论素材。

(三)建设法治浙江的关键举措

省委十一届十次全会通过的《关于建设"法治浙江"的决定》,全面分析了浙江法治建设的形势和任务,就法治浙江建设的重大意义、总体要求、基本原则、主要任务、关键举措、组织领导等方面内容作了系统而全面的规定,要求法治浙江建设必须坚持党的领导、坚持以人为本、坚持公平正义、坚持法治统一、坚持法治与德治统一五项基本原则,紧紧围绕坚持和改善党的领导、坚持和完善人民代表大会制度、坚持和完善共产党领导的多党合作和政治协商制度、加强地方性法规和规章建设、加强法治政府建设、加强司法体制和工作机制建设、加强法制宣传教育提高全民法律素质、确保人民的政治经济文化权益得到切实尊重和保障八个方面的主要任务扎实推进,不断提高经济、政治、文化和社会各个领域的法治化水平,加快建设社会主义民主更加完善、社会主义法制更加完备、依法治国基本方略得到全面落实、人民政治经济和文化权益得到切实尊重和保障的法治社会,使我省法治建设工作整体上走在全国前列。会议还强调,建设“法治浙江”是一项长期任务,是一个渐进过程,是一项系统工程,必须加强组织领导,健全工作机制,加快形成统一领导、分工负责、相互配合、上下联动、有序推进的工作机制和齐抓共管、协同推进的合力,同时对“十一五”时期我省法治建设的目标任务和重点工作作了明确,要求突出抓好八个方面的具体工作。

三、“法治浙江”建设推动我省法治工作走在了全国前列

习近平同志在浙江工作的五年多时间里,我省持续深入推进依法治省、全面开启了建设法治浙江的历史新征程。全省上下在省委的坚强领导下团结一心、干在实处,推动我省法治建设在党委依法执政、政权机关依法履职、干部群众依法办事、全社会法治化水平提升等各个领域取得实效,人民民主、地方立法、依法行政、公正司法、法律服务等各个领域取得了一系列的理论成果、制度成果和实践成果,有效地推动、引领和保障了浙江社会主义现代化事业的顺利进行,在加强社会主义法治建设的历史进程中走在了全国前列。

(一)依法执政能力提升

习近平同志浙江工作的五年多时间里,省委始终牢牢把握坚持党的领导地位、加强和改进党的领导方式和执政方式这一主题,切实加强党的制度建设和依法执政能力建设,支持政权机关、民主党派、群团组织依法依章程履行职能,积极发展社会主义民主。2002—2007年,省委在规范决策程序、完善议事决策和提高决策水平等方面均建立健全了相应的工作规范和工作制度。包括建立健全了

"一个核心""三个党组""几个口子"的领导体制①。建立健全了省委总揽全局、协调各方的工作机制,强调省委要对全局工作通盘考虑、整体谋划,处理好重点工作和面上工作的关系,按照需要由省委牵头抓总的工作、需要由省委推动的工作、需要由省委支持的工作等不同类型明确省委和各方职责,形成全面推进的工作机制。建立健全了民主决策的工作规范和工作制度,强化了全委会的职能,规定凡属方针政策性的大事、全局性的问题、重要干部的选拔任用,逐步转由全委会来决定,把原来每年召开一次省委全会改为每年召开 2 至 3 次;明确和规范了常委会、书记会的职能与议事程序,逐步建立健全了由常委会向全委会报告工作的制度,不断完善常委会各项议事规则和会议、文件、学习、调研等制度,明确了书记办公会的工作职责②。积极推进党内民主和基层党组织建设,2004 年 6 月 18 日,武义建立村务监督委员会制度,产生了全国首个村务监督委员会,对于强化民主监督、推进农村基层民主建设、实现农村政治生态环境产生积极作用。2005 年 4 月和 6 月,省委办公厅、省政府办公厅下发《浙江省村级组织工作规则(试行)》和《关于进一步健全完善村务公开和民主管理制度的意见》,推动我省村级组织工作和村务公开建制工作走在全国前列。加强党风廉政和反腐倡廉制度建设,2003 年 7 月,省委在全国率先制定出台《浙江省反腐倡廉防范体系实施意见(试行)》,促进反腐倡廉工作的制度化、规范化和法制化。同时,省委常委会向全省公开作出 6 项廉政承诺,带头自觉接受监督。

省委积极支持政权机关依法履职,2004 年 5 月、9 月相继召开全省政协工作会议、全省人大工作会议,对进一步加强人大、政协的工作进行了专门研究,分别出台了《中共浙江省委关于进一步加强人大工作的意见》和《中共浙江省委关于加强和改善党的领导,支持人民政协履行职能制度化、规范化和程序化建设的意见》。通过建章立制,不断完善人民代表大会制度,支持人民代表大会及其常委会依法履行职能。支持人民政协围绕团结和民主两大主题,履行政治协商、民主监督、参政议政的职能。2003 年 7 月,省委下发了《关于进一步加强民主党派、工商联和无党派人士工作的若干意见》,对民主协商会制度、通气会制度、谈心交友制度、特约人员制度、对口联系制度、重要内外事制度等作出规范完善。2005

---

① "一个核心"是指省委全委会,在省委全会闭会期间,由常委会主持日常工作;"三个党组"是指省人大常委会、省政府、省政协三个党组;"几个口子"是指省委副书记和常委分管的经济建设、纪检监察、农村工作、组织党群、意识形态、政法、统战、国防建设和民兵预备役等几个方面。

② 厉佛灯:《总揽全局抓大事、协调各方促发展——浙江省委改革和完善领导方式情况综述》,《今日浙江》2007 年第 10 期,第 20—23 页。

年 6 月,省委颁发《关于进一步加强中国共产党领导的多党合作和政治协商制度建设的实施意见》。加强和改进对工会、共青团、妇联等人民团体及各类群众团体的领导,支持他们依照法律和章程独立自主地开展工作,充分发挥联系群众的桥梁和纽带作用。2004 年 4 月,省委在杭州召开全省工会、共青团、妇联工作会议,下发《中共浙江省委关于加强和改善党对新世纪新阶段工会、共青团、妇联工作领导的意见》。支持人民法院、人民检察院依法公正司法,2007 年 1 月,省委召开加强人民法院、人民检察院工作会议,出台关于中央加强人民法院、人民检察院工作决定的贯彻意见。

(二)依法履职能力提升

习近平同志在浙江工作的五年多时间里,各政权机关严格按照宪法法律赋予的职权,积极推进科学立法、依法行政、公正司法和法治宣传教育工作,不断提高各领域法治化水平。

在推进科学立法上,省十一届人大常委会进一步加强地方立法工作,注重浙江特色,提高立法质量,共审议通过地方性法规 85 件,为我省经济社会协调发展提供法制保障。坚持经济立法与社会立法并重,更好服从服务全省工作大局,推动我省经济、政治、文化和社会建设"四位一体"总体布局的实施。浙江省十届人大常委会共修订修改法规 44 件、废止 7 件,取消了 20 多项不符合法律规定的行政许可项目;根据合法性审查的原则,认真审查批准杭州、宁波两市和景宁畲族自治县报批的 105 件法规①,并对 94 件政府规章进行合法性审查,维护国家法制统一。坚持科学立法、民主立法,扩大公民对立法的有序参与,制定立法工作程序,建立法规草案公开征求社会意见和专家论证制度,首次作出立法解释和开展立法质量评估,并就物业管理条例草案举行立法听证,进一步提高地方立法的质量。2002 年 12 月浙江省地方立法网开通,这是全国第一家地方立法的专门网站;2003 年,省人大常委会作出《关于建立公民旁听省人民代表大会常务委员会会议制度的决定》,促进人大工作公开;2005 年 2 月,浙江省首次建立地方立法专家库;2006 年 4 月 10 日,首次开展地方性法规立法质量评估制度等。

在坚持依法行政上,2005 年 1 月,省政府下发了《关于贯彻落实全面推进依法行政实施纲要的意见》,提出"到 2008 年,《纲要》确立的基本原则、基本要求在我省政府工作中得到有效贯彻"。同年,省政府成立省全面依法行政工作领导小

---

① 肖鹏青:《努力推进浙江民主法治建设新跨越——浙江省十届人大常委会工作回眸》,《今日浙江》2008 年第 1 期,第 14—15 页。

组,办公室设在省法制办。2006年省政府出台《关于推进法治政府建设的意见》,提出在"十一五"期间,"要经过各级政府和部门的共同努力,基本实现职权法定、依法行政、有效监督、运转高效的法治政府目标",进一步明确了建设法治政府的总体要求、工作目标和主要任务。围绕转变政府职能,积极推进行政管理体制改革。2002年和2006年分别进行了两轮强县扩权,进一步下放经济社会管理权限,优化行政职权配置,激活基层社会活力。加快完善行政执法体制,实施相对集中行政处罚权工作,推进综合执法试点,解决多头执法问题;加强行政执法主体和行政执法人员的资格管理,严格实行行政执法责任制,建立过错追究制和评议考核制,进一步明晰职责权限,规范执法程序,提高执法水平和质量。不断规范行政程序,重点是规范行政决策程序,包括有关重点工程、重点项目及其政府采购、招投标等的程序,在行政决策中逐步建立了公开征求意见、合法性审查等制度,决策事项、依据和结果的公开化程度也有了不断提高,有效地推进了科学、民主和依法决策。完善行政监督机制。完善对法规、规章和规范性文件的备案审查和定期清理制度,完善行政复议和行政诉讼制度,完善行政机关内部层级监督和专项监督制度,特别要充分发挥监察、审计等专门机构的监督作用。加强行政监督,推进规范性文件备案审查。省法制办按照"有件必备、有备必审、有错必纠"的原则,切实加强了对各地、各部门发布的行政规范性文件的合法性审查,并严格依法受理公民、法人和其他组织对行政规范提起的行政复议申请。我省率先于2006年1月1日在全国施行了依法行政工作考核制度。

在保障公正司法上,我省法院、检察院认真履行司法职能,积极推进司法改革,不断提升司法服务能力。全省法院系统按照"公正司法、一心为民"要求,积极履行三项承诺。一是以实现诉讼经济和诉讼便利为基本目标,努力做到"不使有诉求的当事人因经济困难打不起官司"。规范诉讼费用的收取,杜绝各种乱收费,对经济确有困难的群众,落实司法救助的有关规定,加大司法救助力度,依法缓、减、免收诉讼费,切实减轻群众诉讼的经济负担。着力提高办案效率,推行案件审理"繁简分流",切实节约群众诉讼的时间成本。完善和创新司法便民的各项措施,加强法院立案接待大厅的规范化建设,实行一站式立案服务,探索电话立案、网上立案等多种形式。二是以实现公平正义为基本目标,努力做到"不使有理有据的当事人因没有关系打不赢官司"。健全和完善更加符合司法权运行规律的审判流程管理制度,借助科技手段,对案件审判各个环节实行全程监督,严格审期管理。推行案件质量评查制度,根据评查结果,追究违法审判责任和差错案责任。严格执行法官回避制度和法院离任人员限制从事诉讼业务的规定,杜绝关系案、人情案和金钱案的发生。坚持公开审判、推进审务公开，提高司法透明度。推行判后答疑、判后析理制度，由承办法官对案件的事实认定、证据采信、裁判理由、法律适用、裁判主文的含义等问题解答当事人的疑问，减少涉诉信访数量。三是以维护法律尊严和司法权威为基本目标，努力做到"不使胜诉当事人的合法权利因执行不力、不公得不到保护"。充分统一管理新体制的作用，加强工作监督，整合执行资源，排除外部干扰。加大执行力度，统一执行标准，创新执行方式方法，提高案件的有效执结率。严格中止执行、终结执行的条件，完善执行案件流程管理，严格执行期限，切实解决执行不力。另外，我省法院还积极推进司法改革，创新司法制度，产生了许多在全国有开创意义的成果。比如2002 年开始，浙江省高级法院在台州市中级人民法院尝试进行行政案件管辖制度改革，将县区政府作为被告的案件交由异地基层法院审判，有效地解决了老百姓"告状难"的问题，增强了行政审判的公信力，受到了当事人的广泛好评，得到了最高法的高度肯定。

在提高全社会化法治化水平上，全省上下高度重视法治浙江建设的基层基础工作，积极推进依法治理工作。按照"干在实处、走在前列"的要求，紧紧围绕实施"八八战略""平安浙江""法治浙江""文化大省"四位一体的目标，以创新发展"枫桥经验"、加强基层基础建设为主线，以维护社会安定、加强社会管理为重点，全面落实打击整治、防范控制、疏导化解、服务管理等各项措施，为全省经济社会协调发展创造了和谐稳定的社会治安环境。各地坚持"枫桥经验""党政动手、各负其责、依靠群众、化解矛盾，维护稳定、促进发展"基本精神，依托综治工作中心（综治室站）的有效工作平台，实行定期排查、随机排查和专项排查相结合，综合运用人民调解、行政调解、司法调解等手段，认真抓好组织排查、调处化解、督查指导等各个环节的工作，形成了预防化解矛盾纠纷的整体合力。绝大多数矛盾纠纷解决在基层、解决在内部、解决在事发阶段。截至 2007 年，全省排查各类矛盾纠纷 45.8 万余起，调处成功 43.3 万余起，成功率为 95.6%①。省统计局组织开展的全省 2006 年度建设"平安浙江"人民群众安全感满意率调查显示，我省群众安全满意率达 94.8%，已连续 3 年高于全国平均水平。

（三）依法办事能力提升

习近平同志在浙江工作的五年多时间里，我省高度重视普法宣传教育，推进干部学法用法，在提高党员干部尤其是领导干部的依法办事能力、提升全民法律

---

① 章实：《创新发展"枫桥经验"不断推进社会治安综合治理》，《今日浙江》2007 年第 9 期，第 24—25 页。

素养、浓厚全社会法治氛围上走在了前列。2005 年 7 月,省人大常委将《浙江省人民代表大会常务委员会任免国家机关工作人员办法》修订为《浙江省人民代表大会常务委员会任免国家机关工作人员条例》,建立任前法律知识考试和承诺制。"四五"普法期间①,全省各地各部门紧紧围绕党委和政府的中心工作,坚持服务大局与服务群众相结合、突出重点与拓展领域相结合、传统手段与创新方式相结合、法制宣传与法治实践相结合,扎实开展法制宣传教育,深入推进依法治理,使法律意识和法制观念渗透进广大城市和乡村。据省司法厅统计,全省85％以上的公民不同程度地接受了法制教育,所有市县都开展了依法治理工作,95％以上的农村和社区开展了"民主法治村(社区)"建设活动,企业依法治理面达 90％以上,学校依法治理面达 100％。

①　2001 年,党中央、国务院批转了《中宣部、司法部关于在公民中开展法制宣传教育的第四个五年规划》。九届全国人大常委会第二十一次会议作出《关于进一步开展法制宣传教育的决议》,要求实现"两个转变、两个提高"的总体目标,即通过实施"四五"普法规划,实现由增强全民法律意识向提高全民法律素质的转变,进一步提高广大公民的法律素质;各项事业管理实现由注重依靠行政手段向注重运用法律手段转变,积极推进各项事业的依法治理,不断提高全社会法治化管理水平。

第十六章　新时代以来浙江法治建设的主要进展与未来走向①

　　党的十八大以来，浙江省委按照习近平总书记提出的"干在实处永无止境，走在前列要谋新篇"的要求，以高度的政治责任感和使命感，深入学习贯彻习近平总书记系列重要讲话精神，全面贯彻党的十八大和十八届三中、四中、五中全会精神，深入实施"八八战略"，全面深化法治浙江建设，为干好"一三五"、实现"四翻番"，建设"两富""两美"浙江提供了有力的保障，为深入推进"四个全面"战略布局在浙江的生动实践打下了坚实的基础。

一、新时代以来深化法治浙江建设的主要思路和举措

　　新时代以来，我省全面深化法治浙江的主要思路和举措可以提炼为三个主要方面。

（一）深入学习贯彻习近平总书记系列重要讲话精神

　　形势越复杂、任务越艰巨就越是要求我们重视学习、加强党员干部的理论武装和党性教育。省委高度重视学习工作，坚持全面学、深入学、持久学，强调要把学习领会习近平总书记系列重要讲话精神与浙江实际紧密结合起来，做到武装头脑、指导实践、推动工作、改进作风。党的十八大以来，省委通过举办理论学习中心组学习和专题报告会、专题研修班、理论研讨会等多种形式，深入学习贯彻习近平总书记系列重要讲话精神，尤其是调研浙江期间的重要讲话，在全省党员干部当中掀起了深入学习习近平总书记系列重要讲话精神的新高潮。仅省管干

---

　　①　本文原系《全面深化法治浙江建设读本》（浙江工商大学出版社，2016 年版）导言，收入本书时改用现名。

部层面,省委就分别在 2013 年下半年和 2014 年上半年,举办了全省县级以上领导干部深入学习习近平总书记系列重要讲话精神和学习贯彻"四个全面"战略布局两期专题研讨班。

省委高度重视学习贯彻习近平总书记关于全面依法治国的重要论述和中共中央关于全面推进依法治国的重要举措,紧紧抓住领导干部这一关键少数,强调学以致用,着力提高我省党员干部的法治思维和依法办事能力。时任浙江省委书记的夏宝龙同志多次强调,我们要深入学习贯彻习近平总书记系列重要讲话精神,坚定不移深入实施"八八战略"和建设平安浙江、法治浙江等重大决策部署,坚定不移推进全面深化改革,推动浙江经济持续健康发展与社会和谐稳定,以干在实处的成效落实走在前列的要求。党的十八大以来,省委高度重视我省干部法治学习教育,2015 年上半年省委、省政府举办"法治政府建设"专题研讨班,对全省 90 个县(市、区)政府分管领导进行了集中培训;省政府常务会议坚持会前学法,在政府常务会议开始前,都要请法律专家讲解一部法律,党的十八届四中全会以后,省委宣传部、省委党校编辑出版了《依法治国热问》《全面推进依法治国干部读本》等读物,第一时间将总书记关于全面依法治国的重要论述、中央关于全面依法治国的决策部署进教材、进讲台、进头脑。

(二)研究部署全面深化法治浙江建设系列重要举措

党的十八大以来,省委认真贯彻落实中共中央关于全面依法治国的决策部署,并结合浙江实际,研究部署全面深化法治浙江建设的重要举措。2013 年 11 月,省委十三届四次全会议审议通过了《中共浙江省委关于认真学习贯彻党的十八届三中全会精神,全面深化改革再创体制机制新优势的决定》,提出要着眼于促进社会公平正义,完善建设法治浙江和平安浙江体制机制,加快推进社会主义民主政治制度化、规范化、程序化,提高全社会法治化水平。2014 年 5 月,省委十三届五次全会深入学习贯彻党的十八大、十八届三中全会和习近平总书记关于建设"美丽中国"和"人民对美好生活的向往,就是我们的奋斗目标"等系列重要讲话精神,围绕干好"一三五"、实现"四翻番"目标,认真总结我省生态文明建设的实践,研究部署建设美丽浙江、创造美好生活工作,审议通过了《中共浙江省委关于建设美丽浙江创造美好生活的决定》。2014 年 12 月,省委十三届六次全会作出了《中共浙江省委关于全面深化法治浙江建设的决定》,提出要认真贯彻落实党的十八大和十八届三中、四中全会精神,高举中国特色社会主义伟大旗帜,以马克思列宁主义、毛泽东思想、邓小平理论、"三个代表"重要思想、科学发展观为指导,深入贯彻习近平总书记系列重要讲话精神,坚持党的领导、人民当家作主、依法治国有机统一，坚定不移走中国特色社会主义法治道路，坚持依法治国、依法执政、依法行政共同推进，坚持法治国家、法治政府、法治社会一体建设，实现科学立法、严格执法、公正司法、全民守法，促进治理体系和治理能力现代化，为深入实施"八八战略"，干好"一三五"，实现"四翻番"，建设物质富裕精神富有的现代化浙江和建设美丽浙江、创造美好生活提供有力法治保障。2015 年6 月，省委十三届七次全会深入学习习近平在浙江考察时的重要讲话精神，对贯彻落实习近平重要讲话精神进行研究部署，审议通过了《中共浙江省委关于全面加强基层党组织和基层政权建设的决定》，提出要引领推动"四个全面"战略布局在基层落实，充分发挥基层党组织在全面深化法治浙江建设中的重要作用，教育引导基层党员干部带头尊法学法守法用法，推动基层工作依法开展、基层事务依法办理、基层问题依法解决。这些决策和部署为全面深化法治浙江建设指明了方向，提供了依循。

（三）狠抓法治浙江工作领域的各项目标任务落实

"一分部署，九分落实"，省委高度重视中央和我省关于全面依法治国各项举措部署的落实工作，强调要以踏石留印、抓铁有痕的精神推进法治浙江建设。时任浙江省委书记的夏宝龙还专门结合学习习近平总书记系列重要讲话精神，将做好各项工作的方法指南，系统地总结提炼为"工作十法"，即"十个指头弹钢琴"的统筹兼顾法、"伤其十指不如断其一指"的重点突破法、"从最坏处准备，向最好处努力"的底线思维法、"具体问题具体分析"的因地制宜法、"解剖麻雀、以点带面"的典型引路法、"一锤一锤钉钉子"的一抓到底法、"蹄疾步稳、急而不躁"的循序渐进法、"跟着群众跳火坑"的群众工作法、"抓具体、具体抓"的亲力亲为法、"干着指挥、带头冲锋"的以上率下法，为全省落实全面深化法治浙江建设各项目标任务提供了方法指引。

围绕贯彻落实党的十八届四中全会精神和省委十三届六次全会的部署，省委制定出台了《省委十三届六次全会〈决定〉重要工作任务分工方案》和《省委十三届六次全会重要工作任务实施规划（2015—2020 年）》，梳理了 188 项重要工作任务，进一步明确了责任单位、改革目标路径、工作抓手、成果形式和时间进度。党的十八大以来，省委法治浙江建设领导小组召开了第 12、13、14、15 次工作会议和省委全面深化法治浙江建设工作交流会议，在会上研究审议年度工作要点、听取年度工作总结、进行法治工作交流和考核评比表彰，党委牵头抓总的特色更加鲜明，人大、政府、政协分口负责，各部门分工实施，全社会共同参与的法治建设工作格局更加充实，进一步发挥考核这一指挥部的积极作用，推动我省法治工作上了一个新的台阶。

二、全面深化法治浙江建设的基本成就

党的十八大以来,在省委的正确领导下,在各部门和全省上下的共同努力下,全面深化法治浙江建设取得了令人满意的成绩,法治工作各个部门精心谋划、精细作业,法治建设各个领域创新不断、亮点频出,法治改革各项试点有条不紊、循序推进,推动我省认真落实全面依法治国工作继续走在了全国前列。主要表现在以下几个方面。

(一)省委坚持依法执政,领导立法、保证执法、支持司法、带头守法的能力进一步提高

党的十八大以来,省委坚持党总揽全局、协调各方,支持人大、政府、政协、审判机关、检察机关依法依章程履行职能、开展工作。深入实施省委关于进一步加强人大工作和建设、充分发挥人大作用的意见,制定出台加强县乡人大工作和建设的若干意见,坚持党委研究重大立法事项、重要法规规章草案制度,省委常委会对《浙江省审计条例》、《浙江省地方立法条例》修正案、《浙江省农村集体资产管理条例》、《浙江省劳动人事争议调解仲裁条例》和《浙江省人民代表大会选举产生或表决通过的国家工作人员宪法宣誓办法》等重要法规进行了专门研究;支持政府加快转变职能,全面推进依法行政,努力打造"审批事项最少、办事效率最高、投资环境最优"的省份。深入推进协商民主广泛多层制度化发展,研究制定关于加强社会主义协商民主建设的实施意见。支持审判机关、检察机关履行宪法法律赋予的职责,规范司法行为,促进公正司法,积极稳妥推进我省司法体制改革试点工作,制定司法体制改革试点方案,促进四方面重点改革工作有序开展。召开省委统战工作会议,出台《中国共产党浙江省委员会统一战线工作实施细则(试行)》。召开省委党的群团工作会议,出台《关于加强和改进党的群团工作的实施意见》。深入推进我省地方党内法规制度体系建设,加强备案审查工作。2013年7月,省委制定下发了《中国共产党浙江省委员会党内法规制定细则》和《中国共产党浙江省委员会党内法规和规范性文件备案细则》,于2014年分两次对从中华人民共和国成立到2012年6月期间制定的党内法规和规范性文件进行了清理。在党内法规制度建设和备案审查上,仅2015年就制定了《浙

江省推进领导干部能上能下实施细则（试行）》等 11 件党内法规。共向中央报备党内法规和规范性文件 47 件，共审查规范性文件近 400 件，其中纠正 15 件，提醒 19 件。

（二）各政权机关依法履职，科学立法、严格执法、公正司法和全民守法的水平进一步提高

党的十八大以来，省委领导下的各政权机关依法履行法定职能，深入推进各项改革举措。省人大常委会更加注重贯彻中央决策部署，落实新修改的《立法法》和中央 18 号文件，落实赋予 9 个设区的市立法权行使工作并加强联系指导，全力配合省委 21 号文件，推动县乡人大工作和建设深入发展；更加注重发挥人大的立法主导作用，坚持党对立法工作的领导，发挥常委会组成人员的主体作用，重视政府及有关方面的作用，强化人大对立法工作的组织协调，增加专门委员会直接起草法规草案的比重；更加注重以问题为导向，推进科学立法和民主立法，保证制定的法规有效管用，把推动转型升级、维护公共安全、保障改善民生、促进社会和谐作为立法重点，制定修订了专利、旅游、审计、绿色建筑、农村集体资产管理、水上交通安全、劳动人事争议调解仲裁等地方性法规；更加注重发挥代表主体作用，扎实推进"两联系、一发挥"建设。省政府以深化"四张清单一张网"（即政府权力清单、企业投资负面清单、政府责任清单、省级部门专项资金管理清单，"一张网"则指的是浙江政务服务网）改革为抓手，加快转变政府职能，不断深化法治政府建设，全面推进依法行政。2014 年 6 月 25 日浙江政务服务网正式开通，浙江在全国率先完整晒出省政府部门"权力清单""责任清单"和省市县三级政府部门"权力清单"。相继制定出台《浙江省人民政府关于深化行政执法体制改革，全面推进综合执法的意见》《浙江省人民政府关于深入推进依法行政、加快建设法治政府的实施意见》《浙江省行政处罚裁量基准办法》《浙江省重大行政决策程序规定》等重要文件，法治政府建设向行政执法纵深和改革决策前沿不断深入。省政协认真贯彻落实中央和省委关于加强协商民主建设的文件精神，深入开展专题协商、对口协商、界别协商、提案办理协商"四大协商"，不断提高人民政协协商民主制度化、规范化、程序化水平，更好地协调关系、汇聚力量、建言献策、服务大局，研究制定《提案办理协商办法》等制度。省政法委扎实推进执法司法规范化建设，制定出台了"防止冤假错案 33 项制度"等制度，研究推进"网格化管理、组团式服务"与"平安建设信息系统"两网融合工作。省法院充分发挥审判职能作用，积极推进以审判为中心的诉讼制度改革，结合我省实际推进司法体制改革试点工作，大力推进浙江法院"互联网＋审判"改革，进一步完善开

放、动态、透明、便民的阳光司法机制,2013年发布全国首个"阳光司法"指数测评报告。省检察院强化法律监督,规范检察行为,积极稳妥推进检察改革,确保公正司法,提高司法公信力,坚持运用法治思维和法治方式,服务保障经济社会发展。全省各级党委、政府支持群众用法、乐见群众用法,司法行政机关创新普法思路,推进社会普法教育机制和阵地建设,着力构建社会大普法工作格局,推动"谁执法谁普法""谁主管谁普法"的普法责任制落实,发挥群团组织资源,分层分类建立社会化法治宣传教育队伍,促进全民法治素质不断提升。

(三)各级领导干部依法治理,法治思维和依法办事能力进一步提高

党的十八大以来,省委创造性地提出要把"三改一拆""五水共治""四换三名""四边三化""一打三整治"等重点工作作为法治浙江建设的大平台、试验田、试金石和活教材,要求把重点工作纳入深化法治浙江建设的总体框架中去谋划、部署和推进,通过研究和解决其中的立法、执法、司法、普法等各个方面的问题,为法治浙江建设提供理论和实践探索,不断提高各级党员干部运用法治思维和法治方式深化改革、推动发展、化解矛盾、维护稳定的能力。与此同时,省委积极领导创新基层社会治理体系,积极开展"创新基层社会治理推进年"等活动,深化以法治、德治、自治"三治融合"为主要内容的基层社会治理体系创新。完善基层群众自治机制,坚持依法制规、依规治村、以德促治,推动全面制定修订和实施村规民约、社区公约,发挥好社会规范的积极作用。省委还大力推进法治社会建设,夯实法治浙江的基础基层。积极引导群众依法维护合法权益,完善多元纠纷解决机制。重视"覆盖城乡、惠及全民"的公共法律服务体系建设,健全公共法律服务系统化制度体系,制定实施公共法律服务体系县乡村三级实体平台建设的指导意见、加强基层法律服务所规范化建设的若干规定等,构建实体平台和网络平台对接互通、有机融合的公共法律服务机制,推动法治资源和法律服务重心下移。

三、法治浙江建设的未来走向

当前,我省法治建设正处在一个承前启后的关键时期。自2006—2016年,法治浙江建设经历了它的第一个十年,浙江的诸多先行先试设想、创举和经验为全国所公认,有的已经被中共中央和国家相关决定、法律所吸收。党的十八大以

来，省委沿着习近平总书记开创的法治浙江道路砥砺前行、奋勇开拓，全面深化法治浙江建设取得了新的成果和业绩，在法治中国的春天了唱响了浙江最强音。2016年是"十三五"的开局之年，省委领导制定了我省"十三五"规划，明确了新的发展理念和发展思路，提出了新的催人奋进的目标，尤其在民主法治建设领域，省委提出关键是要"运用法治思维和法治方式推动发展"，"加强和创新社会管理"。具体而言就是要：坚持依宪执政、依法执政，加强社会主义民主政治建设，推动领导干部做尊法学法守法用法的模范，增强党员干部法治思维和依法办事能力。推进科学立法、民主立法，加强党对立法工作的领导，加强人大对地方立法工作的组织协调，健全有立法权的人大主导立法工作的体制机制，围绕中心工作及时出台相关法规，提高立法质量。加强法治政府建设，依法全面正确履行政府职能，加强和改进规章制度建设，健全依法决策机制，改革和完善行政执法体制，全面推进综合行政执法，强化行政权力监督和制约，全面推进政务公开，依法化解社会矛盾纠纷。积极稳妥推进司法体制改革，优化司法职权配置，健全司法权力运行机制，切实推进公正司法。全面推进公共法律服务体系建设，大力发展法律服务业，加强法治宣传教育，在全社会形成良好的法治氛围和法治习惯。

面对新的形势、新的任务，全面深化法治浙江建设必须勇往直前，开拓进取，在百舸争流中更进一步。党的十大以来，中国法治建设围绕建设中国特色社会主义法治体系这一总目标和总抓手进入了法治改革、发展、创新的快车道，我们必须顺应全国法治发展的基本趋势，大胆探索、有所作为。具体而言，需做好三个方面工作。

一是更加注重法律制度的体系整合。通过发挥立法引领作用、人大主导作用和代表主体作用，以更严格的质量要求、更鲜明的问题导向，推进重点领域立法，加强法规评估、备案和审查，目的是在"有法可依问题"基本解决以后，向立好法、用好法阶段挺进。在此，以完善法律规范的立改释废机制为核心，同时加强立法机关与法律实施机关、法学研究机构的反哺互动，实现现行法律制度体系的有效内部整合与外部衔接，使之在内容上更全面地覆盖基本社会关系、在效力上更周延地确保法律实施的一致融贯、在价值上更鲜明地反映中国特色的核心价值主张，是一个未来法治浙江建设必须回应好的发展挑战。

二是更加注重法治发展的结构均衡。党的十八届四中全会提出要建设完备的法律规范体系、高效的法治实施体系、严密的法治监督体系、有力的法治保障体系，形成完善的党内法规体系，坚持依法治国、依法执政、依法行政共同推进，坚持法治国家、法治政府、法治社会一体建设，实现科学立法、严格执法、公正司法、全民守法，促进国家治理体系和治理能力现代化，这是落实中国共产党关于在治国理政上坚持依法执政和依法治国"两个基本方式"承诺主张的重大举措，关键要把握好法治发展过程中的结构均衡问题，尤其是必须在规范依据上解决好党规体系和国法体系的内容重叠、效力交叉问题；在主攻方向上解决好行政改革的"简政放权"和司法改革的"深入推进"之间的资源配置上的结构失衡问题，真正把司法体制改革落实为全面依法治国的"重头戏"，构架起"把权力关在制度笼子"的双保险机制；在主体环节上，既要抓住领导干部这一关键少数，提高其法治思维和依法办事能力，又要着力提升全民的法治素养，引导其合理维护自身权益、自觉履行法定义务，刺破经济社会发展新常态下的视觉盲区，夯实社会主义法治国家大厦的基础。

三是更加注重改革成果的制度转化。党的十八大以来，我们的改革方式由摸着石头过河向更加注重顶层设计和整体谋划转变，强调要发挥法治的引领、规范和保障作用，坚持所有重大改革于法有据，要在法治的轨道上推进改革。在此，必须创新思路，着力破解改革和法治的"破立关系"，一方面要强调改革决策与立法配套的同步推进，解决好重大改革的事前有据。事中管控，另一方面则应当更进一步将工作着力点放在改革成果的制度转化上，及时有效地把改革的正面成效上升为制度，同时剔除改革推进过程中出现的负面因子，真正使改革创新成为推动中国特色社会主义制度更加成熟更加定型的持久动力，用不断发展和完善的最新制度成果引领和推动持续向前的改革实践。

笔者相信，全面深化法治浙江建设的未来能在回应和解答好上述问题的过程中继续推进，也期待在全面依法治国的时代潮流中，浙江能够在省委的带领下认真落实全面依法治国，继续在法治建设上走在前列。

第十七章　完善我省党内法规工作的 若干对策建议[①]

我省党内法规制度建设起步较早、基础较好，在省委的坚强领导和省委办公厅的积极努力下，我省党内法规制度工作形成了大量的实践成果和制度成果，总体水平走在全国前列。然而，相对新时代以来党中央对于党内法规制度建设的政治定位和战略部署要求而言，相对我省作为习近平新时代中国特色社会主义思想的重要萌发地的自我定位而言，相对全国各兄弟省份近年来的高度重视、学赶比拼的发展趋势而言，我们的先发优势并没有真正体现在领跑态势，应当引起高度重视，在深化认识、强化创新上多作谋划、着力推进。

一、强认识——深化党内法规制度建设的基本原理认识

党内法规制度建设是一项政治性极强的工作，必须要有严谨而合理的基础理论支撑，以防止其实践过程中出现价值偏向和重心偏离，无法真正实现其顶层设计的初始方向。近年来，国内党内法规制度的研究更多的是从法治的单一原理或单向视角去认识和回答党内法规制度建设实践提出的问题，笔者认为这是有失偏颇的，党内法规制度建设的基本原理应当是政治与法治统一性原理。习近平总书记深刻地指出，党和法的关系是政治与法治关系的集中反映，"法治当中有政治，没有脱离政治的法治"，"每一种法治形态背后都有一套政治理论，每一种法治模式当中都有一种政治逻辑，每一条法治道路底下都有一种政治立场"，这就要求我们必须在把握好政治与法治辩证统一关系的基础上思考党内法

① 本文是笔者承担的 2018 年浙江省哲社规划办法治浙江专项课题结题成果中的对策建议部分，课题组成员包括曹顺宏、陈婴虹、谢遥等。

规制度建设的实践问题。

理解"法治—政治"的统一性原理，可以从三个维度加以展开。（1）现象与本质的关系维度。传统马克思主义认为，法律是统治阶级意志的体现，中国特色社会主义强调法律是党和人民共同意志的体现，现代法主要是国家法，法律现象本质上是政治现象，一个国家的法治理论、法治制度、法治体制反映了一个国家的政治理论、政治制度、政治体制，因此"法治当中有政治，没有脱离政治的法治"。（2）形式与内容的关系维度。法律主要是以规范形式呈现的社会和政治生活，现实实践，尤其是物质生产实践和现实政治实践构成了法律内容的实质来源。政治规则是法律制度的核心内容，法治建设的关键是建立一种受理性法律规范调整的政治形态。（3）过程与结果的关系维度。法律是政治立法者秉持其价值理念、利益取向对社会实践规则进行的抽象提炼，法律是政治立法的结果，政治是确保法律实现的关键力量。

把握好"法治—政治"统一性原理必须始终牢记政治性是党内法规制度的根本属性。要始终坚持党性、人民性相统一的根本政治立场，始终沿着加党的领导能力和执政能力、保持党的先进性和纯洁性的根本政治方向，贯彻中国特色社会主义理论，坚持中国特色主义道路，不断推进党内法规制度体系发展与完善，确保党内法规制度"神形兼备""纲举目张""根深叶茂"。

（一）"神形兼备"

"神形兼备"是指党内法规制度的规范内容必须体现党的理想信念宗旨、贯彻党的路线方针政策。党的先进性首先体现在理想信念宗旨的崇高性、路线方针政策的正确性上，只有将党的先进性外化为党规制度的规范性要求、细化为党规制度的明确性规定才能确保我们党思想、行动的统一性，始终走在时代前列。

（二）"纲举目张"

"纲举目张"是指党内法规制度建设的根本目的是为加强党的领导提供制度保障和程序支撑，使得我们党真正能够做到全面领导与正确领导相统一，最终为巩固党的领导地位、实现长期执政找到一条科学有效的实现路径。党内法规制度建设必须紧紧围绕加强党的领导作文章，把构建党"总揽全局、协调各方"的制度体系作为其核心指向去设计概念、构建体系、补齐制度。

（三）"根深叶茂"

"根深叶茂"是指必须把加强党的建设、深化党的改革作为完善党内法规制度体系的实践来源，积极促进党的建设、党的改革的成果制度转化，才能为党内法规制度的永续发展找到取之不尽、用之不竭的"源头活水"。党内法规制度因党而立、为党而生，只有真正把我们党的建设的伟大工程与党内法规制度建设紧密结合起来，才能真正确保党内法规制度的针对性、实效性。

把握好"法治—政治"统一性原理必须时刻牢记法治性是党内法规制度的发展属性。要善于运用法治的思维和方式推动党内法规制度建设，提升立规的科学性、强化用规的有效性、增强守规的自觉性。党的十八大以来，习近平总书记提出推进制度治党、依规治党，很重要的一条就是要求以法治思维和法治方式推进党内法规制度建设，要十分注意吸收和借鉴我们在推进中国特色社会主义法律体系过程中形成的好理念、好经验、好做法，确保党内法规与国家法律相互衔接、相得益彰，依规治党和依法治国同时发力、同向发力。具体而言有以下几点。

1. 提升概念的可通用性

概念的明确性是法治建设的最基本要求，概念的可通用性则是确保党内法规制度与国家法律体系同向发力的关键，前者主要体现为概念表述的精准性问题，后者主要是指不同概念间的价值融合性问题。目前我们推进党内法规制度建设过程在概念设定、创设中表现出来的基本问题就是概念表述的精准性不够，存在着比较随意的生造概念现象，概念的可通用性较差，不注意概念的法治底蕴和政治论证，甚至出现党内法规制度的概念与国家法律概念"二律背反"的现象。

2. 提升体系的可对接性

党领导人民当家作主和党领导国家与社会的宪法体制决定党内法规制度和国家法律体系不是并行的两个体系，而是在规范对象上有重叠、规范内容上有交叉、规范效力上有耦合的有机整体，党内法规制度的先进性和国家法律的普遍性要保持同向性就必须建立明确衔接的精神实质和主攻方向。我们在目前推进社会主义法治体系建设过程中，存在着直接将党的领导、建设、改革过程的提出的主张和要求直接写入国家法律的现象，同时也存在着直接根据党内工作分工和部门分管领域去划分建构党内法规制度建设体系、将部门工作经验和做法直接规定为党内法规制度的倾向，这是应当引起注意的问题。党内法规制度建设的主攻方向始终应坚持以民主集中制为核心，以党内关系或者党务关系为重心完善党内法规制度体系，促进党内法规制度与国家法律衔接的主要环节和领域应当放在党领导政权机关、民主党派、企事业单位、社会组织、人民团体的对象和过程之中，主要的对接方向是用法治思维和法治方式去指引和规范党领导国家和社会的行为，促进精神相融、内容相接。

3. 提升实施的可协同性

党内法规制度的实施是一个事关全局的重大问题,党内法规制度实施的有效性以及通过实施倒推党内法规制度的修订完善直接影响甚至决定党内法规制度权威性。我们目前党内法规制度实施一个比较突出的问题是部门分割、多头执规,这主要是因为现行党内法规制度的制定实施权限事实上是按照部门主管领域来划分的,"谁主管谁制定""谁制定谁解释"实际上弱化了党内法规制度的统一性与反思性。应当更加注重借鉴国家法律体系运行的相关经验和做法,积极构建起立规与执规相分离、单项权力适度统一的立改释废体制机制,从而使得党内法规制度真正形成一个制度反思机制。

把握好"法治—政治"统一性原理最终必须时刻牢记实践性是党内法规制度建设的终局属性。坚持问题导向,善于把建党管党治党的好经验好做法提升为制度,善于结合本地区本部门的特点自觉贯彻落实党内法规制度的要求。同时发力、同向发力的实质是"自律""律他",是在尊重两种制度体系相对独立的前提下,用党内法规制度的先进性引领普遍性,用党员干部模范守规的先锋示范作用带动全民守法氛围、全社会法治信念的形成。

二、强领导——增强党内法规工作的
政治领导和统筹协调力度

加强党内法规制度建设是新时代以来以习近平同志为核心的党中央推进全面从严治党和全面依法治国的重大战略决策,体现了运用法治思维和法治方式建党、管党、治党的全新思路,开拓了社会主义法治国家建设的全新领域,必须从事关党和国家事业全局的高度去认识加强党内法规工作的重大意义。目前,我省已经建立以党内法规联席会议为主要平台,以省委办公厅法治处为主要职能支撑的组织领导机制。机构改革以后,省委全面依法治省委员会的相关职能已移转省司法厅,法治处的工作职能更为聚焦,更有必要和条件加强体制机制创新,推动我省党内法规工作在已有基础上向更高质量、更高水平迈进。为此,建议在适合的时机将党规法规联席会议升格为依规治党委员会,明确其职能定位和工作程序,以加强党内法规制度建设的集中统一领导和统筹协调能力,同时建立更为体系化的工作制度体系,以提升整体工作水平。

三、强机制——构建具有浙江特色的
党内法规建设运行体系

加强党内法规制度建设必须积极构建有效的运行制度体系，我省已有很有的基础，下一步应围绕构建浙江特色的党内法规制度建设运行制度体系，完善五项具体机制。

(一)调查研究机制

党内法规制度建设是一项政治敏感性、现实针对性和业务综合性极强的工作，没有充分的前期调研支撑很难制定出科学适宜的党内法规制度，因此，必须建立常态化、项目化的调查研究机制，既要俯下身去追踪基层实践动态，又要沉下心来研究重大基础理论。建议设立一个虚拟的党内法规制度研究中心，每年确立研究主题，面向本系统和高等院校发布招标课题，突出课题的针对性和时效性，形成系统的研究成果。同时用好现有的信息报告渠道，做好相关工作动态和研究报告的摘编报送工作。

(二)议事协调机制

根据现行的党内法规立规体制，除省委尚有党内法规制定权外，省委工作部门和省以下党委、部门只能制定党内法规性文件，这就决定立规的重心主要在党内规范性文件。现有的主要根据主管职能划分立规起草权限以及立规侧重于贯彻落实中央党规的做法很容易产生部门主义、经验主义、形式主义的弊端，因此，必须加强统一领导和统筹协调，真正绷紧"党内法规无小事"的政治神经，把立规统筹向重点领域(比如涉及领导制度、政治纪律)、重要部门(比如纪委、政法委)、重大事项(比如发布、解释)等各方面、全过程延伸，切实提高立规的政治把握力。笔者建议设立重大敏感立规事项清单制度，凡属清单内事项、确需立规的，应进行合规性论证。

(三)交流对接机制

加快省域党内法规制度建设既是一项中央党内法规的落地配套工程，又是一项本省党的建设、党内改革的转化提升工程，从进一步彰显浙江特色、始终走在前列的要求来看，后一项工作更具决定性意义。因此，必须建立系统内的上下交流机制以及系统外的左右对接机制，真正掌握基层一线和兄弟部门的建设和改革动态,及时把好做法和好经验总结提炼为制度规范,不断增强我省党内法规制度建设的内生动力和实践源泉。

(四)审核备案机制

前置审核与备案审查是当前确保党内法规制度建设合法(规)性和提升党内法规和规范性文件质量的"双保险"机制,是我省党内法规制度建设前期积累经验比较集中的领域。未来应围绕实现备案全覆盖发展方向,以审查程序和审查方法规范化、标准化建设为抓手,推动备案审查向党组、基层延伸。

(五)考核督察机制

党内法规制度工作是事关全面从严治党和全面依法治国全局的大事,必须引起各级党委的高度重视,然而目前仍存在着载体较单一、抓手不够有力的矛盾。中央办公厅已开始实施党内法规制度建设督查工作,发挥了很好的成效,建议我省积极努力,建立健全党内法规制度建设考核和督查制度,将党内法规制度工作作为党建和法治考核的重要指标要素,全面推行党内法规制度督查制度,真正突显党内法规制度的重要性与严肃性。

四、强改革——探索建立若干党内法规制度先行制度

我省党内法规制度建设前有标兵、后又追兵,必须解放思想、创新思路,积极探索建立若干具有全国示范意义的先行制度,笔者结合当前实践需求与现行党内法规空间,建议在以下五项制度上做尝试。

(一)党员参与制度

开门立规、民主立规既是保障党员权利、体现党内民主的内在要求,也是提升立规质量、加强宣传教育的可行手段。当前,党内法规制度建设的党员参与度和群众知晓度总体依然不够,必须采取切实举措,建立健全党员参与机制。建议可先尝试在现任党代表范围中选择适当数量人员参与年度重要立规项目实施,征求他们意见建议,积累经验后逐步向更广范围、更深领域延伸。

(二)专门公布制度

及时有效的公布党内法规制度是深化制度治党、依规治党的前提和基础,同时亦是推进党规国法衔接、融合的客观要求。长期以来,由于我们党不注意严格

区分党内法规与各类党内文件以及加强保密工作的需要,在党内法规制度的公开范围和公布形式上采取了相对保守的做法——为党规设定密级、以文件形式下发等,这实际已经不能适应全面从严治党和全面依法治国的新形势新要求。鉴于目前党章和《党内法规制定条例》《党务公开条例》等条例并未明确规定党规公开公布制度,建议依照法治一般原则,确认"凡属党内法规和规范性文件的,以公开为原则,以涉密为例外",并且仿照国家法律同行做法,以公报形式统一公布,待时机成熟时可正式公布我省现行有效党内法规和规范性文件目录。

(三)统一解释制度

当前党内法规制度建设存在着"谁主管谁起草""谁主管谁解释"的事实上非正式分工原则,其有利于之处在于起草解释主体比较熟悉情况,容易积累工作经验,但是依据法治的一般原理审视,将起草规则和解释规则事实上归于一体容易产生部门利益倾向,亦不容易通过实施反馈机制逐步增强制度的一致性和融贯性。根据《党内法规制定条例》第二十九条第二款之规定,"中央纪律检查委员会、中央各部门和省、自治区、直辖市党委制定的党内法规由其自行解释",建议可探索建立一种省域党内规范性文件的同级统一解释机制并将相关职能交由各级党内法规办事部门具体负责。

(四)案例归集制度

以案释规是目前党内法规制度宣传、教育过程中比较常见的一种方法,对于普及党内法规制度知识具有积极的效果。但是存在的问题是案例的选择、援用的方式比较随意,有些案例宣传甚至追求猎奇效果,实际上是不够严肃的。建议建立比较正式的案例归集机制,明确案例征集办法和案例编写格式,有条件的地方可以建立党内法规制度案例库。同时,由于党内法规制度相较于国家法律而言,其概念明确性、体系严谨性、操作便利性均有待提升,习近平同志在论及党内规矩时亦将"党在长期实践中形成的优良传统和工作惯例"归于其中,因此更有必要研究建立一种体现这种规矩形式的案例归集机制,以补充正式党内法规制度之不足。

(五)后期评估机制制度

党内法规制度建设的质量既要依靠前期立规审核和备案审查制度来加以保障,亦有必要建立一种事后评估机制,从而集中围绕党内法规制度实施过程中发现的问题展开有针对性的评估。对此,《中央党内法规制定工作五年规划纲要(2013—2017年)》明确要求,"积极开展党内法规实施后评估工作,并根据评估反馈情况及时修改完善相关党内法规"。建议在研究确立相关评价指标和标准的基础上,引入党内法规制度部门自我评估和第三方评估制度,将实施一年以上的重要党内法规和规范性文件进行统一评估评价并形成系统的评估报告,为开展后续修订提供依据。

五、强研究宣传——提升我省党内法规工作的全国影响力

做好党内法规工作既要依靠我们脚踏实地的谋划推动工作,亦需要我们加强研究和宣传力度,提升我省党内法规工作的全国影响力。

(一)建立党内法规研究机构

目前,全国各地已相继建立多家党内法规研究机构,我省在此项工作上已落于人后。建议抓紧建立我省党内法规研究会,设在省法学会,以法学会作为主管单位,省委办公厅作为业务领导和指导单位。省委党校法学教研部近年来高度重视党内法规制度研究工作,已设立了专门的党内法规制度与政党治理研究中心,组建了专门的研究创新团队,并在主体班和研究生中开设了相关的课程,编辑出版了相关书籍资料,条件相对较为成熟,建议以该单位为依托,设立省级层面的党内法规研究基地,统筹省内研究力量,围绕我省工作实际需求展开高质量的研究。建议建立党内法规制度研究专家库,发挥其决策咨询和智库功能。

(二)健全省内党内法规宣传工作机制

认真总结提炼全省党内法规工作面上成绩和湖州、温州等地先进经验,系统梳理近年来我省推进党内法规制度建设的基本思路和实践成果、制度成果,加强媒体宣传。同时,认真开展党内法规制度普法工作,真正让更多的党员干部了解党内法规制度、重视党内法规工作,为推动我省党内法规制度建设更高质量发展营造良好的舆论氛围,打下坚实的社会基础。

第十八章　推进浙江治理现代化①

　　法治浙江建设多年来，我省不断推进具有浙江特色的地方法治体系建设，形成了一系列具有全国示范效应的治理和制度创新实例。回顾这十年，法治浙江建设的核心贡献就是坚持法治化的基本导向，全面推进民主法治领域改革，不断创新社会治理机制，形成并确立了浙江在治理现代化领域的示范地位，这与上溯至改革开放以来市场化导向的发展改革模式一起，构成了浙江现代化的双轮驱动结构，同时也与平安浙江、"两美"浙江、"两山理论"等新要素一起赋予浙江现象新的时代内涵。具体而言，可将我省日益发展成熟的治理模式总结概括为三个方面。

一、健全多元治理格局

　　以强化党委责任，狠抓领导绩效为主轴，坚持"一把手抓、抓一把手"，不断建立健全包括党委领导、政府负责、社会参与等主体在内的多元治理格局。法治浙江建设实施以来，我省之所以能够持续推进各个领域的纵深改革，之所以能够在各个层面不断涌现创新治理的实例，最根本一条就是强化了党委责任，建立了党委"抓总"的法治工作领导体制机制，坚持"一把手抓、抓一把手"，像抓经济工作一样狠抓法治工作绩效，善于通盘考量，用中心工作的难题破解推动依法办事能力提升，举发展之"纲"张法治之"目"，善于指挥联动，用平安建设的考核内容倒逼法治领域改革，以平安之"事"倍法治之"功"，善于汇聚群智，用各个层面（领域）的治理探索反哺法治浙江的总体谋划，固基层之"本"强法治之"元"。

　　"十一五"时期，我省提出以实施"全面小康六大行动"为主要抓手，深入推进

---

　　① 本文原载《浙江日报》2016 年 7 月 18 日理论版。

"两创"浙江战略,将实施公民权益保障行动作为推进各项工作法治化的主要动力。"十二五"以来,省委创造性地提出要把"三改一拆""五水共治""四换三名""四边三化""一打三整治"等重点工作作为法治浙江建设的大平台、试验田、试金石和活教材,要求把重点工作纳入深化法治浙江建设的总体框架中去谋划、部署和推进。平安浙江建设实施以来,建立完善了一整套内容科学、动态调整、约束有力的考核体系,一张"平安报表"直接涉及严格执法、依法治理的内容,成为推动领导干部重视法治、推动法治的重要"指挥棒"。

法治浙江建设实施以来,后陈的村务监督委员会、温岭的参与式预算监督、舟山的"网格化管理、组团式服务"、桐乡的"三治合一"机制等一系列基层民主治理的实践探索已经推广为全省的做法,有的还被中央决定、国家法律所吸收,党委领导、政府负责、社会参与的多元治理格局已在浙江各地清晰呈现。

二、完善多元治理体系

以转变政府职能、提升行政能力主线,坚持用权从严、治理从新,不断丰富完善包括政府治理、市场治理、社会治理等要素在内的多元治理体系。治理现代化要求政府有所为、有所不为,要求构建多领域、多层次的健全治理体系,浙江之所以能同时保持经济健康发展与社会和谐稳定的"两全"局面,与我省各级政府积极转变政府职能,坚持从管束自身权力与激发社会活力两个方面同时发力,深入推进依法行政与阳光政务,持续推动市场化改革、法治化治理密不可分。

法治浙江建设实施以来,浙江省先后实施强县扩权、强镇扩权战略,2013 年以来创新推动"四张清单一张网"建设,持续推动以审批体制改革为核心的管理体制改革,推进以综合行政执法与相对集中行政处罚为重点的执法体制改革,不断强化政务公开和行政监督的权力管束力度,不断完善科学化、标准化、可量化的法治政府建设评估考核指标体系建设,推动我省政府依法行政水平、公务人员依法办事能力走在全国前列,于全国首先公布权力清单和责任清单、首次出台重大行政决策程序立法、首先成立行政复议局,率先实施行政处罚案卷评查、行政裁量规范、规范性文件三统一等荣誉均属于浙江。

在推动市场化改革、法治化治理层面,我省不遗余力地推动经济管理权限下放、公共资源和执法力量下沉,积极发挥市场在资源配置中的基础作用,有效调动社会多元主体积极参与社会治理创新,多元治理体系下的政府治理、市场治理、社会治理各个领域亮点频出,不仅让经典的"枫桥经验"等日益焕发新的活力,近年来实施的以"四大国家战略"为引领的一系列市场化改革、以机构整合为重点的大市场监管体制建设、以"两网融合"为核心的"互联网＋治理"机制建设,更使浙江在创新现代治理体系工作上始终成为全国瞩目的焦点。

三、彰显多元治理价值

以服务保障民生、增进人民福祉为主旨,坚持法治思维和法治方式,不断凝练彰显包括生存发展、和谐稳定、公平正义等理念在内的多元治理价值。治理现代化既要解决"由谁干、怎么干"的问题,也要解决"为什么干、为谁干"的问题,因而必须合理地确定治理的价值定位。法治浙江建设始终坚持以服务保障民生为出发点和落脚点,不断加大民生财政投入,不断完善具有浙江特色的地方法规体系、不断增强符合浙江实际的公共政策供给、不断深化体现浙江要求的执法行为规范,有效提升了人民群众的获得感、安全感和幸福感,彰显了浙江治理的现代多元价值内涵。

在民生立法层面,截至 2016 年 3 月,我省共制定地方性法规 108 件,其中涉及公共安全、教育就业、医疗卫生、社会保障、环境保护等民生相关立法约占45％左右,省政府规章层面约三分之一的行政立法与民生相关,特别是民生领域的重大立法,如《浙江省社会治安综合治理条例》《浙江省安全生产条例》《浙江省义务教育条例》《浙江省艾滋病防治条例》《浙江省残疾人保障条例》《浙江省未成年人保护条例》《浙江省社会救助条例》《浙江省社会养老服务促进条例》《浙江省气象条例》《浙江省水污染防治条例》《浙江省湿地保护条例》等均是近年制定和修改完善的。

在强化民生政策供给与严格执法保障层面,多年来我省不断深化"大平安"理念,积极构建预防和治理"两张网"保护体系,确保与人民群众生产生活相关的各类公共安全。比如,我省公安系统扎实推进法治公安建设,着力抓好"四项建设"和"又好又多"执法办案工作体系建设;安监机关建立健全了"市场主导、企业自主、政府推动、社会参与"的安全生产社会共同治理体系;食品药品监管机关深入推进"三网六体系"建设;环境保护机关推进的污染源"一证式"改革和推出的燃煤火电环保新标准,均在全国范围内产生了广泛的影响。

始终坚持提质和扩面"两条腿"走路,确保公共服务优质供给,切实保障人民群众的权利公平、机会公平、规则公平。比如,就业保障上,我省积极推出各项就业保障政策,尤其是在促进大学生就业创新、多渠道保障残疾人就业上着力最深。

教育保障上,我省十分注重教育均衡发展,推动教育资源配置向农村、艰苦地区倾斜,建立健全贫困学生奖学资助体系,严格规范中小学招生考试,切实保障教育机会公平和程序公平,2015 年浙江省 42 个县(市、区)均达到国家规定的义务教育发展基本均衡县(市、区)评估认定标准,成为全国仅有的两个省份之一。

医疗保障上,我省深入推进医药卫生体制改革,率先初步建立了覆盖城乡居民的基本医疗卫生制度,近年来尤其是深入推进"双下沉、两提升"工程,稳步推进分级诊疗和全科医生签约服务工作,推动优势医疗资源配置向基层延伸,努力切实解决人民看病难问题。

社会保障上,在全国率先推行覆盖城乡的最低生活保障制度,率先实施扩大失业保险基金支出范围改革试点,不断完善保生活、促就业、防失业三位一体的就业保险制度,率先实现新农合和城镇居民医保职能合并,建立了各市统一的城乡居民基本医疗保险制度,率先建立城乡统一、人群统一的大病保险制度,率先启动实施"全民参保登记计划"……所有上述民生领域的法治建设举措,有效提升了人民群众的公平感。

总之,法治浙江建设成效显著、成果斐然,但其核心贡献正是在于推动浙江形成了一套行之有效的现代治理模式。这一模式的科学性在于,较好地回答了治理现代化进程中的价值引领、制度规范和组织保障等课题,形成了自身独有的实践运行逻辑,而党委在其中发挥的牵头抓总作用又为多元治理价值冲突的平衡、多元治理主体关系的协调、多元治理格局的形成提供了根本的政治保障。这一现代治理模式必将成为浙江贯彻落实"四个全面"战略布局和五大发展理念的重要保障。

第十九章　坚持不懈地推进法治浙江建设①

建设法治浙江是习近平同志在浙江工作期间省委作出的一项"立足当前、着眼长远"的战略决策。2006 年省委十一届十次全会通过《中共浙江省委关于建设"法治浙江"的决定》，提出要坚持正确的社会主义法治方向，不断提高各个领域的法治化水平，加快建设法治社会，使我省法治建设工作整体上走在全国前列。

习近平同志在谋划和推进法治浙江建设的过程中提出的一系列关于法治建设的重要论述，是党的十八大以来党中央全面推进依法治国的重要思想来源，是习近平同志留给浙江人民的一笔宝贵的精神财富，是指引我省法治建设继续"秉持浙江精神，干在实处、走在前列、勇立潮头"的行动指南。

一、在浙江现代化建设总体布局中谋划法治浙江

浙江作为市场经济的先发地区和改革开放的前沿阵地，省委高度重视法治工作。2002 年，习近平同志到浙江工作后，坚持调研开局、调研开路，在跑深吃透浙江省情、市情、县情基础上，省委相继作出了"八八战略"、全面建设"平安浙江"、加快建设文化大省、加强党的执政能力建设和先进性建设等重大决策部署，有机构成了我省经济、政治、文化和社会建设"四位一体"的总体布局。

正如习近平同志当时所指，"这'四位一体'的总体布局，是内在统一、有机联系、相辅相成、不可分割的"，体现了"历史和逻辑的一致性""你中有我、我中有你的互动性""科学发展的整体性"。其中，法治浙江建设既是发展社会主义民主政治的有效途径，同时又是推进我省经济繁荣、社会发展、党的执政基础巩固的重

要保障。

"四位一体"总体布局的形成过程,充分体现了省委对于法治建设的高度重视和创新发展。2003 年 7 月,省委十一届四次全会作出了"发挥八个方面优势""推进八个方面举措"的决策部署,即"八八战略"。法治建设与信用建设、机关效能建设一起被确定为进一步发挥浙江软环境优势的主要举措。2004 年 5 月,省委十一届六次会议对"平安浙江"建设作了全面部署,提出了创造"四个环境"的重点内容和维护"六个安全"的工作要求,民主法制建设、推进依法治省是维护"政治安全"的重要内容;同年,省委十一届七次全会关于加强党的执政能力建设的意见,提出必须致力于巩固党执政的政治基础,全面推进法治社会建设,不断增强发展社会主义民主政治的本领。2005 年 7 月,省委十一届八次全会通过的关于加快建设文化大省的决定,提出要大力实施文化建设"八项工程",加快建设教育、科技、卫生、体育"四个强省",要求开展以普及科学知识、普及法律知识为主要内容的"双普"活动,增强法治意识,弘扬科学精神等。

二、在提高全社会法治化水平中开创法治工作新格局

省委 2006 年通过的关于建设法治浙江的决定,是站在浙江现代化事业全局的高度上,在继承我省不断推进依法治省的基础上,经过广泛深入的调查研究之后形成的一份地方法治建设的纲领性文件,是一项着眼于我省"十一五"科学发展,进一步完善浙江现代化建设总体布局的战略性举措。

建设法治浙江的决策和部署凝聚了习近平同志的智慧和心血。2005 年省委决定将法治浙江建设作为年度重要调研课题,由习近平同志亲自担任组长。他先后深入 40 多个乡村、社区和单位,就建设法治浙江开展专题调研。2006 年,省委理论学习中心组专题学习研究有关法治建设的理论和实践问题,习近平同志在会上强调,必须根据中国特色社会主义法治的要求,正确把握建设法治浙江的方向。建设法治浙江,应当作为建设社会主义法治国家的有机组成部分,在国家统一的框架下加以推进;应当作为一个长期的、渐进的过程,既要防止脱离实际、好高骛远,又要避免不思进取、无所作为;应当成为全社会的共同行动,实现社会生活的法治化。习近平同志还积极撰写理论文章,系统阐述法治浙江建设的政治、经济、文化基础,提出了"市场经济必然是法治经济""和谐社会本质上是法治社会""法治精神是法治的灵魂"等重要论断,奠定了法治浙江建设的思想

理论基础。

建设法治浙江的核心主旨是在坚持党的领导、人民当家作主和依法治国有机统一的前提下，不断提升我省全社会法治化水平，不断推进社会主义民主的制度化、规范化、程序化，不断提高党委依法执政、政府依法行政、党员干部和全体公民依法办事的能力和水平，努力建设一个办事有法可依、公民知法守法、各方依法办事的法治社会。法治浙江建设包括科学立法、严格执法、公正司法、全民守法等方方面面，涉及执政党自身建设、公民权益保障、公共权力制约、基层民主治理等各个层次。法治浙江建设在实践中不断深入推进的过程，就是一个省委重视法治、推进法治、善于领导法治的工作格局不断形成的过程。

正如2006年习近平同志在省委建设法治浙江工作领导小组第一次会议上强调的那样，各级党委要加强对法治建设工作的领导，立足当前，着眼长远，扎实推进建设法治浙江各项工作。要突出抓重点、突出抓机制、突出抓合力，是关于党委抓法治的领导方法和工作方法的重要论述。

三、一任接着一任干，续写法治浙江建设新篇章

法治浙江建设是一项长期的、系统的工程。2007年以来，历届浙江省委沿着习近平同志开创的法治浙江道路砥砺前行，一任接着一任干，不断赋予浙江现代化总体布局新的时代内涵，不断提炼法治浙江建设新的工作重点和载体抓手，续写了法治浙江建设新的篇章。

省第十二次党代会把建设法治浙江纳入"创业富民、创新强省"总战略，同时提出"重基层、打基础、强基本"的工作要求，把固本强基作为法治建设的关键环节重点推进，扎实推动执法、司法、普法等各项工作向基层延伸。

省第十三次党代会以来，省委相继提出了建设"两富""两美"浙江的新的历史使命，把建设法治浙江作为深化改革、再创体制机制新优势的重要内容。2014年省委十三届六次全会通过了《中共浙江省委关于全面深化法治浙江建设的决定》，强调法治浙江建设要在六个方面继续走在前列，同时把"三改一拆""五水共治"等省委中心工作作为法治浙江建设的大平台、试验田、试金石和活教材。

2017年召开的省第十四次党代会强调要"在提升各领域法治化水平上更进一步、更快一步，努力建设法治浙江"。党代会结束以后，省委随即举办全省党政领导干部依法执政专题研讨班，提出要深入学习贯彻习近平总书记系列重要讲

话精神和治国理政新理念新思想新战略,认真贯彻落实省第十四次党代会的决策部署,不断把依法执政的要求贯彻落实到法治浙江建设的全过程和各方面,全面提高依法执政能力和水平,为推进全省各项事业发展提供有力保障,这为新时期法治浙江建设确立了一个鲜明的实践主题。当前全省上下正在如火如荼开展的"最多跑一次"改革、基层"四个平台"建设,是新一届省委运用法治思维和法治方式推进改革发展稳定的重要体现,是锤炼全省党员干部和公职人员依法办事能力的大舞台、大熔炉、大学校。

第二十章　着力改善环境增创发展优势①

　　着力改善软硬环境，不断增强浙江发展的综合实力和国际竞争力，构成了"八八战略"的重要组成部分。十多年前，习近平同志科学地指出，"区域经济的竞争力很大程度就是发展环境的竞争，环境就是竞争力"，"进一步发挥环境优势，包括能源、交通、通讯等基础设施在内的硬环境和包括政策、服务、金融、社会信用和法治建设等在内的软环境"。十多年来，浙江沿着习近平总书记指明的方向，始终坚持增创优势、补齐短板的思维方式，坚持以人民中心、让群众满意的价值立场，坚持问题导向、系统谋划的改革方法，坚持干在实处、走在前列的使命担当，一以贯之、持续深入地加强我省综合环境建设，不断改善经济社会发展条件，推动浙江在实现高质量发展的道路上越走越自信、越走越矫健。

一、坚定不移地加强硬环境建设，构建
高质量发展的项目支撑平台

　　发挥"八个优势"，基础设施要先行；推进"八项举措"，重点建设是保障。习近平同志在浙江工作时深刻指出："硬环境是基础，是载体。要不断增强我省的综合实力和国际竞争力，就必须继续坚定不移地加强硬环境建设，努力构筑适度超前、适应经济持续快速增长的新平台。"习近平同志在浙江工作期间，将"五大百亿"工程确定为省政府 2003—2007 年基本建设项目的重中之重，有效改善了全省基础设施条件，极大地缓解了其对经济社会发展的瓶颈制约。同时，他要求"在当前和今后一个时期的重点建设工作中，要坚持'以人为本，科学规划，创新推动，集约建设'的原则"，努力提升其经济、社会和生态综合效应，为此后历届省

---

　　①　本文原载《浙江日报》2018 年 6 月 19 日理论版。

委、省政府抓好这项工作提供了基本的实践遵循。

"八八战略"实施十多年来，浙江之所以能够保持经济社会的高水平发展态势，十分关键的一条，就是我们坚持不懈地抓好硬环境建设，积极发挥基础设施和重点建设的牵引拉动作用和平台支撑功能。"十三五"时期，我省将围绕补齐制约全面建成小康社会标杆省的根本性、关键性短板的要求，在创新发展、交通设施、产业转型、生态环境、公共服务五大领域，实施全省重大建设项目 599 个，总投资约 84 万亿元。省第十四次党代会以后，浙江全面实施富民强省十大行动计划，加快建设大湾区大花园大通道大都市区，努力实现空间区域的互联互通、产业协同发展，推动全省各地成为功能板块清晰、有机联系紧密、区域发展一体化的整体。随着这些项目的推进实施，我省基础设施条件将进一步改善，城市发展空间将进一步拓宽、区域连接整合密度将进一步增强，从而为实现高质量发展奠定扎实的基础。

二、大力推进信用体系建设，进一步擦亮
"信用浙江"的金字招牌

浙江省信用建设起步较早、起点较高。2002 年，省第十一次党代会作出了建设"信用浙江"的重要决定，把信用建设作为完善社会主义市场经济体制的重要内容；同年，省政府出台《关于建设"信用浙江"的若干意见》。习近平同志高度重视信用浙江建设，强调"'人而无信，不知其可'；企业无信，难求发展；社会无信，则人人自危；政府无信，则权威不立"。2003 年将省政府信用浙江建设纳入"八八战略"重要内容，要求努力提高政府、企业、个人三大主体信用，大力推进信用制度、信用道德、信用监管三大建设，浙江突出重点，整体推进，形成良好的信用环境。

"八八战略"实施十多年来，历届省委、省政府坚持一张蓝图绘到底、一任接着一任干，推动我省信用体系建设向纵深发展，使浙江在建立健全信用政策法规体系、信用指标评价体系、公共联合征信平台、公共信用信息应用、信用服务市场培育等方面走在了全国前列。

近年来，我省进一步拉高信用浙江建设的目标站位，明确提出要适应推动国家治理体系和治理能力现代化要求，构建体系完备、机制健全、运转有序、奖惩有度的社会信用体系，打造信用浙江升级版；进一步拓展信用体系建设的实践外

延，2016 年省政府出台《浙江省社会信用体系建设"十三五"规划》，强调要推进四大重点领域、五大运行机制和七大重点工程建设，在全国范围内首创性地提出了信用建设指标体系；进一步强化信用浙江建设的法治体系保障，2018 年 1 月 1 日起正式实施《浙江省公共信用信息管理条例》，为进一步完善公共信用信息归集机制、依法建立联合惩戒机制、依法维护公共信用信息主体合法权益提供了法律依据和制度保障；进一步巩固了浙江信用建设的全国领先优势。2018 年 1 月 9 日，国家发改委和中国人民银行公布首批 12 个社会信用体系建设示范城市，我省杭州市、温州市和义乌市入选，进一步擦亮了"信用浙江"这一金字招牌。

三、提升各领域法治化水平，让法治成为浙江核心竞争力的重要组成部分

法治建设始终是"八八战略"的重要内容和实践载体，习近平同志强调，建设法治浙江，要坚持社会主义法治的正确方向，以依法治国为核心内容，以执法为民为本质要求，以公平正义为价值追求，以服务大局为重要使命，以党的领导为根本保证。从 2002 年提出"深化依法治省"到 2006 年省委作出《关于建设"法治浙江"的决定》，是发展和完善浙江现代化总体布局的逻辑必然和实践深化，是我省法治建设的认识深化、战略强化和落实优化。

"八八战略"实施十多年来，历届省委沿着习近平同志开创的法治浙江道路砥砺前行，围绕认真贯彻落实依法治国方略，全面提升各领域法治化水平、发展社会主义民主，推动我省法治建设各项工作持续走向深入，不断提升了各级党委的依法执政水平、各政权机关的依法施政水平和党员干部的依法办事能力，为浙江经济社会发展营造了良好的制度环境。

制度成本是隐性的成本，制度收益是长远的收益，只有进一步发挥制度环境优势，才能不断增强浙江发展的可持续竞争力。省第十四次党代会明确提出了包括法治浙江在内的"六个浙江"建设目标，要求在提升各领域法治化水平上更进一步、更快一步，努力建设法治浙江。省委书记车俊在省委法治浙江工作领导小组第 17 次会议上明确提出，要深入推进新时代法治浙江建设，努力使法治成为浙江核心竞争力的重要组成部分，这为我省今后法治建设改革指明了方向。近年来，我省法治战线创新不断：围绕"最多跑一次"改革等重大改革的法治保障机制不断健全，法治浙江建设年度工作项目化推进机制得到完善，全国首个河长

制规定制定出台,民生实事项目人大代表票决制全面推进,于全国率先推出《浙江省公共信用信息管理条例》,行政复议体制改革在全省铺开,于全国首创的司法雇员制度、全国首个互联网法院在浙江诞生……这些法治改革新成果的落地生根,必将进一步提升我省的核心竞争力。

四、将"最多跑一次"改革进行到底,全面打造最佳政务环境

机关效能建设是发挥软环境优势的又一重要举措,它是通过对机关管理要素的有效整合,提高行政工作效率,提高依法行政水平,以科学的公共决策、有效的公共管理、优质的公共服务,更好地实现人民的愿望、满足人民的需要、维护人民的利益。2004年,浙江省委、省政府下发《关于开展机关效能建设的决定》,明确增强服务意识、规范机关行为、提高行政效率、完善制度建设、转变机关作风、提高队伍素质、强化监督机制和严格考核奖惩八个方面的重点工作。关于这一工作的重要性,习近平同志反复强调,这"不仅仅是一个简单的提高工作效率、优化服务质量的问题,更重要的是一个加强党的执政能力建设,巩固党的执政地位的问题",是再创浙江体制机制新优势的关键所在。

"八八战略"实施十多年来,机关效能建设不仅推动我省各级党政机关工作作风明显改善、工作效能明显提升,而且在新的时代条件下不断丰富新的实践内容、开拓新的实现路径,成为推动政府职能转变、打造最佳政务环境的重要体现。特别是2016年以来,我省以推行"最多跑一次"改革为抓手,瞄准群众和企业到政府办事的"难点""堵点""痛点",通过梳理公布"最多跑一次"事项、推行"一窗受理、集成服务"、打破"信息孤岛"、推动数据互联互通等改革举措,经由体制机制优化释放了机关效能提升的增长潜能,成功地在全国人民面前塑造了浙江勇于自我革命,打造法治政府、服务政府、智慧政府的新形象,确立了我省在营造最佳政务环境上的新优势。与此同时,我省正全面实施政府"两强三提高"建设行动计划,强调把"强谋划、强执行,提高行政质量、效率和政府公信力"作为政府工作的生命线,进一步强化顶层设计和制度架构,加快构建抓落实的指标体系、工作体系、政策体系、评价体系,这又将成为推动我省机关效能持续提升、政务环境持续优化的强劲推动力。

第二十一章　在新起点上深化平安浙江建设①

2019 年是省委作出建设平安浙江战略决策 15 周年的重要时间节点。2004年，习近平同志亲自擘画平安浙江建设的宏伟蓝图，带领全省上下同心同德、真抓实干，奠定了思想、政治、组织等各方面的牢固基础。2004 年以来，历届浙江省委坚持一张蓝图绘到底、一任接着一任干，不断把平安浙江建设引向深入，取得了丰硕的实践成果、有效的制度成果和与时俱进的理论成果。

今天，平安浙江建设已经站在了新的历史起点上。我们要深入贯彻落实习近平总书记关于社会治理和平安建设重要指示精神，紧紧围绕省委提出的"努力建设更高质量、更高水平的平安浙江"的新要求，扎实工作、创新实践，书写新时代平安建设的浙江答卷。

一、在继承的基础上谋创新求深化

深化平安浙江建设，首先要把多年来形成的好经验、好做法传承下去，代代接力、久久为功。十多年的经验弥足珍贵，十多年的历史昭示未来。

浙江始终坚持党的领导，把平安浙江作为推进浙江现代化事业的基础性、战略性工程；始终坚持把富裕与安定作为人民群众的根本利益，真正做到平安建设为了人民、建设过程让人民参与、平安成果由人民共享；始终坚持以先进的理念统领整个工作，聚焦促进社会和谐稳定的实践主题，推进经济、政治、文化等各方面宽领域、大范围、多层面平安建设；始终坚持抓基层、打基础，不断创新发展"枫桥经验"；始终坚持"两张报表"一起抓，发挥考核"指挥棒"作用，不断完善领导体制、工作机制和责任体系。正是这些好经验、好做法催化平安浙江这棵大树根深

---

① 本文原载《浙江日报》2019 年 4 月 9 日理论版。

叶茂、硕果累累："大平安"的理念深入人心，党委统一领导、各方齐抓共管的工作格局不断优化，"平安建设、人人有责"的社会氛围日益浓厚，领导干部下访制度、村务监督委员会制度、桐乡"三治融合"经验、实行治安实名制、发布平安指数等一大批创新制度和做法开全国风气之先河。浙江保持了经济发展与社会稳定同步推进、人民群众获得感、幸福感与安全感的同步增强，被公认为是最安全、最公平、最具活力的省份之一。

新形势促发新作为。平安浙江建设必须在继承的基础上谋创新、求深化，继续肩负起"走在前列"的使命。当今世界正在经历百年未有之变局，以大数据、人工智能、5G通信为代表的新技术方兴未艾，不断催生着新的产业形态，全球范围内各领域竞争加剧，这要求我们增强忧患意识，做到居安思危，防范化解各领域重大风险。就国内形势而言，中国特色社会主义进入了新时代，人民群众期盼有更好的教育、更稳定的工作、更满意的收入、更可靠的社会保障、更高水平的医疗卫生服务、更舒适的居住条件、更优美的环境，这要求我们拉高标杆、砥砺奋进，以平安浙江建设的新成效来满足人民群众对美好生活的向往。就浙江发展而言，省第十四次党代会以来，全省上下坚持以"八八战略"为总纲，统筹推进"六个浙江"建设，突出"四个强省"导向，全面推进"最多跑一次"改革，启动实施数字经济"一号工程"，各项事业都在向着更高质量和更高水平发展，平安浙江建设也必然要加快脚步。

二、坚持以习近平新时代中国特色社会主义思想为指引

"时代是思想之母，实践是理论之源。"习近平新时代中国特色社会主义思想是马克思主义中国化最新成果，是引领中国特色社会主义走向新时代的纲领、旗帜和灵魂，是解决当代中国前途命运问题的科学理论指引。

浙江是习近平新时代中国特色社会主义思想的重要萌发地。十多年前，习近平同志在谋划和推进平安浙江建设的过程中提出了一系列重要论述。党的十八大以来，以习近平同志为核心的党中央进一步作出了建设平安中国的战略部署，从平安浙江到平安中国，方法立场始终如一、实践主题一脉相承、理论体系持续深化。

习近平总书记关于平安中国建设的重要论述从各方面为深化平安浙江建设指明了方向。习近平总书记从党和国家事业发展全局的高度出发，将平安中国

建设纳入"五位一体"总体布局的重要内容，同时也从战略定位、核心理念、思想内涵、实践主题、基础基层、实现路径、工作格局等角度提出了一系列具体要求，强调平安中国建设要从人民利益出发，要切实保障人民权益，依靠发动群众；系统阐述了总体国家安全观，强调必须以政治安全为根本，统筹外部安全和内部安全、国土安全和国民安全、传统安全和非传统安全、自身安全和共同安全；提出要坚持和发展新时代"枫桥经验"，推动治理重心下沉，夯实平安根基；强调要完善党委领导、政府负责、社会协同、公众参与、法治保障的社会治理体制，提高社会治理社会化、法治化、智能化、专业化水平；强调社会建设要以共建共享为基本原则，在体制机制、制度政策上系统谋划等。这些要求也为深化平安浙江建设指明了方向，是打造新时代平安浙江的根本遵循。

省第十四次党代会以来，新一届省委立足于浙江作为中国革命红船起航地、改革开放先行地、习近平新时代中国特色社会主义思想重要萌发地的政治优势，积极响应习近平总书记对浙江提出的"干在实处永无止境、走在前列要谋新篇、勇立潮头方显担当"的新期待，提出了"建设更高水平平安浙江、打造平安中国示范区"的战略目标。

三、高质量高水平深化平安浙江建设

2017年，浙江制定打造平安中国示范区三年行动计划，启动实施十大工程，着力抓好40个重点建设项目，推动平安浙江建设继续走在全国前列。2019年3月，省委召开全省建设平安浙江工作会议，部署深化平安浙江建设各项工作。省委书记车俊在会上强调，我们必须站在平安浙江建设15周年新起点上再出发，拉高标杆、砥砺奋进，努力建设更高质量、更高水平的平安浙江。当前和今后一个时期，平安浙江建设的主要目标任务就是"聚焦一个目标、突出七项工作、强化三个保障"，为浙江实现高质量发展和长治久安提供重要保障。

行动的号角已经吹响，奋斗的脚步永不停歇。在新的历史起点上深化平安浙江建设，要在思想认识上再深化，牢牢把握稳定压倒一切的总要求，坚持稳中求进、以进固稳。要在问题聚焦上再深化，始终保持高压态势，抓住关键处、打开突破口，重点抓好防范化解重大风险攻坚战，大力推进扫黑除恶专项斗争、公共安全领域风险隐患大检查等工作，有效应对互联网环境下的新问题，做到防范在早、控制在小。要在做强基层上再深化，大力推动基层社会治理现代化，坚持发展新时代"枫桥经验",市县(区)重在健全制度、搭好平台,乡镇(街道)重在整合资源、抓好落实,村(社区)重在服务群众、做细做实。要在创新方式上再深化,加快推进社会治理与现代科技深度融合,建设完善统一指挥、反应灵敏、运转高效的基层治理信息系统。要在机制保障上再深化,旗帜鲜明地加强党对平安浙江建设的领导,突出共建共治共享,进一步完善机制格局,把平安建设的"大合唱"唱得更响。

后　记

　　收录在本书中的文章，是我自 2013 年调入浙江省委党校法学教研部工作以来，围绕中国法治建设和浙江法治实践撰写的政论类文章，共 21 篇 20 万余字，虽然谈不上是精深的理论思考，却是个人六年来履职的一系列学术成果记录。

　　这六年来，我的身份从一名高校教师变成了一名党校教员，这对于我的人生经历和研究工作而言，都是一个难言轻松的转变：从单纯的理论研究中走出来，由更注重学术研究方法、体系和脉络三位一体的梳理到必须学会理论联系实际，从历史、理论、实践的三重逻辑去理解中国特色社会主义法治建设与改革，从主要用力去发表核心期刊论文到必须用心上好一门主体班次课程……当然转变不仅仅于此，中间经历了很多挫折和挑战，眼下我只能说是初步适应了党校的工作。

　　令我感到十分幸运的是，在这六年多的时间里，有很多校内外的领导和朋友给予了我无私的指导和帮助，我无法在此一一列名致谢，只能在内心保持永远的感激！特别要感谢省委党校法学部原主任林学飞教授，谢谢您把我引进党校并且在工作上给予我充分的信任和锻炼，希望未来我能以更大的努力拿出更好的成果，不负您的期望！

作者

2019 年 11 月